高职高专精品课系列

# 酒店服务礼仪

薛齐 编著

复旦大学出版社

## 内容简介

随着社会的发展和人们社交面的扩大,礼仪已经渗透到社会生活的方方面面。礼仪从本质上讲是对人们各种先天倾向的社会型约束。酒店服务礼仪就是酒店服务人员在酒店接待服务工作中适用的礼仪规范和工作艺术。

全书根据酒店实际工作岗位需要的职业能力进行内容设计,分为七个部分,系统介绍了酒店服务礼仪基础、酒店服务人员的仪表礼仪、酒店服务人员的语言礼仪、酒店前厅服务礼仪、酒店客房服务礼仪、酒店餐饮服务礼仪以及我国主要客源国和地区的礼俗礼仪。

本书内容丰富,文字规范,辅之以大量的酒店管理相关案例,并配有表格和图片,便于学生的理解和掌握。本书可作为高等职业院校礼仪课程专用教材和企业机构的礼仪培训教材,也可对从事服务和服务管理的人员提供特别的帮助。

# 目 录

**第1章 酒店服务礼仪基础** ······ 001
- §1.1 酒店服务概述 ······ 002
  - 一、酒店服务的含义 ······ 002
  - 二、酒店服务的特征 ······ 003
- §1.2 礼仪概述 ······ 009
  - 一、礼仪的本质 ······ 009
  - 二、礼仪的特点 ······ 012
  - 三、礼仪的功能 ······ 012
- §1.3 酒店服务礼仪 ······ 014
  - 一、酒店服务礼仪的定义 ······ 014
  - 二、酒店服务礼仪的原则 ······ 014
  - 三、酒店服务礼仪的作用 ······ 016

**第2章 酒店服务人员的仪表礼仪** ······ 019
- §2.1 仪表美的内涵与仪表修饰的原则 ······ 020
  - 一、仪表美的内涵 ······ 020
  - 二、酒店服务人员仪表修饰的原则 ······ 020
- §2.2 酒店服务人员的仪容礼仪 ······ 020
  - 一、酒店服务人员的美发 ······ 020
  - 二、酒店服务人员的美容化妆 ······ 022
  - 三、酒店服务人员的皮肤护理 ······ 024
- §2.3 酒店服务人员的服饰礼仪 ······ 027
  - 一、服饰美的三要素 ······ 027

二、酒店服务人员的着装规范 ……………………………………………… 028
　　　三、饰品的佩戴 ……………………………………………………………… 030
　§2.4　酒店服务人员的仪态礼仪 …………………………………………………… 030
　　　一、酒店服务人员的仪态规范 ……………………………………………… 030
　　　二、酒店服务人员的手势规范 ……………………………………………… 036
　　　三、酒店服务人员的表情神态规范 ………………………………………… 038

第 3 章　酒店服务人员的语言礼仪 …………………………………………………… 044
　§3.1　酒店语言礼仪的特点、原则和要求 ………………………………………… 044
　　　一、酒店语言礼仪的特点和类型 …………………………………………… 045
　　　二、酒店语言礼仪的原则和要求 …………………………………………… 045
　§3.2　酒店服务人员口头语言礼仪 ………………………………………………… 055
　　　一、酒店服务人员的口头语言礼仪的特点 ………………………………… 055
　　　二、酒店服务人员口头语言礼仪的基本要求 ……………………………… 056
　　　三、酒店服务人员常用礼貌用语的类型及规范运用 ……………………… 057
　　　四、口头语言的声音表达技巧 ……………………………………………… 062
　　　五、口头语言的语言表达艺术 ……………………………………………… 063
　§3.3　酒店服务人员的电话语言 …………………………………………………… 064
　　　一、拨打电话应遵守的礼仪 ………………………………………………… 064
　　　二、接听电话应遵守的礼仪 ………………………………………………… 065
　　　三、电话留言 ………………………………………………………………… 067
　§3.4　酒店服务人员的体态语言 …………………………………………………… 071
　　　一、体态语言的特点 ………………………………………………………… 071
　　　二、体态语言的作用 ………………………………………………………… 071
　　　三、体态语言的运用要求 …………………………………………………… 071
　　　四、体态语言的种类 ………………………………………………………… 072

第 4 章　酒店前厅服务礼仪 …………………………………………………………… 085
　§4.1　门童服务礼仪 ………………………………………………………………… 086
　　　一、门童基础服务礼仪 ……………………………………………………… 086
　　　二、门童岗位服务礼仪 ……………………………………………………… 089
　§4.2　行李服务礼仪 ………………………………………………………………… 092
　　　一、行李部各岗位职责和工作要求 ………………………………………… 093
　　　二、行李员站位规范 ………………………………………………………… 094
　　　三、班次安排 ………………………………………………………………… 095
　　　四、客人抵店时的行李服务礼仪 …………………………………………… 097
　§4.3　前台服务礼仪 ………………………………………………………………… 102

　　　　一、入住登记的目的和作用 ················································ 102
　　　　二、入住登记的程序 ···························································· 102
　　　　三、办理不同客人入住登记手续的程序 ································ 103
　§4.4　总机服务礼仪 ······································································ 107
　　　　一、总机话务员礼貌礼仪须知 ············································· 107
　　　　二、总机岗位服务礼仪 ························································ 108
　§4.5　VIP 接待服务礼仪 ······························································ 110
　　　　一、VIP 客人入住登记手续办理程序 ·································· 110
　　　　二、VVIP 的接待方案 ························································· 111

第 5 章　酒店客房服务礼仪 ···························································· 115
　§5.1　客房服务礼仪 ······································································ 116
　　　　一、进出客房礼仪 ······························································· 116
　　　　二、住客房间整理礼仪 ························································ 117
　§5.2　客房对客服务礼仪 ······························································ 117
　　　　一、洗衣服务礼仪 ······························································· 117
　　　　二、擦鞋服务礼仪 ······························································· 119
　　　　三、送餐服务礼仪 ······························································· 119
　　　　四、借用物品服务礼仪 ························································ 120
　§5.3　客房维修服务礼仪 ······························································ 122
　　　　一、接到报修 ······································································· 122
　　　　二、进入客房维修 ······························································· 122
　　　　三、维修完毕后 ··································································· 123
　§5.4　投诉处理礼仪 ······································································ 124
　　　　一、正确处理投诉的作用 ···················································· 124
　　　　二、处理投诉的原则 ···························································· 125
　　　　三、处理投诉的方法 ···························································· 125
　　　　四、常见投诉类型的处理 ···················································· 126
　　　　五、投诉的统计分析 ···························································· 127

第 6 章　酒店餐饮服务礼仪 ···························································· 131
　§6.1　中餐服务礼仪 ······································································ 132
　　　　一、餐前准备 ······································································· 132
　　　　二、引领服务礼仪 ······························································· 132
　　　　三、点菜服务礼仪 ······························································· 134
　　　　四、餐间服务礼仪 ······························································· 137
　　　　五、结账服务礼仪 ······························································· 139

六、送客礼仪 ……………………………………………………………………… 140
　　七、清理台面礼仪 …………………………………………………………………… 140
§6.2 西餐服务礼仪 …………………………………………………………………………… 141
　　一、西餐服务的方式 ………………………………………………………………… 141
　　二、西餐基本服务规则 ……………………………………………………………… 142
　　三、西餐服务礼仪 …………………………………………………………………… 142
§6.3 宴会服务礼仪 …………………………………………………………………………… 144
　　一、预订服务礼仪 …………………………………………………………………… 144
　　二、迎接服务礼仪 …………………………………………………………………… 146
　　三、餐前服务礼仪 …………………………………………………………………… 146
　　四、上菜分菜礼仪 …………………………………………………………………… 147
　　五、席间服务礼仪 …………………………………………………………………… 147
　　六、送别服务礼仪 …………………………………………………………………… 148

# 第7章 我国主要客源国和地区的礼俗礼仪 ……………………………………………… 151
§7.1 亚洲主要国家和地区礼俗礼仪 ………………………………………………………… 151
　　一、日本 ……………………………………………………………………………… 151
　　二、韩国 ……………………………………………………………………………… 153
　　三、泰国 ……………………………………………………………………………… 154
　　四、新加坡 …………………………………………………………………………… 155
　　五、马来西亚 ………………………………………………………………………… 156
　　六、印度 ……………………………………………………………………………… 156
　　七、缅甸 ……………………………………………………………………………… 158
§7.2 欧洲主要国家和地区礼俗礼仪 ………………………………………………………… 159
　　一、英国 ……………………………………………………………………………… 160
　　二、法国 ……………………………………………………………………………… 161
　　三、德国 ……………………………………………………………………………… 162
　　四、意大利 …………………………………………………………………………… 164
　　五、俄罗斯 …………………………………………………………………………… 165
§7.3 美洲主要国家和地区礼俗礼仪 ………………………………………………………… 167
　　一、美国 ……………………………………………………………………………… 167
　　二、加拿大 …………………………………………………………………………… 168
　　三、墨西哥 …………………………………………………………………………… 169
　　四、巴西 ……………………………………………………………………………… 170
§7.4 大洋洲主要国家和地区礼俗礼仪 ……………………………………………………… 171
　　一、澳大利亚 ………………………………………………………………………… 171
　　二、新西兰 …………………………………………………………………………… 172

§7.5 非洲主要国家和地区礼俗礼仪 …… 173
 一、埃及 …… 173
 二、南非 …… 175
§7.6 台港澳地区礼俗礼仪 …… 175
 一、礼节礼貌 …… 176
 二、饮食习惯 …… 176
 三、节庆习俗 …… 176
 四、禁忌 …… 177

**参考文献** …… 192

# 第 1 章

# 酒店服务礼仪基础

【名家名言】

"礼尚往来,往而不来,非礼也;来而不往,亦非礼也。"

——《礼记》

 **本章要点**

通过对本章内容的学习,你应了解和掌握如下问题:
- 了解服务的含义和特征。
- 了解礼仪的本质、特点和功能。
- 掌握酒店服务礼仪的定义、原则和作用。

**章首引语**

　　本章从礼仪的含义和特点谈起,继而在此基础上诠释了礼仪的本质、特点和功能,最后归纳了酒店服务礼仪的定义、原则和作用。在酒店日常服务工作中,一定要符合礼仪规范。掌握礼仪的基本常识,结合岗位的要求和提高自身道德修养的需要,在熟练掌握本职工作业务和技能技巧的基础上,真正胜任本职工作,成为酒店业的合格人才。

## §1.1 酒店服务概述

### 一、酒店服务的含义

西方酒店管理者认为服务就是 SERVICE（本义为服务）。即 S-Smile（微笑）、E-Excellent（出色）、R-Ready（准备）、V-Viewing（看待）、I-Inviting（邀请）、C-Creating（创造）和 E-Eye（目光）。万豪酒店创始人马里奥特认为："生活就是服务，我们时时刻刻都生活在为别人服务和被别人服务的环境当中。"酒店服务是指酒店工作人员遵照顾客的意愿和要求，为满足顾客需要而提供相应满意活动的过程。服务过程中包括两方：一方是酒店服务员；另一方是顾客。酒店服务员是根据顾客的意愿提供服务活动的一方，处于服务过程中的被支配地位；顾客是提出服务要求，要求酒店服务员满足的一方，处于服务过程中的支配地位。

**延伸阅读：酒店的形象大使——金钥匙**

某日晚21时左右，"金钥匙"小肖在大堂副理处值班，从电梯间出来一位非洲客人，向他走来，小肖迎上去，主动与客人打招呼。经过与客人简短交流，得知客人因有急事，想用IC卡打国际长途电话到尼日利亚，因语言上的不方便，他不知道在哪里能够买到IC卡，小肖把客人引领到大堂吧台购买IC卡，并到电话处帮助客人拨通电话，客人一边通话一边向小肖翘起大拇指，客人通完话后，到大堂副理处致谢，并对小肖说："你的英文很好，认识你很高兴，我想和你交个朋友。"小肖对客人说："我也非常高兴给您提供服务，这是我应该做的。"他们谈论了很多话题，很快就成为好朋友。从此无论店内店外服务，这位客人都想找小肖，后来，小肖成为他在住店期间的"贴身管家"。每当小肖休息时，客人都要请他当导游。陪客人去游览景点、安排购物、推荐餐厅，一天下来的确很累，但看到这位非洲朋友很高兴，每次都满载而归，小肖也很高兴，本来，"金钥匙"就是店内外的总代理。客人离店时对小肖说："你们饭店的服务真好，你给我提供的服务我感到非常满意，你是一个很优秀的'金钥匙'，你们饭店给我在北京期间留下了很深刻的印象，今年10月我会带夫人再到北京，我还要住你们饭店。"

"金钥匙"起源于法语单词Concierge，原意为"钥匙保管者"，指古代饭店的守门人，负责迎来送往和饭店的钥匙保管。在现代饭店业中，Concierge已成为向客人提供全方位、一条龙服务的代称。只要不违反道德和法律，任何事情Concierge都尽力办到，而且要办好，以满足客人的需要。在国际上，"金钥匙"已成为高档饭店个性服务的重要标志。

资料来源：根据网络资料整理而成 http://www.docin.com/p-465025717.html. 2014-07-30

## 二、酒店服务的特征

目前,关于酒店服务特性较为统一的观点为,酒店无形产品所具有的特殊性质主要体现为无形性、同步性、异质性和易逝性。每一项具体的服务都是四项特征的综合。

### (一)无形性

1. 无形性的含义

无形性是指供应商无法以实物的形式展示或显示服务。消费者在购买服务产品之前无法通过视觉、味觉或触觉感受服务,在服务消费中可以感受到服务所带来的利益,但随着服务提供的结束,服务产品本身也就不复存在。

2. 无形性的特殊性

无形性是服务最为显著的特征,是酒店服务无形产品区别于有形产品的关键特质。服务的无形性决定了服务质量的不确定性。在购买实物产品时,顾客可以在购买前观察、触摸和测试产品;而对于服务,顾客只能依赖服务组织的声誉。所以,在很多服务领域,为确保服务质量,政府往往通过行政许可、签发执照等方式,保证服务提供者的水平。如我国在酒店行业实行的旅游饭店星级评定标准。

当然,无形性不是说服务是遥不可及的。大多数服务可以通过载体让顾客感知服务水平。例如,酒店餐饮服务中厨师的烹饪过程、菜肴的加工过程以及服务人员的服务过程的可视性和规范管理,都可以提高顾客对服务整体的评价。

---

**小知识:五星级饭店评定标准(节选)**

**1 总体要求**

......

1.3 各种指示用和服务用文字应至少用规范的中英文同时表示。导向标志清晰、实用、美观,导向系统的设置和公共信息图形符号应符合 GB/T15566.8 和 GB/T10001.1、GB/T10001.2、GB/T10001.4、GB/T10001.9 的规定。

......

1.9 员工应着工装,工装专业设计、材质良好、做工精致。

......

**2 前厅**

......

2.3 总服务台位置合理,接待人员应 24 小时提供接待、问询和结账等服务。并能提供留言、总账单结账、国内和国际信用卡结算、外币兑换等服务。

2.4 应专设行李寄存处,配有饭店与宾客同时开启的贵重物品保险箱,保险箱位置安全、隐蔽,能够保护宾客的隐私。

......

2.8 应24小时接受包括电话、传真或网络等渠道的客房预订。

2.9 应有专职的门童应接服务人员,18小时迎送宾客。

2.1 应有专职行李员,配有专用行李车,24小时提供行李服务,提供小件行李寄存服务。

......

2.14 应有管理人员24小时在岗值班。

**3 客房**

3.1 应有至少50间(套)可供出租的客房。

3.2 70%客房的面积(不含卫生间和门廊)应不小于20 m²。

......

3.5 客房门能自动闭合,应有门窥镜、门铃及防盗装置。客房内应在显著位置张贴应急疏散图及相关说明。

......

3.15 客房、卫生间应每天全面清理一次,每日或应宾客要求更换床单、被套及枕套,客用品和消耗品补充齐全,并应宾客要求随时进房清理。

......

3.21 应提供自动和人工叫醒、留言及语音信箱服务,服务效果良好。

**4 餐厅及吧室**

......

4.4 应有位置合理、独具特色、格调高雅的咖啡厅,提供品质良好的自助早餐、西式正餐。咖啡厅(或有一个餐厅)的营业时间不少于18小时。

......

4.8 菜单及饮品单应装帧精美,完整清洁,出菜率不低于90%。

......

**资料来源**:国家质检总局、国家标准化管理委员会,《酒店饭店星级的划分与评定》(GB/T14308—2010),2010年.

## (二) 同步性

对于有形产品而言,客户一般不参与到生产过程之中,而只能接触到出厂后的最终产品。产品通常在工厂生产、在商店销售、在使用中消费,这三个环节泾渭分明,人们可以从时间上和空间上把产品的生产过程、流通过程与消费过程区分出来。相比之下,酒店服务的生产过程、流通过程和消费过程是同时进行的,生产一旦开始,流通和消费也就开始,生产一结束,流通与消费也宣告完成。

1. 消费过程中的同步性

服务产品生产和消费的同步性意味着在消费过程中服务产品的提供者往往在消费现场:酒店厨师必须在酒店餐厅的厨房内才可以为客人提供菜品。与此相反,如手机、汽车等实物商品则可以在德国设计、美国生产、中国销售和消费。

值得一提的是,同步性不等同于不可分离性,因为服务供需双方在时间上不可分,而服务地点则可以通过一定的形式分开。如可以通过技术的创新和模式的创新使得服务的生产与消费分离。随着网络服务的应用,预订酒店房间可以通过网络进行。但是,服务双方还是同步进行生产与消费的。

2. 生产过程中的同步性

服务产品的生产和消费的同步性还意味着在服务产品的生产过程中,消费者就在现场：顾客就是坐在酒店餐厅享受餐饮服务；顾客就是在酒店健身房享受健身服务等。因此,同步性使得消费者密切接触服务产品的生产与供应过程。在大多数情况下,服务产品的生产与消费之间并不存在时间差。服务产品的供应者是人,顾客与酒店服务员之间无论是面对面的交流还是通过电话或电脑交流,都是实时的,服务形式相对而言却是随意的,为此,监控服务质量成为一个较为复杂且困难的问题。

3. 同步性与"共同消费"

需要强调的是,在关注服务产品的生产与消费同步性的同时,还要注意许多酒店服务产品都是以"共同消费"的方式提供的,即酒店服务产品是被一些人同时消费的,如酒店餐厅的乐队表演。现场的每一位听众都是与其他人一起欣赏音乐的,但却不是与他人"分享"服务。然而,尽管音乐并不是与他人"分享"的(因为消费者并非仅仅获得了部分的"产品"),但是其他人的存在会影响消费者对服务质量的感受。在这种情况下,对服务质量的感受会受到两种不同的相互作用的影响——消费者与服务供应者之间的相互作用以及消费者之间的相互作用。

**(三) 异质性**

异质性指的是服务无法像有形产品那样实现标准化,每次服务带给顾客的效用、顾客感知的服务质量都可能存在差异。服务的异质性主要是由于人们之间的互动作用(在员工和顾客之间)以及伴随这一过程的所有变化因素所导致的。正是服务的异质性使服务组织难以提供可靠性高、一致性强的服务。

1. 人员的异质性

相对而言,服务业提供的服务产品具有更大的异质性(更多的可变因素),因此,很难确保实现标准化和统一的服务。服务产品的异质性对劳动密集型企业的管理也构成了严峻的挑战,因为存在着服务质量出现重大波动的可能性。在服务过程中,不同员工会与同一消费者接触,这就很可能会造成服务水准不一致。由于服务人员的原因,如心理状态、身体状况、服务技能、性格特征等,即使同一服务人员提供的服务在质量上也会存在差异。由于顾客的原因,如知识水平、生活经历、消费动机、性格偏好等,也直接影响服务的质量和效果。如听同一个乐队表演,有人听得津津有味,有人却昏昏欲睡。由于服务人员与顾客间的相互作用,在服务的不同次数的购买和消费过程中,即使是同一服务人员向同一顾客提供的服务,也可能会存在差异。

2. 不同方面的异质性

服务质量的不一致表现在不同的方面：不同服务企业之间服务质量的差异；不同服务提供者之间服务质量的差异；同一服务提供者在不同时间内出现的服务质量的差异。

服务因时间、组织和人员不同表现出异质性,基于各种复杂因素,服务企业很难确切地把握服务是否按原来计划和宣传的那样提供给顾客,这也给服务质量的控制带来重大挑战。

3. 高技术与高异质性

异质性主要是由人员因素造成的,因此,技术不能完全解决这一问题。有些企业试图采用技术取代人力来降低异质性,但是会发现在提供服务产品的过程中不可避免地面临另外一种形式的异质性。与服务人员面对面的互动(高情感)和通过机器设备(高科技)互动之间的差别很大,会影响到消费者对企业的服务质量和形象的看法。如现在为了节约成本,一些酒店的电话接听系统采用非人工系统。经常会收到顾客的投诉:"不要让机器和我说话!我希望能和一个真正的人交谈!"

4. 异质性的意义

服务产品的异质性是无法避免的,但也应该认识到服务产品的异质性并不总是一件坏事。对于现在同质化竞争激烈的企业而言,可以通过个性化的服务赢得顾客。

### 延伸阅读:酒店服务之个性化与标准化

个性化服务是突出酒店的特色,是区别于其他酒店、足以给客人留下深刻印象的一种企业形象;标准化服务则反映酒店的专业水准,两者相辅相成。酒店是典型的提供服务产品的劳动密集型企业,很多酒店为了保证服务质量的一致性和稳定性,制定了严格的服务标准和服务规范,并要求员工着统一制服,客房提供统一家具和客用品。标准化在确保服务质量方面起到了很重要的作用,但是一定要把握好度。最有甚者,是曾经流行一时的微笑必须露出八颗牙。当客人见惯了身穿风格一致的职业装的酒店员工的"八颗牙的职业微笑时",他们已经麻木了,他们觉得那只是员工的一个专业动作,并不是针对他们的真诚问候,于是乎,酒店的客人就开始投诉酒店的服务过于死板,缺乏人情味。在走过了标准化管理阶段之后,酒店又将重点放在个性化服务上。如尽量以客人姓氏称呼客人,而不再是千篇一律的"您好,先生/女士",根据客人的睡眠习惯(是否加盖了毛毯)调节客房温度或给客人加放一床被子或毛毯。细微之处体现酒店的服务品质。

### 案例1:标准化带来的不同效果——麦当劳的标准化细节

为了保证在任何情况下都向顾客提供品质一流的食品,麦当劳制定了一整套严格的质量标准和管理制度。例如,严格要求牛肉原料必须挑选精瘦肉,牛肉由83%的肩肉和17%的上等五花肉精制而成,脂肪含量不得超过19%,绞碎后,一律按规定做成直径为98.5毫米、厚为5.65毫米、重为47.32克的肉饼。食品要求标准化,无论国内国外,所有分店的食品质量和配料相同,并制定了各种操作规程和细节,如"煎汉堡包时必须翻动,切勿抛转"等。《产品质量指南》的横轴写上各种食品的名称,纵轴写上每个小时及分开时段显示每5分钟内应有的食品保存量。例如,按照现在的销售量,4分钟应制作12个汉堡包。但是,按照《产品质量指南》,这12个汉堡包不能一次做好,由于每个汉堡包的制作时间是1分45秒,加上调制、清理炉面和取新肉饼的时间,10分钟可以做4次。因此,这12个汉堡包要分4次做,每次做3个,用这样的"少量多次"的原则制作,就能把最新鲜的和质量最高的汉堡包送到顾客手中。

**案例2:酒店标准化服务流程给客人带来的不便**

某日19:00,韩国客人金先生入住酒店,办理手续后,行李员将客人引领进房间,按服务规程想给客人介绍一下饭店设施,金先生却对他说:"没事了,我想休息一下。"行李员忙向客人告辞离开了房间。金先生想着已经与几个重要客户预约好在20:00开始的宴会,想先洗个澡。他在卫生间正准备放水时,却听到门铃声,金先生犹豫了一下,连忙跑出卫生间,对着房门说:"请等一下。"然后以最快的速度穿好衣服,开了门,却发现一个客房服务员站在门口,对金先生说:"你好,先生,这是我们饭店的欢迎茶。"客人看着放在盘子里沏好的茶和小毛巾,却一点也没有乐于接受的样子,只说了一句:"放在桌上吧。"然后看了看手表,问服务员:"还有什么事吗?"服务员说:"没有了,希望你居住愉快。"然后告辞而去。金先生等服务员离开后,到卫生间放好水,脱了衣服正准备进浴缸,却又听到三声门铃响。金先生只好又穿好衣服打开门,看到一位行李员正微笑着站在门口,对金先生说:"这是今天晚上的报纸,祝你居住愉快。"金先生叹叹气收下了报纸。刚过一会儿,门铃又响了……

**思考:**
1. 同样是为了保证服务质量的标准化,为什么实施的效果却不一样呢?
2. 对于这家酒店的标准化服务流程,你有什么建议?

**资料来源:** 宣宣,《麦当劳—标准化执行的66个细节》,http://blog.sina.com.cn/s/blog_694bba3b0100k9ps.html,2009-08-27

### (四)易逝性

1. 易逝性的含义

服务的易逝性又被称为不可储存性,指的是服务作为一种非实体的产品,不管在时间上还是在空间上都是不可存储的。服务产品的生产是由需求决定的。服务不能像有形产品那样依靠存货来缓冲,以适应需求变化。

一方面,服务不能在生产后储存待售。我们到商店去购买产品,付款之后就可以将产品提走,如果我们去消费一项服务,则不能做到钱一付就走人,也就是说,服务提供者不能像商店那样,产品可以等待随时发货。如酒店的客房服务不能储存,今天没有客人住宿,客房就闲着,就是实实在在的损失。这些空房间以及闲置的服务设施和人员,都是不可补偿的损失,其损失表现为赢利机会的丧失和折旧的发生。

另一方面,服务客户也无法购买后储存。当购买或者消费服务结束后,服务也随即消失,不能在时间上或空间上将服务保存起来。例如,去酒店用餐,酒店服务人员给客户提供接衣、挂帽、拉椅、斟茶、倒酒等服务,但是一旦客户离开酒店,酒店的服务也即消失,无法再享受这样的服务,更不可能将酒店的服务人员带走。

2. 服务供求关系

由于服务产品无法储存并用于将来的销售,所以,需求对于服务的生产和供应起着极其重要的作用。如果电脑生产商无法在某一销售期内售出所有的电脑,可以在下一个销售期出售剩余的电脑,服务供应商则没有选择。与实物产品相反,服务产品必须在消费者提出需求的确切地点和时间加以生产。就许多服务产业而言,提供即时服务产品是至关重要的。

服务的易逝性给服务供求的管理带来了直接挑战。首先,由于服务没有存货,酒店很难将服务需求和服务供给进行有效匹配。因为对顾客的需求很难作出精确的预测,虽然企业可以根据淡旺季对服务供给进行适当调整,但是服务需求常常会导致短时间内出现异常拥挤的情况。例如,在酒店旺季,在景点附近的酒店出现满房的现象,没有预订的客人找不到下榻的酒店,而有的时段酒店的入住率非常低。其次,服务是一个过程,经历了这个过程,服务消费就结束了。顾客在感觉服务质量不好时,消费往往已经发生,且无法要求退货了。这就要求酒店"第一次就做好",如果出现失败,酒店应及时进行相应的服务补救,以挽回酒店的声誉。

### 案例:结账退房以后

一位住客当天中午乘火车回乡,提早在某饭店总服务台办好结账退房手续,他认为虽然结了账,但在中午十二点以前客房的住用权仍是属于他的,因此,他把整理好的行李放在客房内,没有向楼层服务员打招呼,就出去买东西逛街了。

过了一个多小时,那位客人回到饭店准备取行李离店,谁知进入原住客房一看,已经有新住客在房间内喝茶,而他的行李已不知去向。当找到楼层服务员以后才知道他的行李已送到总台去了,楼层服务员反而责怪他为什么在结账后不和楼层服务员联系。

客人听了以后很生气,"回敬"了几句便到总服务台提意见,谁知总台人员不记得他已结账,还不肯马上把行李交还给他。经过与楼层服务员联系的反复折腾,客人离店时已经快中午了。客人临行时说了句:"如果下次再来这个城市,我发誓不住在你们这里!"

**思考:**
1. 客人为什么下次不再光临此酒店?
2. 通过此案例,如何理解酒店服务的易逝性?
3. 对于此酒店的服务,你有什么建议?

**资料来源:**根据网络搜索整理。

## §1.2 礼仪概述

### 一、礼仪的本质

#### (一) 礼、礼貌、礼节与礼仪

**1. 礼**

礼的本意为敬神,后引申为表示敬意的通称。礼的含义比较丰富,它既可以指表示敬意和隆重而举行的仪式,也可泛指社会交往中的礼貌和礼节,是人们在长期的生活实践中约定俗成、共同认可的行为规范。还特指奴隶社会、封建社会等级森严的社会规范和道德规范。在《中国礼仪大辞典》中,礼被定义为特定的民族、人群或国家基于客观历史传统而形成的价值观念、道德规范以及与之相适应的典章制度和行为方式。礼的本质是诚,有敬重、友好、谦恭、关心、体贴之意。礼是人际间乃至国际交往中相互表示尊重、亲善和友好的行为。

**2. 礼貌**

礼貌是指人们在交往过程中相互表示敬意和友好的行为准则和精神风貌,是一个人在待人接物时的外在表现。它通过仪表及言谈举止来表示对交往对象的尊重。它反映时代的风尚与道德水准,体现人们的文化层次和文明程度。

**3. 礼节**

礼节是指人们在日常生活中,特别是在交际场合中,相互表示问候、致意、祝愿、慰问以及给予必要的协助与照料的惯用形式。礼节是礼貌的具体表现,具有形式化的特点,主要指日常生活中的个体礼貌行为。

**4. 礼仪**

礼仪包括礼和仪两部分。礼即礼貌、礼节;仪即仪表、仪态、仪式、仪容,是对礼节、仪式的统称。礼仪是指人们在各种社会的具体交往中,为了相互尊重,在仪表、仪态、仪式、仪容、言谈举止等方面约定俗成的、共同认可的规范和程序。从广义的角度看,它泛指人们在社会交往中的行为规范和交际艺术。狭义的礼仪通常是指在较大或隆重的正式场合,为表示敬意、尊重、重视等所举行的合乎社交规范和道德规范的仪式。

#### (二) 礼、礼貌、礼节、礼仪之间的关系

礼是一种社会道德规范,是人们社会交际中的行为准则。礼貌、礼节、礼仪都属于礼的范畴,礼貌是表示尊重的言行规范,礼节是表示尊重的惯用形式和具体要求,礼仪是由一系列具体表示礼貌的礼节所构成的完整过程。礼貌、礼节、礼仪三者尽管名称不同,但都是人们在相互交往中表示尊敬、友好的行为,其本质都是尊重人、关心人。三者相辅相成,密不可分。有礼貌而不懂礼节,往往容易失礼;谙熟礼节却流于形式,充其量只是客套。礼貌是礼仪的基础,礼节是礼仪的基本组成部分。礼是仪的本质,仪则是礼的外在表现。礼仪在层次上要高于礼貌和礼节,其内涵更深、更广,它是由一系列具体的礼貌和礼节所构成;礼节只是一种具体的做法,礼仪则是一个表示礼貌的系统、完整的过程。

第1章 酒店服务礼仪基础

**延伸阅读：中国礼仪的起源与发展**

**一、中国礼仪的起源**

关于礼的起源，说法不一。归纳起来有五种起源说：一是天神生礼仪；二是礼为天地人的统一体；三是礼产生于人的自然本性；四是礼为人性和环境相矛盾的产物；五是礼生于理，起源于俗。

（一）从理论上说，礼的产生，是人类为了协调主客观矛盾的需要

首先，礼的产生是为了维护自然的"人伦秩序"的需要。人类为了生存和发展，必须与大自然抗争，不得不以群居的形式相互依存，人类的群居性使得人与人之间既相互依赖又相互制约。在群体生活中，男女有别，老少有异，既是一种天然的人伦秩序，又是一种需要被所有成员共同认定、保证和维护的社会秩序。人类面临着的内部关系必须妥善处理，因此，人们逐步积累和自然约定出一系列"人伦秩序"，这就是最初的礼。

其次，礼起源于人类寻求满足自身欲望与实现欲望的条件之间动态平衡的需要。人对欲望的追求是人的本能，人们在追寻实现欲望的过程中，人与人之间难免会发生矛盾和冲突，为了避免这些矛盾和冲突，就需要为"止欲制乱"而制礼。

（二）从具体的仪式上看，礼产生于原始宗教的祭祀活动

《说文解字》曰："礼，履也，所以事神致福也。"原始宗教的祭祀活动都是最早也是最简单的以祭天、敬神为主要内容的"礼"。这些祭祀活动在历史发展中逐步完善了相应的规范和制度，正式成为祭祀礼仪。随着人类对自然与社会各种关系认识的逐步深入，仅以祭祀天地鬼神祖先为礼，已经不能满足人类日益发展的精神需要和调节日益复杂的现实关系。于是，人们将事神致福活动中的一系列行为，从内容和形式扩展到各种人际交往活动，从最初的祭祀之礼扩展到社会各个领域的各种各样的礼仪。

**二、中国礼仪的发展**

礼仪在其传承沿袭的过程中不断发生着变革。从历史发展的角度来看，其演变过程可以分为四个阶段。

（一）礼仪的起源时期：夏朝以前（公元前21世纪前）

礼仪起源于原始社会，在原始社会中、晚期（约旧石器时代）出现了早期礼仪的萌芽。整个原始社会是礼仪的萌芽时期，礼仪较为简单和虔诚，还不具有阶级性。这个时期的礼仪内容包括：制定了明确血缘关系的婚嫁礼仪；区别部族内部尊卑等级的礼制；为祭天敬神而确定的一些祭典仪式；制定一些在人们的相互交往中表示礼节和表示恭敬的动作。

（二）礼仪的形成时期：夏、商、西周三代（公元前21世纪—前771年）

人类进入奴隶社会，统治阶级为了巩固自己的统治地位把原始的宗教礼仪发展成符合奴隶社会政治需要的礼制，礼被打上了阶级的烙印。自西周王朝起，礼被确定为治国模式。在这个阶段，中国第一次形成了比较完整的国家礼仪与制度。如"五礼"就是一整套涉及社会生活各方面的礼仪规范和行为标准。古代的礼制典籍也多撰修于这一时期，如周代的《周礼》《仪礼》《礼记》就是我国最早的礼仪学专著。在汉以后2 000多年的历史中，它们一直是国家制定礼仪制度的经典著作，被称为礼经。

### (三) 礼仪的变革时期：春秋战国时期（公元前 771—前 221 年）

这一时期，学术界形成了百家争鸣的局面，以孔子、孟子、荀子为代表的诸子百家对礼教给予了研究和发展，对礼仪的起源、本质和功能进行了系统阐述，第一次在理论上全面而深刻地论述了社会等级秩序划分及其意义。

孔子对礼仪非常重视，把礼看成是治国、安邦、平定天下的基础。他认为"不学礼，无以立""质胜文则野，文胜质则史。文质彬彬，然后君子"。他要求人们用礼的规范来约束自己的行为，要做到"非礼勿视，非礼勿听，非礼勿言，非礼勿动"。倡导"仁者爱人"，强调人与人之间要有同情心，要相互关心，彼此尊重。

孟子把礼解释为对尊长和宾客严肃而有礼貌，即"恭敬之心，礼也"，并把礼看作人的善性的发端之一。

荀子把礼作为人生哲学思想的核心，把礼看作做人的根本目的和最高理想，"礼者，人道之极也"。他认为礼既是目标、理想，又是行为过程。"人无礼则不生，事无礼则不成，国无礼则不宁。"

管仲把礼看作人生的指导思想和维持国家的第一支柱，认为礼关系到国家的生死存亡。

### (四) 强化时期：秦汉到清末（公元前 221—公元 1911 年）

在我国长达 2 000 多年的封建社会里，尽管礼仪文化在不同的朝代具有不同的社会政治、经济、文化特征，但却有一个共同点，就是一直为统治阶级所利用，礼仪是维护封建社会的等级秩序的工具。这一时期，礼仪的重要特点是尊君抑臣、尊夫抑妇、尊父抑子、尊神抑人。在漫长的历史演变过程中，它逐渐变成妨碍人类个性自由发展、阻挠人类平等交往，窒息思想自由的精神枷锁。

纵观封建社会的礼仪，内容大致有涉及国家政治的礼制和家庭伦理两类。这一时期的礼仪构成中华传统礼仪的主体。

### (五) 现代礼仪的发展

辛亥革命以后，受西方资产阶级自由、平等、民主、博爱等思想的影响，中国的传统礼仪规范和制度受到强烈冲击。"五四运动"和"新文化运动"对腐朽、落后的礼教进行了清算，符合时代要求的礼仪被继承、完善、流传，那些繁文缛节逐渐被抛弃，同时接受了一些国际上通用的礼仪形式。新的礼仪标准、价值观念得到推广和传播。新中国成立后，逐渐确立以平等相处、友好往来、相互帮助、团结友爱为主要原则的具有中国特色的新型社会关系和人际关系。改革开放以来，随着中国与世界的交往日趋频繁，西方一些礼仪、礼节陆续传入我国，同我国的传统礼仪一道融入社会生活的各个方面，构成了社会主义礼仪的基本框架。许多礼仪从内容到形式都在不断变革，现代礼仪的发展进入了全新的发展时期。大量的礼仪书籍相继出版，各行各业的礼仪规范纷纷出台，礼仪讲座、礼仪培训日趋火红。人们学习礼仪知识的热情空前高涨。讲文明、讲礼貌蔚然成风。随着社会的进步、科技的发展和国际交往与合作，礼仪必将得到新的发展和完善。

## 二、礼仪的特点

### (一) 规范性

礼仪是人们在各种交际场合待人接物时约定俗成的行为规范。这种规范性不仅约束着人们在一切交际场合的言谈话语、行为举止、使之合乎礼仪,而且也是人们在一切交际场合必须采用的一种"通用语言",是衡量他人、判断自己是否自律、敬人的一种尺度。总之,礼仪是约定俗成的一种自尊、敬人的惯用形式。

### (二) 限定性

礼仪适用于普通情况之下的一般的人际交往与应酬。在这个特定范围之内,礼仪肯定行之有效。离开了这个特定的范围,礼仪未必适用。这就是礼仪的限定性特点。当所处场合不同,所具有的身份不同时,所要应用的礼仪往往会因此而有所不同,有时甚至还会差异很大。

### (三) 可操作性

切实有效,实用可行,规则简明,易学易会,便于操作,是礼仪的基本特征。既有总体上的礼仪原则、礼仪规范,又在具体的细节上以一系列的方式、方法,仔细周详地对礼仪原则、礼仪规范加以贯彻,把它们落到实处,使之"言之有物","行之有礼"。

### (四) 变动性

随着世界经济的国际化倾向日益明显,各个国家、地区、民族之间的交往日益密切,各类礼仪随之也不断地互相影响,相互渗透,取长补短,不断地被赋予新的内容。因此,礼仪具有相对的变动性。

### (五) 地域性和民族性

礼仪的内容大都是以约定俗成的民风习俗、特定文化为依据,它突出地集中体现了各区域、各民族的心理、文化和习惯。礼仪不仅是民族成员互相认同的重要标志,也是各民族相互区别的重要标志。各民族之间、各地域之间的礼仪不尽相同。因此,礼仪具有鲜明的民族性。在交际活动中,应当注重不同区域、民族的礼仪传统,尽量做到入乡随俗。

**趣味故事:谦虚也有错的时候**

一位英国老妇到中国游览观光,对接待她的导游小姐评价颇高,认为她服务态度好,语言水平也很高,便夸奖导游小姐说:"你的英语讲得好极了!"小姐马上回应说:"我的英语讲得不好。"英国老妇一听生气了,"英语是我的母语,难道我不知道英语该怎么说?"老妇生气的原因无疑是导游小姐忽视东西方礼仪的差异所至。西方人讲究一是一,二是二,而东方人讲究的是谦虚,凡事不张扬。

## 三、礼仪的功能

### (一) 教育功能

礼仪是人类社会进步的产物,是传统文化的重要组成部分。礼仪蕴涵着丰富的文化内涵,体现着社会的要求与时代精神。礼仪通过评价、劝阻、示范等教育形式纠正人们不正确的行为习惯,指导人们按礼仪规范的要求去协调人际关系,维护社会正常生活。让国民都来接受礼仪教育,可以从整体上提高国民的综合素质。

（二）沟通功能

礼仪行为是一种信息性很强的行为,每一种礼仪行为都表达一种甚至多种信息。在人际交往中,交往双方只有按照礼仪的要求,才能更有效地向交往对象表达自己的尊敬、敬佩、善意和友好,人际交往才可以顺利进行和延续。热情的问候、友善的目光、亲切的微笑、文雅的谈吐、得体的举止等,不仅能唤起人们的沟通欲望,彼此建立起好感和信任,而且可以促成交流的成功和范围的扩大,进而有助于事业的发展。

（三）协调功能

在人际交往中,不论体现的是何种关系,维系人际沟通与交往的礼仪都承担着十分重要的"润滑剂"作用。礼仪的原则和规范,约束着人们的动机,指导着人们立身处世的行为方式。如果交往的双方都能够按照礼仪的规范约束自己的言行,不仅可以避免某些不必要的感情对立与矛盾冲突,还有助于建立和加强人与人之间相互尊重、友好合作的新型关系,使人际关系更加和谐,社会秩序更加有序。

（四）塑造功能

礼仪讲究和谐,重视内在美和外在美的统一。礼仪在行为美学方面指导人们不断地充实和完善自我并潜移默化地熏陶人们的心灵。人们的谈吐变得越来越文明,人们的装饰打扮变得越来越富有个性,举止仪态越来越优雅,并符合大众的审美原则,体现出时代的特色和精神风貌。

（五）维护功能

礼仪作为社会行为规范,对人们的行为有很强的约束力。在维护社会秩序方面,礼仪起着法律所起不到的作用。社会的发展与稳定,家庭的和谐与安宁,邻里的和谐,同事之间的信任与合作,都依赖于人们共同遵守礼仪的规范与要求。社会上讲礼仪的人越多,社会便会更加和谐稳定。

### 案例:"金钥匙"为外宾寻找老朋友

某日上午9时,810房间的M先生站在礼宾柜台旁,"金钥匙"唐小姐与他攀谈起来。M是第一次来北京,小唐简单地向客人介绍了饭店的情况及北京的风景名胜,与客人聊得很开心。几年前在伊朗认识并结下了深厚友谊的老朋友,这次到北京来想亲自拜访一下,但拨打名片上的电话无人接听。根据名片上公司的名称,小唐通过114电话查询台帮客人查找到此公司新的电话,结果还是无人接听,客人表示遗憾,但客人还是非常感谢小唐,并说:"我回房间再试一试。"

客人回房间了,但小唐并没有放弃为客人寻找,工作之余仍不断地为客人拨打电话,功夫不负有心人,电话终于有人接了,经过交流之后,果真就是这位M先生要找的老朋友冯先生,小唐向冯先生说明了事情的经过后,冯先生很高兴。小唐把M先生的房号、饭店地址和电话告诉了冯先生,约定了见面的时间,然后马上给客人房间回电话,M先生听到消息后又激动又高兴,亲自到大堂来感谢。

**评析:**

1. "金钥匙"小唐通过这件平凡而简单的服务,为客人制造了一个意外的惊喜,给客人的北京之行留下了一个深刻的印象。

2. "金钥匙"服务是为客人提供一切可以提供的满意服务,我们提倡一步到位的服务,尽一切可能地提供满意的服务。

3. 我们要通过关注客人的需求,创造惊喜一刻的服务,来提高客人对酒店的满意度。

## §1.3 酒店服务礼仪

### 一、酒店服务礼仪的定义

酒店服务礼仪是酒店从业人员在服务过程中对服务对象表示尊重的一种规范行为。它是在酒店服务工作中形成并得到共同认可的礼节和仪式,也是酒店从业人员在自己的工作岗位上应该遵行的礼仪规范,属于职业礼仪。

酒店服务礼仪的宗旨是礼貌服务、客人至上。主要表现在全心全意为客人服务的理念上,要求在服务工作中以本国国情、民族文化和道德为基础,讲究服务艺术,遵守服务礼仪规范;尊重客人的风俗习惯和宗教信仰,关心客人,使客人获得满意的感受,认可酒店的服务,从而赢得更多的回头客,树立良好的个人形象和酒店形象。

### 二、酒店服务礼仪的原则

**(一) 尊重原则**

现代酒店业强调宾客至上,要求把宾客放在首位,一切为宾客着想,主动热情地去满足宾客的各种合理需求和愿望。而在宾客所有的需求和愿望中,尊重的需求是最强烈和最敏感的,也是正常的、合理的和起码的要求,是宾客的基本权利。

**(二) 一视同仁原则**

酒店服务工作中的一视同仁是指所有的客人都应该受到尊重,在这一点上决不能厚此薄彼。具体运用礼仪时,可以因人而异,根据不同的交往对象,采取不同的礼仪形式,但是在对客人表示恭敬和尊重态度上一定要一视同仁。

**(三) 热情原则**

能否积极主动地解决客人的各种要求、满足客人的各种心理需求,是衡量酒店服务质量的一个重要标准,因此,酒店服务中的礼仪行为应该保持积极主动。

**(四) 合宜原则**

现代礼仪强调人际间的交往与沟通一定要把握适度性,注意社交距离,控制感情尺度,应牢记过犹不及的道理。因此,酒店服务礼仪行为要特别注意不同情况下的礼仪程度、礼仪方式的区别,坚持因时、因地、因人的合宜原则。

（五）宽容原则

礼仪的宽容原则是指不过分计较对方礼仪上的差错过失。在酒店服务运用礼仪时,既要严于律己,更要宽以待人,要多地理解他人、体谅他人,切不可求全责备、斤斤计较,甚至咄咄逼人。面对宾客提出的过分的甚至是失礼的要求,工作人员应保持冷静,并耐心解释,决不能穷追不放,把宾客逼至窘境,否则,会使宾客产生逆反心理形成对抗,容易引起纠纷。即便是当客人有过错时,酒店服务人员也要"得理也让人",学会宽容对方,让宾客体面地下台阶,保全客人的面子。在客人提出批评意见时,酒店服务人员应该本着有则改之,无则加勉的态度,认真倾听。

（六）自律原则

礼仪的最高境界是自律,即在没有任何监督的情况下,仍能自觉地按照礼仪规范约束自己的行为。酒店服务人员不仅要了解和掌握具体的礼仪规范,而且要在内心树立起一种道德信念和行为修养,从而获得内在的力量。在对客服务中要从自我约束入手,时时检查自己的行为是否符合礼仪规范,在工作中严格按照礼仪规范接待和服务宾客,而且做到有没有上级主管在场一个样,客前客后一个样,把礼仪的规范变成自觉的行为和内在的素质。

### 案例：酒店服务原则——一视同仁

某天晚上,北京一家五星级宾馆的中餐厅正在接待外宾酒店团和会议团。孙先生是某公司负责接待外宾会议团的翻译,他把外宾安排好后就和同事一起到旁边的工作餐厅用餐。这一天,外宾团队订的都是北京烤鸭的餐宴,翻译、导游和司机等也享受和外宾同等的用餐标准。孙先生入座后,服务员端上了茶水和凉菜,但等候良久仍不见其他的菜上桌。他忍不住去催问服务员,服务员告诉他,今天太忙,请他再等一下,马上上菜。孙先生又等了半天,仍不见上菜,此时,其他桌的菜已经上得差不多了。孙先生和同事又去催问了两次,但就是他们这桌不给上菜,孙先生赌气不再催问。外宾用完餐,孙先生直接带他们上车。此时,服务员追到车门前请孙先生签单结账。孙先生没好气地说："我根本就没吃上饭,结什么账？"

"先生,实在对不起。今天的确太忙了,把您那一桌给疏忽了。要不然给您包上菜和鸭子带走。但是请您先把账结了。"服务员着急地说。"我们虽然也是服务人员,但到你们饭店都应该是客人,待遇也是平等的。你们给外宾和其他桌都上了菜,就是不给我们上菜,催了几次还不行,搞得我们现在都没吃上饭。要结账就找'老外'吧。"孙先生说着就要上车。其他人见状忙劝解孙先生,车上的外宾也有人问及此事。最后,孙先生还是和服务员一同回到餐厅结账。他拒绝了餐厅给他包装好的"晚餐",只是对服务员说："请你们记住这次教训,以后不要忽视每一位客人。"

**案例：酒店服务原则——宽容原则**

某日晚上六时许,某国际饭店的大堂内灯光辉煌,宾客如云。总服务台的接待员小马正忙着为团队客人办理入住手续。这时,两位香港客人走到柜台前向小马说:"我们要一间双人客房。"小马说:"请您稍等一下,我马上为这个团队办好手续,就替你们找空房。"其中一位姓张的香港客户说:"今晚七点半我们约好朋友在外面吃饭,希望你先替我们办一下。"小马为了尽可能照顾这两位客人,于是一边继续为团队办手续,一边用电脑查找空房。经过核查,所余空房的房价都是每间218元的。他如实告诉客人。此时,张先生突然大发脾气:"今天早上我曾打电话给你们饭店,问询房价,回答说双人标准间是每间186元,为什么忽然调成218元了呢？真是漫天要价！"小马刚要回话,这位姓张的客人突然挥掌向小马的面孔打去,小马没有防备,结果吃了一记耳光！他趔趄了一下,面孔变得煞白,真想回敬对方一下。但他马上想到自己的身份,决不能意气用事,于是尽量克制,使自己镇定下来。接着用正常的语气向客人解释说:"186元的房间已经住满了,218元的还有几间空着,由于楼层不同,房价也就不一样,我建议你们住下,尽快把入住手续办好,也好及时外出赴宴。"另一位香港客人李先生见他的朋友张先生理亏,想找个台阶下,就劝张先生说:"这位接待员还算有耐心,既然如此劝说,我们就答应住下吧。"张先生见势也就软了下来。

小马立刻招手要行李员把客人的行李送到房间。从小马当时紧握着的那只微微颤抖的手上,可以看出他正在极力压抑着内心的委屈。在周围的其他客人都纷纷对那位张先生的粗鲁行为表示不满,张先生一声不响地和李先生办好手续便匆匆去客房了。

那位张先生事后深感自己的不是,终于在离店时到总台向小马表示歉意,对自己的冒失行为深感遗憾。

**评析：**

客人张先生的所作所为肯定是不对的。小马的表现是无可非议的。他既不还手,也不用恶语回敬。他懂得作为饭店的从业人员就是得理也应该让人,这样才会多留住两位客人,并让他们最后拥有一次愉快的住店经历。当然,小马在客人突然袭击之际,自然感到委屈,这就需要克制自己,不与客人一般见识。小马的宽容举止很典型地体现了"客人总是对的"这句话的真谛。如果饭店员工都能从这个高度来要求自己,饭店的服务质量就可以产生质的飞跃。

## 三、酒店服务礼仪的作用

礼仪贯穿于酒店服务工作的始终。重视礼仪对改善员工服务形象、提高员工的服务水平有积极作用,也会为酒店赢得良好的经济效益和社会效益。酒店服务礼仪的作用具体表现在以下三个方面。

### （一）提高客人满意度

酒店是综合性服务企业,既能为客人提供吃、住、购、游、娱等比较齐全的服务设施,又能给客人提供满意的服务,它奉行的服务宗旨是客人至上、服务周到、文明有礼。酒店服务人员只有做到礼貌服务才能使客人满意,既给客人留下美好的印象,也能弥补设施等方面的不足。反之,即使具有一流的服务设施,但若对客人冷若冰霜,傲慢无礼,客人也会望而却步。即使硬件略差,只要有好的服务质量,也会得到客人的谅解。

### (二)提高服务质量的保证

当今酒店林立,客源市场竞争激烈。客源是酒店的财源,是酒店赖以生存和发展的基础,创造客源,最根本、最基础的措施就是靠提高服务质量。以质取胜,创造客源,是世界酒店的成功之路。当然,酒店管理人员的管理水平高低会影响服务质量,服务员的服务水平在很大程度上更决定着酒店的服务质量,因为客人是否住店,下次是否还住此店,服务员的素质、形象、仪表、举止、言行、礼貌直接影响客人的决策。一句话,酒店员工的礼仪风范是决定客人是否购买酒店服务的因素之一。酒店服务礼仪是提高酒店服务质量的保证。

### (三)评价酒店水平的标准之一

客人对一个酒店的评价,不仅取决于它的硬件设施,更多地是客人的一种心理感受。创造这种感受主要依靠酒店员工的服务水准。现代最佳酒店的十条标准,第一条就是"要有一流的服务员,一流的服务水平"。在酒店物质条件确定的前提下,酒店员工的素质是否达到一流水平是关键因素,而其中很重要的一条就是要仪表、礼节优良。

作为酒店员工,掌握酒店服务礼仪知识非常必要,否则,容易引起客人的不满或产生误会,从而影响服务质量,损害酒店声誉,甚至影响国家形象。

## 沟通能力实训

- 形式:20人左右
- 时间:15分钟
- 材料:每人2张A4纸
- 场地:教室

目的:我们平时的沟通过程中,经常使用单向的沟通方式,听者总是见仁见智,每个人按照自己的理解来执行,通常都会出现很大的差异。使用双向沟通之后,差异可能依然存在,虽然有所改善,但也增加了沟通过程的复杂性。所以,要依据实际情况选择沟通方式。

程序:
1. 给每位学员发一张纸
2. 培训师发出单项指令:
   - 大家闭上眼睛
   - 全过程不许问问题
   - 把纸对折
   - 再对折
   - 再对折
   - 把右上角撕下来,转180度,把左上角也撕下来
   - 睁开眼睛,把纸打开
3. 培训师可以请一位学员上来,重复上述的指令,唯一不同的是这次学员们可以提问。

讨论:
1. 完成第一步之后,为什么会有这么多不同的结果?
2. 完成第二步之后,为什么还会有误差?

## 本章小结

服务有其自身的特征,服务工作有特定的意义。礼仪从本质上讲是对人们各种先天倾向的社会型约束,它同礼节、礼貌有着密切的关系。酒店服务礼仪就是酒店服务人员在酒店服务工作中适用的礼仪规范和工作艺术。

## 讨论案例

某大学旅游系与某酒店有着关于饭店管理专业学习的合作项目。该酒店是一家三星级外资酒店,曾在社会和旅游业界有较好的声誉,但最近该酒店的经营状况不尽如人意。在酒店实习的学生写信向系里反映情况,流露了中止在该酒店实习的想法。为了让实习生专心完成实习任务,某老师受旅游系委派,到该酒店了解实习生实习情况,协助酒店进行实习生管理工作。经到人事部了解情况,并找来实习在岗上班的学生谈话,基本达到目的。已近中午12点,为不给酒店增添麻烦,该老师向主管人员告辞,主管人员提出与酒店主管人事的总监见个面,于是又逗留了些许时间。之后,该老师在人事部的走廊等候下班的实习生一道去宿舍,借此看看酒店内部橱窗内容。这时,一个眼熟的身影走过,朝其背影看了看,"哦,总监下班了。"几分钟前还在一起谈话的人,擦身而过,她竟视而不见。于是,该老师突然明白了,实习生为什么不安心在这家酒店实习:作为酒店重要部门的人事部,在接待协助酒店工作的学校教师两个多小时没有倒上一杯水;作为酒店高级管理人员的总监连正常的礼节礼貌也不懂。由此可以看出这个酒店的服务接待工作做得不好,直接影响酒店的良好形象,导致酒店经营管理失败。

【案例讨论与练习题】
1. 酒店的形象需要谁来塑造?
2. 酒店人事部员工应遵循什么服务礼仪?
3. 如果你是实习生,希望到什么样的酒店实习?

## 本章复习题

1. 简述礼仪的起源。
2. 东、西方礼仪有什么差异?
3. 礼仪有哪些功能?
4. 礼貌、礼节、礼仪的含义是什么?它们之间的关系是怎样的?
5. 简述酒店礼仪的原则、特征。
6. 酒店服务人员礼仪修养的意义是什么?
7. 什么是修养?养成良好礼仪修养有哪些途径?
8. 礼仪修养要遵循的原则是什么?

# 第 2 章

# 酒店服务人员的仪表礼仪

【名家名言】

礼仪之始,在于正容体,齐颜色,顺辞令。

——《礼记》

## 本章要点

通过对本章内容的学习,你应了解和掌握如下问题:
- 了解仪表美的内涵与修饰的原则。
- 掌握酒店服务人员的仪容礼仪。
- 掌握酒店服务人员的服饰礼仪。
- 掌握酒店服务人员的仪态礼仪。
- 根据酒店服务人员仪容仪表的规范要求,成功塑造符合岗位要求的个人形象。

> **章首引语**
>
> 仪表是人的外表,也是人的外在形象,通常包括人的容貌、发型、服饰、个人卫生、姿态等方面。仪表是一个人的内心世界和修养的外在表现,体现出一个人的道德素养、教育程度和志趣品位,也反映时代的特点和一个国家、民族的精神风貌。

## §2.1 仪表美的内涵与仪表修饰的原则

### 一、仪表美的内涵

仪表美有三个层面的内涵。一是仪表的天然美。即所谓的天生丽质,先天娇好的面容和迷人的身段。二是仪表的修饰美。它是指根据相关的规范和个人特点,对仪表进行必要的修饰,扬长避短,从而塑造出良好的个人形象。三是仪表的内在美。它是指通过不断提高文化、艺术、道德等方面的修养,培养高雅的气质与美好的情操,给人以秀外慧中、表里如一的美感。仪表美是这三个层面的高度统一。

### 二、酒店服务人员仪表修饰的原则

#### (一)保持整洁

整洁是仪表修饰的首要条件,也是最好的修饰。

#### (二)强调和谐

仪表美是一种整体美,它无法与周围环境割裂开来。只有当一个人的仪表从整体上表现出和谐,并与周围的环境相称时,才能体现真正的仪表美。

#### (三)崇尚自然

"清水出芙蓉,天然去雕饰"是人们注重自然美的表现。但应注意,自然大方绝不等同于过分随便、不修边幅。

#### (四)注重修养

仪表美是人的内在美与外在美的统一。真正的美,应该是个人良好内在素质的自然流露。要想有好的仪表,要想在人际交往中给人以良好的印象,就必须从文明礼貌、文化修养、道德情操、知识才能等各方面不断地提高个人修养。

## §2.2 酒店服务人员的仪容礼仪

仪容是指一个人的容貌,它包括发式、面容、脸色等状态。它反映一个人的精神面貌、朝气与活力,是传达给接触对象感官的最直接、最生动的第一信息。

### 一、酒店服务人员的美发

#### (一)发型选择

首先,要根据自身特点(如发质、脸型、体型、年龄、气质等)选择适合自己的发型。

其次,要根据个人的职业、身份、社会地位、工作环境等的不同,选择合适的发型。酒店男员工头发的长度要适宜,前不及眉,旁不遮耳,后不及衣领,不能留长发、大鬓角,不允许留络腮胡子和小胡子。酒店女员工一般不宜梳披肩发,长发应扎起来或盘成发髻。头发不可遮挡眼睛,刘海不及眉,头饰以深色小型为好,不可夸张耀眼。

### (二) 头发的清洁

从医学和美学角度讲,健康毛发的前提就是清洁,就如同保养脸部皮肤的基础在于洗脸一样。近年来,中国健康教育协会正在积极开展"头发天天清洁,把握成功瞬间"的宣传活动,建议人们根据个人发质的不同,养成每周洗头4—7次的卫生习惯。大量的科学研究已经证明,常洗头不仅不会使头皮屑增多,头发干燥、枯黄、脱落,反而还能促进头皮部分的血液循环,令头发更富有光泽和弹性,更有利于头发的生长并延长其寿命。

不仅如此,干净的头发对塑造发型有着非常重要的作用。美发界有句行话叫"发根不直立,发尾不飘逸",充分说明了干净的头发对塑造发型的重要性。清洁的发根有助于自然地支撑起发型,让头发看上去蓬松而富有动感;如果不及时清洗,头发会显得油腻厚重,暗淡而缺乏生气。

---

**延伸阅读:酒店员工发型的选择**

酒店服务人员在为自己选择发型时,必须优先考虑自己的职业,选择与自己身份相符的发型,符合本行业的"共性",切忌发型过分时髦,尤其不要标新立异。选择极端前卫的发型,过分地强调新潮和怪诞,容易和客人产生一种隔阂,使人避而远之。选择发式时,要考虑身份、工作性质和周围环境,尤其要考虑自身的条件,以求与体型、脸型相配。

**一、可以根据身材选择发型**

身材瘦高的人,适宜选择头发轮廓为圆形的发型。

身材较矮小的人,适宜短发、中长发,顶部头发可略微高耸,尽可能地使头发重心上移,切不可梳理大发式。

身材肥胖型的人,一般不适宜留长发,最好选略长的短发样式,两鬓要服帖,后发际修剪得略尖。

身材高大的人,头发可梳理得蓬松些,女性不适宜留短发,以中长发为好。

**二、根据脸型选择发型**

不同脸型的人选择适宜的发型,能弥补脸型的某些不足。

椭圆形脸的人,适宜各种发型。

圆形脸的人,发型应选视觉上显长不显宽的发型,并让顶部头发蓬高,两侧紧,忌从头发中分。

正三角脸型的人,一般让顶部头发蓬松,女性的发梢微微遮脸颊。

倒三角脸型的人,一般上半部头发不宜蓬高,不宜取无缝式或全部后拢式,头发应从前至后形成蓬松的弧度。

菱形脸型的人,一般是让头发挡住前额,耳后下部的头发蓬松。男性忌背头,女性可将头发剪中长烫卷,使脸形看起来呈椭圆形。

资料来源:根据网络资料整理而成,http://www.canyin168.com/print.aspx? id= 5443,2007-03-22。

**案例：酒店员工该不该染发？**

小刘应聘到某外资五星级饭店担任前台接待，为了提升自己的职业形象，她在入职的前一晚特意到美发厅花费近千元把自己的一头黑色长发全部染成了红色。第二天，小刘精神抖擞地来到新单位，但在进行入职培训时却被告知因为头发的颜色不符合员工的仪容仪表要求，需要把头发的颜色染回黑色，否则，不予办理入职手续。进入这家外资酒店工作是小刘的梦想，为了自己得来不易的工作机会，小刘只好在当天晚上又花费近千元把自己的满头红发染回成黑色，但是她非常委屈："外资酒店，不是提倡时尚吗？为什么自己的行为不被认可？"

**思考：**
1. 饭店员工为什么不能染发？
2. 如何做到仪容仪表标准化和个性美之间的平衡？

## 二、酒店服务人员的美容化妆

### （一）化妆的原则

（1）修整自然。酒店服务人员尤其应以自然、淡雅为宜。

（2）化妆得法。化妆应以淡妆为宜。

（3）整体协调。在化妆时，应努力使整个妆面协调，并且应与全身的装扮协调，与所处的场合协调，与当时的身份协调，以体现出自己慧眼独具、品位不俗。

（4）注重礼节。女士在出席正式场合前化妆是对他人的尊重。

### （二）化妆的基本程序

（1）清洁面部。用温水及洗面奶彻底洗去脸上的油脂、汗水、灰尘等污秽，以使妆面光艳美丽。

（2）护肤。将收缩水或爽肤水适量倒入掌心，然后轻拍在前额、面颊、鼻梁、下巴等处，再根据肤质抹上护肤（液）霜或美容隔离（液）霜。

（3）基础底色。选择适合自己皮肤的粉底，不要使用太白的底色，否则，会让人感到失真。

（4）定妆。为了柔和妆色和固定底色，要用粉饼或散粉定妆，粉的颗粒越细越自然。

（5）修眉。脸盘宽大者，眉毛不宜修得过长过直，相反，应描得适度弯一些、柔和一些。五官纤细者，就不宜将眉修饰得太浓密。描眉时，应将眉笔削成扁平状，沿眉毛的生长方向一根根地描画，这样描出的眉毛有真实感，而不要又浓又粗地画成一片。

（6）画眼线。沿睫毛根部贴近睫毛，由外眼角向内眼角方向画出眼线，上眼线应比下眼线重些，上眼线从外眼角向内眼角描十分之七长，下眼线描十分之三长。

（7）涂眼影。眼影的颜色要适合自己的肤色和服装的颜色。

（8）抹睫毛膏。先用睫毛夹使睫毛卷曲，然后用睫毛刷把睫毛膏均匀地涂抹在睫毛上，但不宜抹得过厚，否则，会让睫毛粘住，给人以造作之感。

（9）腮红。用胭脂扫将胭脂涂扫在面颊的相应部位。

(10) 涂口红。涂口红可加深嘴的轮廓,让脸部更加生动,富有魅力。涂口红时,先用唇线笔画出理想的唇型,然后填入唇膏。按上嘴唇从外向里、下嘴唇从里向外的顺序进行。口红的颜色应根据不同肤色、不同服装的颜色、不同的场合来选用。

### 案例:客人为何不满?

某报社记者吴先生下榻于北京某饭店。经过连续几日的辛苦采访,终于圆满完成任务。吴先生与两位同事打算庆祝一下,当他们来到餐厅时,接待他们的是一位五官清秀的服务员,接待服务工作做得很好,可是她面无血色显得无精打采。吴先生一看到她就觉得没了刚才的好心情,仔细留意才发现,原来这位服务员没有化工作淡妆,在餐厅昏黄的灯光下显得病态十足,这又怎能让客人看了有好心情就餐呢?当开始上菜时,吴先生又突然看到传菜员涂的指甲油缺了一块,吴先生的第一反应就是"不知是不是掉入我的菜里了?"但为了不惊扰其他客人用餐,吴先生没有将他的怀疑说出来。但这顿饭吃得吴先生心里总不太舒服。最后,他们唤柜台内的服务员结账,而服务员却一直对着反光玻璃墙面修饰自己的妆容,丝毫没注意到客人的需要,到本次用餐结束,吴先生对该饭店的服务十分不满。

**评析:**

服务员不注重自己的仪容、仪表,或过于注重自己的仪容、仪表,都会影响服务质量。

**资料来源:** 根据网络资料整理而成,http://www.canyin168.com/glyy/yg/ygpx/fwal/200707/7350_15.html,2007-07-12。

#### (三)香水的使用方法

香味犹如一个人无声的名片,悄无声息地透露着一个人的故事,而不用只言片语。香水是一个人的气质外衣,远远地便会释放出一种吸引人的能量,让人无法忘记。但是,在使用香水时如果不注意一些细节,反而会起到相反的效果,使你的职业形象大打折扣。在工作场合里应用淡雅清新的香水,才不会给人以唐突的感觉。

千万不要在全身各处都抹上香水,仿佛刚洗过香水浴似的。这样不仅不能塑造好你的形象,反而会使人们对你敬而远之。在喷香水的时候,应距离身体10厘米,使喷出的香水呈雾状;如果不怕太浪费,可以将香水连续往空中喷洒形成香雾,然后走进香雾里,让香水粒子自然均匀地落在身上。香水也可以喷洒在以下部位:

(1)耳后。耳朵后面的体温很高,非常适合抹香水,而且也可避免紫外线的照射。

(2)脖子。一般的,脖子周围不擦香水,但脖子后面由于头发可遮住紫外线的照射,故可安心喷洒香水。

(3)手腕。抹于手腕内侧脉搏跳动的地方,脉搏的跳动会带动香味的散发。

(4)腰。想飘着淡淡的香味时请擦于此处,且用餐时请抹于腰部以下。

(5)大腿。香气是由下而上散发的,擦于下半身,是香水的高明使用法。大腿内侧的体温也很高,所以能使香水更加散发(请于穿着丝袜前使用)。

(6) 腿关节。擦于关节内侧的静脉上,也可使用于与关节同样高度的裙子内侧,随着裙摆的摆动及双脚的移动散发出淡淡的香气。

(7) 脚踝。擦在脚踝内侧,走路时会散发香味,脚踝也是最适合补擦香水的地方。

**知识延伸:香水的分类**

香水自问世以来,已经推出了成百上千的品种。存放在法国国际香料香精化妆品高等学院香水陈列室的香水样品从古至今共有1 400多种,其中,有配方的就有500种。它是人类香水史上弥足珍贵的艺术瑰宝,而且还在不断地推陈出新,可谓日新月异。怎样才能在众多的香水品种中选择适合于自己的香水呢?我们不妨先从香水的分类着手,了解一下千姿百态的香水品种。香水按照所含香精的浓度不同大体分为四大类。

一、浓香水(Parfum)

香水浓度为15%—25%,持续留香时间为5—7小时,是最高品质的豪华香水。因留香长久,每次只需少量涂抹腕部等重点部位即可,喷雾时注意少喷。欧美的人们比较喜欢它,大概是欧美人肉食较多,体味也较重,而且性格比较开放、张扬,所以,这种香水有很好的市场,在亚洲喜爱这种浓香水的人要比欧美少一些。可充分享受香味的前调、中调和尾调,适合夜间使用。

二、香水(Eau de Parfum,简称EDP)

香水浓度为10%—15%,持续留香时间为5小时左右。浓郁程度与浓香水接近,持续时间较长,白天、晚上都可以使用,香调也会随时间变化。

三、淡香水(Eau de Toilette,简称EDT,也称香露)

香精含量为8%—15%,持续留香时间为3—4小时,是目前消费量最大的香水种类,而且容量大,香型多种多样,价格中档,很受消费者欢迎。香味清新轻柔,更适合上班族和青年学生等初用者,也可以与高级香水搭配使用,香调不会产生变化。

四、古龙水(Eau de Cologne)

香水浓度为3%—5%,是香水中最早面市的品种,以男用香水为主。留香时间很短,大约1—2小时。经过多年的演绎和进步,如今的古龙水已经大有长进,不再是过去那种低档香水的代名词了。现代古龙水已经不只是一个"古龙"香型而已,而是把香精含量3%—5%的低浓度香水都称为古龙水,香味淡而简单,适合运动、沐浴或转换情绪时使用,通常男女皆宜,香调不会产生变化。

### 三、酒店服务人员的皮肤护理

酒店服务人员应时刻注重皮肤护理,以下是护肤的几种方法。

(1) 保持乐观、开朗的心境。这是最好的美容化妆品。

（2）掌握正确的洁面方法。一方面，选用优质、合适的洁面用品，彻底清洁面部；另一方面，注意洗脸水的温度应与室温相当，不宜过高，并且用温水和冷水交替洗脸，可达到收缩毛孔的作用。

（3）每天多喝白开水，可保持皮肤的滋润。每天早餐前可以喝一杯蜂蜜水清洗肠胃。

（4）注意合理饮食。少吃煎炸、辛辣的食物，每天保证足够的新鲜蔬菜和水果，注意营养的均衡。

（5）定期清洗化妆工具和清理化妆品，不借用他人的化妆品。

（6）保证充足的睡眠。睡眠充足会让人精力充沛、容光焕发。

（7）坚持每天做适量运动。适量运动可以舒缓工作和学习带来的压力。

## 延伸阅读：五星级饭店仪容仪表规范（节选）

### 一、仪容

（1）员工在岗时应精神饱满，表情自然，面带微笑。

（2）说话时应语气平和，语调亲切，不可过分夸张。

（3）眼睛应有神，体现出热情、礼貌、友善、诚恳。

（4）遇事从容大方，不卑不亢。

（5）与客人交谈时，目光应自然平视，不应上下打量客人。

### 二、仪表

（一）服饰

（1）饭店全体员工按规定统一着制服，并穿戴整齐。

（2）制服应得体挺括，不应有皱褶、破损、污渍，领子、袖口、裤脚要保持清洁，不应挽袖子或裤腿。

（3）男士着单排扣西服时，两粒扣子扣上面的第一粒，三粒扣子扣上面的两粒，女士着西装时，应全扣上。

（4）工号牌要佩戴在上衣的左胸上方，工号牌水平，不得歪斜。

（5）制服扣子应齐全、无松动。

（6）不应在服装上佩戴与规定不符的饰品，如胸花、钥匙链、小装饰物等。

（7）除制服配套用腰带外，一律系黑色腰带。

（8）男员工着深色袜子、女员工着肉色丝袜，袜子不应有破洞或抽丝，应每天换洗。

（9）鞋子应保持干净、不变形、无破损，不得有污点、灰尘；皮鞋每天要擦拭，保持光泽度，鞋带要系好，不可拖拉于地面。

（10）非工作需要不得将制服穿出饭店区域外。

（二）发式

应保持头发的清洁、整齐，不得有头垢、头屑，发干应光滑柔软，要有光泽。色泽统一，发干和发尾不得出现两截颜色，不得将头发染成黑色以外的颜色。要稳重大方，忌个性张扬。部门内员工的发型要相对统一。

1. 男员工发式标准

分缝要齐,不得留大鬓角、前发不盖额、侧发不盖耳、后发不盖领。

2. 女员工发式标准

(1) 长发应盘起,发髻不宜过高或过低,以不过衣领为标准。

(2) 短发不能过领,虚发应用发胶类化妆品定型。

(3) 额前头发不可挡住视线,不得留有额前的虚发(刘海)。

(4) 头上不得佩戴规定以外的装饰品。

(三) 修饰

在工作岗位上的员工应注意修饰,正确得当的修饰能给人以愉悦,得到顾客的认同,提升饭店的层次与形象,提高员工的气质与修养。修饰可分为:

1. 面部

(1) 员工应保持面容的整洁,上岗前应做好面容检查。

(2) 男员工应养成每天刮胡子的习惯,不得留有胡须。

(3) 鼻毛、耳毛要经常修剪,不得外露。

(4) 保持口腔和牙齿的清洁与卫生,不应吃容易造成异味的食物(如大蒜、大葱、洋葱、臭豆腐等食品)。

2. 手部

(1) 经常保持手部的干净卫生,常洗手,特别是指甲缝一定要清理干净,不得有残留物。

(2) 男女员工均不得留长指甲,指甲应经常修剪,指甲长度以不超过1毫米为标准,不得在岗上或客人面前修剪指甲。

(3) 女员工如用指甲油,应选用与肤色统一或透明的指甲油,不得在指甲上描纹图案。

3. 首饰

(1) 男女员工均不佩戴耳环、鼻环、手镯、手链、脚链、别针等饰物。

(2) 女员工可戴简洁一点的耳针一对(直径不应超过2毫米)。

(3) 已婚男女员工可佩戴一枚结婚戒指(戒面不应超过5毫米,饰物高不应超过5毫米)。

(4) 佩戴的项链或在脖子上挂的饰品不得外露。

(5) 佩戴手表要以正装为主,不得戴过分张扬的手表。

4. 化妆

(1) 女员工应统一化淡妆,不得浓妆艳抹,选择眉笔、眼影、唇膏的颜色应协调自然,粉底不宜过厚,颜色不宜过深或过浅。

(2) 不得在皮肤外露处纹身。

(3) 使用香水味道不宜刺鼻,要清新淡雅。

(4) 要避人化妆,不得在客人面前或对客服务区域内照镜子、描眉、画唇、施粉等。

5. 个人卫生

(1) 每次上岗前都必须自行检查一次,以树立大方得体、干净利落、温文尔雅的五星级饭店服务人员良好的外部形象。

(2) 应经常保持个人的清洁卫生,要勤洗澡、勤换衣。

6. 注意事项
(1) 不应在岗或客人面前打领带、提裤子、整理衬衫。
(2) 不可做检查裤裙拉链是否拉好,拉直下滑的袜子等不雅的动作。
(3) 不应在岗或客人面前抠鼻子、剪鼻毛、剔牙齿。
(4) 在岗时不可打哈欠、打喷嚏、咳嗽,控制不住时,应回避客人。

**资料来源:** 根据网络资料整理而成,http://www.canyin168.com/glyy/yg/ygpx/fwly/201202/38842.html,2012-02-06。

## §2.3 酒店服务人员的服饰礼仪

狭义的服饰是指衣服上的装饰,广义的服饰是指衣服及其装饰,而其装饰又包括与衣服分开的装饰用品,如领带、胸针、眼镜和手表之类的饰物。

### 一、服饰美的三要素

服饰美是由质地美、色彩美、款式美三者结合而形成的完美统一体。

#### (一) 服饰的质地

优良质地的服装大都具有穿着舒适、挺括、高贵、大方等特点。

#### (二) 服饰的款式

服饰的款式指的是它的种类、式样与造型。在社交场合,选择服装款式时,最重要的是要维护自身形象,使之合乎身份。总之,着装要规范得体,应遵守 TPO 原则。TPO 原则是有关服饰礼仪的基本原则之一,其中的 T、P、O 分别是英文单词时间(time)、地点(place)、场合(occasion)的缩写。

#### (三) 服饰的色彩

1. 色彩的特征

色彩是人的眼睛对物体反射的不同波长的光所产生的印象。从色彩的功能上看,它具有如下基本特征。

(1) 色彩的冷暖。每种色彩都有区别于其他色彩的独特的感觉色味,通常把这种具有红、橙、黄、绿、青、蓝、紫等色味的色彩现象称作色相。色彩因色相不同,可产生温暖或寒冷的感觉:使人有温暖、热烈、兴奋之感的色彩,叫暖色,如红色、黄色;使人有寒冷、抑制、平静之感的色彩,叫冷色,如蓝色、黑色。

(2) 色彩的轻重。色彩的明亮程度称为明度。不同明度的色彩往往给人以轻重不同的感觉。明亮的颜色感觉轻,使人有上升感。灰暗的颜色感觉重,使人有下垂感。

(3) 色彩的软硬。色彩显现出来的鲜艳程度称作纯度。色彩的软硬与其明度和纯度有密切的关系。色彩明度和纯度越高,就越鲜艳纯粹,并给人以柔软、润滑的感觉,如浅黄、浅绿等。色彩明度和纯度越低,就越为深暗,并给人以坚硬、朴实的感觉。

(4) 色彩的缩扩。色彩的波长不同,给人收缩或扩张的感觉就不同。一般来讲,冷色、深色属收缩色;暖色、浅色为扩张色。

2. 服饰色彩的搭配

(1) 同色搭配法。配色尽量采用同一色系之中各种明度不同的色彩,按照深浅层次的不同进行搭配,以造成和谐统一的效果。

(2) 相似色搭配法。色彩学上把色环上九十度以内的邻近色称为相似色,如绿与蓝、红与橙黄等。它与同色搭配相比,丰富且有变化,但注意色彩上的数量不宜太复杂,应遵循服饰礼仪的"三色原则",即正式场合的服饰配色,包括服装、饰品等一切服饰,其颜色不应超过三种以上,否则,就显得杂乱无章,给人低俗之感。

(3) 对比色搭配法。即在配色时运用性质相反的色彩进行组合的方法,它可以使着装在色彩上反差强烈,产生明快、生动的效果,从而突出个性。如红与绿、黄与蓝、白与黑等都是最常见的对比色,如果将它们的颜色按1∶1进行组合,会有强烈、醒目的色彩效果。

(4) 无色系与有色系之间的搭配。黑、白、灰和其他任何色彩搭配。

(5) 无色系之间的搭配。黑、白、灰之间的搭配。

## 二、酒店服务人员的着装规范

### (一) 男士西装着装规范

1. 整体效果

首先,一定要合身;其次,西装要熨烫平整、干净挺括。整体色彩控制在三种颜色以内,在正式场合下,鞋、包、腰带应为同一颜色,并以黑色为佳。

2. 衣袖和裤脚

在穿西装前要拆除衣袖上的商标,以免被他人取笑。西装的袖口和裤脚不应卷挽,以免有动粗之嫌和给人以粗俗之感。

3. 衬衫

穿着西装时,衬衫的搭配也很有学问,衬衣颜色的深浅应与西装颜色成对比,不宜选择同类色,否则,搭配分不出衬衣与西装的层次感。正装的衬衫必须为纯色,以浅色为主,白色最常用。衬衫最讲究的是领口,领型多为方领,领头要硬挺、清洁。衬衫衣领要高出西装衣领,衬衫衣袖要长于西装袖口一厘米左右,以显示层次。不论在何种场合,衬衫的下摆务必塞进裤内,袖扣必须扣上。内衣应单薄,以保持西装的线条美。如遇天冷时,可在衬衫外面再套一件西装背心或鸡心领羊毛衫,但不能显臃肿之态。衬衫要保持整洁无皱褶,尤其是衣领和袖口。

4. 领带

领带是西装的灵魂,凡正式的场合,穿西装不系领带会显得苍白无力。领带有普通结(小结)、温莎结(大结)和小温莎结(中结)三种不同的系法。领带结的大小随衬衣领的宽窄而变,衬衣领角越大,领带结越大;衬衣领角越尖,领带结越小。领带的宽度随西装领的宽度而变,西装领越宽,领带越宽。领带的长度以到皮带扣处为佳,切忌垂到裤腰以下。领带的颜色应与衬衣和西装搭配协调,一般应选择衬衣和西装的中间过渡色。图案以单色无图案的领带为主,有时也可选择条纹、圆点、细格等以规则形状为主的图案。领带夹一般在第四、第五粒扣之间。如果衬衫外面穿背心或羊毛衫,则须将领带置于背心或羊毛衫内。非正式场合可以不打领带,但应把衬衫领扣解开,以示休闲洒脱。

5. 纽扣

西装有单排扣和双排扣之分,穿单排三粒扣西服,一般扣中间一粒或上两粒;穿单排两粒扣西服,只扣第一粒,或全部不扣。若在正式场合,则要求把第一颗扣扣上,在坐下时方可解开。如系双排扣西装,应将扣全部扣上。

6. 西裤

西裤作为西装整体的一个主要部分,应与上装相协调。西裤长度以触到脚背为宜。西裤穿着时,裤扣要扣好,拉链要拉到位。

7. 口袋

无论是两件套或三件套西服,其上衣和西裤口袋应少装或不装东西。钱包、打火机等用品可装在西装左、右内侧衣袋里,以保持西服的美观。

8. 鞋袜

按照西装的着装要求,穿西装应配黑色系带皮鞋,并保持鞋面清洁锃亮。旅游鞋或长筒鞋等不宜在正式场合穿用。与皮鞋配套的袜子应为深色的纯棉、线、丝或羊毛制品,忌穿白色袜子。而且袜筒要足够高,弹力要好,以免坐下后,漏出一截腿,极为不雅。

**(二) 女士套裙着装规范**

1. 女士套裙的着装

女士套裙忌透、忌露、忌短。在社交场合,裙装应长及膝或过膝10厘米左右,直筒裙的效果最好。

2. 女士西装套裙的着装规范

(1) 大小适度,穿着到位。

(2) 搭配适当,装饰协调。

(3) 内衣忌露,鞋袜得体。

(4) 兼顾举止,优雅稳重。

**(三) 酒店行业制服着装规范**

1. 整齐大方

制服的款式要简洁、高雅,线条自然流畅。制服必须合身,注意四长(袖到手腕、衣至虎口、裤到脚面、裙到膝盖)、四周(领围以能插入一指大小宽松度为宜,上衣的胸围、腰围及裤腰的臀围以能穿一件羊毛衣裤的松紧为宜)。尤其内衣不要外露;不挽袖卷裤;不漏扣、不掉扣;领带、领结与衬衫的吻合要紧凑且不系歪;工号牌或标志牌要佩戴在左胸前;有的岗位还要戴好手套和帽子。敞胸露怀、不系领扣、高卷袖筒、挽起裤腿、不打领带、衬衫下摆束起等,不仅有损制服的整体造型,还破坏了企业的形象。

2. 清洁

要经常定期或不定期地换洗,做到衣裤无油渍、无污垢、无异味。领口与袖口尤其要保持干净。

3. 挺括

为了保证衣裤不起皱,穿前要烫平,穿后要挂好,做到上衣平整、裤线笔挺。穿制服时,不要乱倚、乱靠、乱坐。

#### 4. 无破损

穿着制服，要求整整齐齐、外观完好。如果制服有破损，就不宜继续在工作岗位穿着。在工作中发现破损，应立即采取措施补救。特别是在一线服务部门工作的人员，更应注意制服的完好。

### 三、饰品的佩戴

#### （一）符合身份

服务人员的工作任务和职责就是为他人提供各项服务，即一切要以服务对象为中心，竭尽全力地为其提供优质的服务。因此，从业人员必须对自己的角色定位有正确的认知，不能本末倒置，甚至将自己凌驾于对方之上。

#### （二）以少为佳

酒店服务人员在其工作岗位上佩戴饰品时，一般不宜超过两个品种；佩戴某一种具体品种的饰品，则不应超过两件。而且酒店服务人员可以不佩戴任何首饰，对于男性从业人员来讲，尤其应该如此。

#### （三）区分品种

社会上流行的脚链、鼻环、指甲环、脚戒指等不宜在工作时佩戴。

#### （四）佩戴有方

（1）穿制服时，不宜佩戴任何饰品。

（2）穿西装、职业装时，不宜佩戴工艺饰品。

（3）在工作岗位上，不宜佩戴珠宝饰品。

（4）所佩戴的饰品，要彼此协调、相互统一。

## § 2.4 酒店服务人员的仪态礼仪

仪态是指人们身体在日常生活中呈现出的具体表现和各种造型，包括举止动作、神态表情和相对静止的体态，它直接展示一个人的气质和风度。酒店服务人员在工作中的站立、行走、手势和表情等，都应当体现职业素养，做到得体和优雅。

### 一、酒店服务人员的仪态规范

#### （一）站姿

##### 1. 站姿基本要领

头正，颈直，下颌微收，双目平视前方，面带微笑；双肩放松向后展并向下压；挺胸，收腹，立腰，提臀；双臂放松，自然下垂于体侧，虎口向前，手指自然弯曲；两腿并拢立直，女性双膝和两脚跟靠紧，脚尖分开似"V"字型，男性可两脚分开，与肩同宽。身体的重心应放在两脚中间，从正面看，重心线应在两腿中间向上穿过脊柱及头部。要防止重心线偏左或偏右。

##### 2. 服务性站姿

酒店服务人员在工作中，为客人提供服务时的站姿一定要合乎规范，严格按照要求去做。以下几种酒店服务人员在工作中的站姿规范,分别适合于不同的部门、不同的场合。

(1) 侧放式。身体立直,抬头挺胸,下颌微收,双目平视,嘴角微闭,双手自然垂直于身体两侧,双膝并拢,两腿绷直,脚跟靠紧,脚尖分开呈"V"字形。

图 2-1　男士侧放式站姿　　　　图 2-2　女士侧放式站姿

(2) 前腹式。男士身体立直,抬头挺胸,下颌微收,双目平视,嘴角微闭,双脚平行分开,两脚间距离不超过肩宽,一般以 20 厘米为宜,双手手指自然并拢,右手搭在左手上,轻贴于腹部,不要挺腹或后仰。女士身体立直,抬头挺胸,下颌微收,双目平视,嘴角微闭,面带微笑,两脚尖略分开,右脚在前,将右脚跟靠在左脚脚弓处,两脚尖呈"V"字形,双手自然并拢,右手搭在左手上,轻贴于腹前,身体重心可放在两脚上,也可放在一脚上,并通过重心的移动减轻疲劳。

图 2-3　男士前腹式站姿　　　　图 2-4　女士前腹式站姿

(3) 后背式。身体立直,抬头挺胸,下颌微收,双目平视,嘴角微闭,双脚平行分开,两脚之间距离不超过肩宽,一般以 20 厘米为宜,双手在身后交叉,右手搭在左手上,贴于臀部。

图2-5 后背式站姿

此种站姿多为男士采用。

3. 站立禁忌。在工作岗位上,服务人员要尽量做到挺(身体挺拔)、直(脊柱笔直)、高(重心提高)。忌身躯歪斜、弯腰驼背;忌双手抱胸或叉腰;忌半坐半立、趴伏倚靠;忌身体在站立时频繁地变动体位,或是手位、脚位不当。

(二) 坐姿

1. 正确的坐姿

坐姿的要领为:上半身挺直,两肩放松,下巴向内微收,脖子挺直,挺胸收腹,并使背部和臀部成一直角,双手自然放在双膝上,两腿自然弯曲,小腿与地面基本垂直,两脚平落地面。两膝间的距离,男子以不超过肩宽为宜,女子则不开为好。

(1) 两手摆法。有扶手时,双手轻搭或一搭一放。无扶手时,两手相交或轻握或呈八字形置于腿上;或左手放在左腿上,右手搭在左手背上。

(2) 两腿摆法。凳高适中时,两腿相靠或稍分,但不能超过肩宽;凳面低时,两腿并拢,自然倾斜于一方;凳面高时,一腿略搁于另一腿上,脚尖向下。

(3) 两脚摆法。脚跟、脚尖全靠或一靠一分,也可以一前一后(可靠拢也可稍分),或右脚放在左脚外侧。

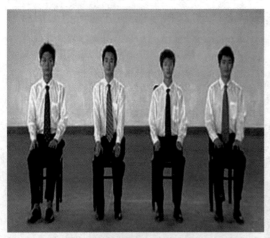 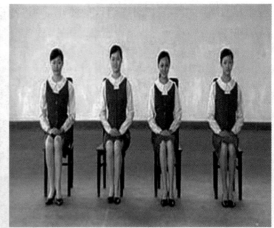

图2-6 正确的坐姿

需强调的是,女性在乘坐小汽车的时候还应注意坐车的姿势。要想在上汽车时显得稳健、端庄、大方,做起来并不难。上车前应首先背对车门,款款坐下,待坐稳后,头和身体进入车内,最后再将并拢的双腿一并收入车内。然后方才转身,面对行车的正前方向,同时调整坐姿,整理衣裙。坐好之后,两脚应靠拢。下车的姿势也不能忽略,一般应待车门打开后,转身面对车门,同时将并拢的双腿慢慢移出车外,等双脚同时落地踏稳,再缓缓地将身体移出车外。

2. 坐姿的注意事项

(1) 入座时,走到座位前,转身后右脚向后撤半步,从容不迫地慢慢坐下,然后把右脚与左脚并齐。女性入座要娴雅,坐下前应用手把裙子向前拢一下。起立时,右脚先向后收半步,立起,向前走一步离开座位。在社交场合,入座要轻柔和缓,离座时要端庄稳重,不可猛起猛坐,制造紧张气氛。

(2) 坐在椅子上,至少应坐满椅子的2/3。如果是沙发,座位较低,又比较柔软,应注意身体不要下滑而陷在沙发里,这样看起来很不雅观。与人面对面会谈时,前10分钟左右不可松懈,开始就放松地靠在椅背上不礼貌。正面与人对坐会产生压迫感,应当稍微偏斜,这样双方都会感觉轻松自然。

(3) 坐在椅子上,勿将双手夹在两腿之间,这样显得胆怯害羞、缺乏自信,也显得不雅。

(4) 坐时,双腿叉开过大,或双腿过分伸张,或腿呈"4"字形,或把腿架在椅子、茶几、沙发扶手上,都不雅观,同时,忌用脚打拍子。

(5) 坐时应避免内八字;当跷二郎腿时,悬空的脚尖应朝下或朝向他处,切忌朝天或指向他人,并不可上下抖动。

(三) 蹲姿

1. 正确的蹲姿

(1) 高低式蹲姿。下蹲时一般是左脚在前,右脚稍后。左脚应完全着地,小腿基本上垂直于地面;右脚应脚掌着地,脚跟提起。左膝须低于左膝,左膝内侧可靠于右小腿的内侧,形成右膝高、左膝低的姿态。女性应靠紧两腿,男性则可以适度分开。若捡身体另一侧的东西,则姿势相反。这种蹲姿的特征就是双膝一高一低,服务人员选用这种蹲姿既方便又优雅。

(2) 交叉式蹲姿。下蹲时,左脚在前、右脚在后,左小腿垂直于地面,全脚着地。左腿在上、右腿在下,两者交叉重叠。右膝由后下方伸向左侧,右脚脚跟抬起,并且脚掌着地。两腿前后靠近,合力支撑身体。上身略向前倾,臀部朝下。若捡身体另一侧的东西,则姿势相反。通常适用于女性,尤其是身着裙装的女性。它的优点是造型优美典雅,基本特征是蹲下后双腿交叉在一起。

2. 蹲姿的注意事项

(1) 下蹲的时候,切勿速度过快,并注意与他人保持一定的距离,避免彼此迎头相撞。

(2) 在他人身边下蹲时,最好是与之侧身相向。正面面对他人或是背部对着他人下蹲,都是不礼貌的。

图2-7 高低式蹲姿

图 2-8 交叉式蹲姿

（3）在大庭广众之前下蹲时，身着裙装的女性一定要避免个人的隐私暴露在外。

（4）蹲姿是在特殊情况下的姿势，不可随意乱用。另外，不可蹲在椅子上，也不可蹲着休息。

#### （四）走姿

1. 走姿的规范要求

正确的走姿基本要领是：步履自然、轻盈、稳健，抬头挺胸，双肩放松，提臀收腹，重心稍向前倾，两臂自然摆动，目光平视，面带微笑。

（1）方向明确。在行进的过程中，应保持明确的方向，尽可能走在一条直线上。行走时应以脚尖正对前方，所走的路线形成一条虚拟的直线。

（2）步位标准。步位即脚落在地面的位置。男性工作人员两脚跟可保持适当间隔，基本前进在一条直线上，脚尖稍微外展；女性两脚跟要前后踏在同一条直线上，脚尖略外展，也就是所称的"一字步"，也称"柳叶步"。

（3）步度适中。步度也叫步幅，是指在行走时两脚之间的距离。生活中步度的大小因人而异，但通常应与本人一只脚的长度相近，男性每步大约 40 厘米，女性每步大约 30 厘米。同时，服装和鞋子也会影响一个人的步度。如身穿旗袍，脚穿高跟鞋，步度必定比平时穿长裤和平底鞋要小些。

（4）姿态优美。走路时，膝盖和脚腕都要富于弹性，两臂自然轻松地前后摆动，男性应具有阳刚之美，展现其矫健、稳重、挺拔的特点；女性应显得温婉动人，体现其轻盈、妩媚、秀美的特质。

（5）速度均匀。在一定的场合，一般应当保持相对稳定的速度。在正常情况下，服务人员每分钟走 60—100 步左右。

（6）重心放准确。行进时，尤其在起步时，身体要向前微倾，身体的重心要落在前脚掌上。在行进过程中，应注意使身体的重心随着脚步的移动不断地向前过渡，切忌停留在自己的后脚上。

（7）身体协调。走路时，身体各部位应保持动作的和谐。走动时要以脚跟先着地，膝盖在脚部落地时一定要伸直，腰部要成为重心移动的轴线，双臂在身体两侧一前一后地自然摆动。

2. 不良走姿及忌讳

（1）走路时，应避免不雅观的步态。

（2）走路时，避免体位失常。

（3）三人或更多人一起行走时，应避免排成横队或勾肩搭背。有急事要超过前面的行人，不得跑步，可以大步超过，并在超越时向被超越者致意道歉。

图 2-9 正确的走姿

3. 酒店服务不同场合中的走姿规范

在具体的实践工作中,服务人员的走姿在不同情况下有着不同的要求和规范,需要特别地给予关注。

(1) 与客人迎面相遇时。

在行进过程中,当客人从对面走来,员工应放慢步伐,在离客人大约 2 米处,目视客人,面带微笑,轻轻点头致意,并且伴随"您好"等礼貌问候语言。在与客人擦肩而过时,员工的头和上身应同时转动并向客人问候,不能斜视客人。在路面较窄的地方,或是在楼道上与客人相遇,应面向客人让客人先行,而不是将后背转向客人。

(2) 陪同引导客人时。

在服务工作中,陪同指的是陪伴客人一同行进,引导指的是在行进中引领客人,为客人带路。服务人员在进行陪同引导时,要注意:

① 与客人同行时,应遵循"以右为尊"的原则,服务人员应处在左侧。若双方单行行进时,服务人员应居于客人左前方约一米左右的位置。当客人不熟悉行进方向时,不应让其走在外侧。

② 在陪同引导客人时,服务人员的行进速度须尽量配合客人的步幅,如果太快或太慢,都会显得我行我素。

③ 陪同引导时,应及时给客人以关照和提醒。在经过拐角、楼梯或道路坎坷、昏暗之处时,须请对方加以留意。

(3) 上下楼梯时。

作为酒店从业人员,尤其是在饭店工作的员工,一定要走指定的楼梯通道,而且要减少在楼梯上的停留时间。在上下楼梯时,应坚持"右上右下"原则,以方便对面上下楼梯的人。另外,还要注意礼让客人,如上下楼梯时,出于礼貌,可以请对方先行。在陪同引导中,如果是一位男士和一位女士同行,则应上楼梯时男士行在后,下楼梯时男士行在前。如果是服务人员和客人,则应为服务人员上楼梯时行在后,下楼梯时行在前。

4. 工作中行进姿态的风度要求

(1) 行进中,要有意避开人多的地方行走,切忌在人群中乱冲乱撞,甚至碰撞到客人的身体,这是极其失礼的。

(2) 在行进中,特别是在人多路窄的地方,对客人更应该礼让三分,让客人先行,而不应抢道先行;若有急事,则应该向对方声明,并道歉。

(3) 服务人员行走时脚步要轻。第一,落脚时不要过分用力;第二,上班不要穿带有金属鞋跟或钉有金属鞋掌的鞋子;第三,上班时所穿的鞋子一定要合脚,否则,走动时会发出"啪嗒、啪嗒"的噪声。

(4) 服务人员在走路时一定要显得稳重大方,保持自己的风度,控制好自己的情绪,更要避免上蹿下跳,甚至是连蹦带跳的失态状况。如有急事要办,可以在行进中适当加快步伐。除非遇上紧急情况,最好不要在工作的时候跑动,尤其是不要当着客人的面突如其来地狂奔而去。那样通常会令其他人感到莫名其妙,产生猜测,甚至还有可能造成过度紧张的气氛。

(5) 在道路狭窄的地方,服务人员务必要注意避免悠然自得地缓步而行,甚至走走停停,而且应注意避免多人并排而行;一旦发现自己阻碍了他人,务必让开,请对方先行。

## 二、酒店服务人员的手势规范

手势指的是人们在运用手臂时所出现的具体动作与体位。

### (一) 工作中的手势规范

1. 递接物品

(1) 一般来讲,递接物品用双手为最佳。用左手递接物品,通常被视为是失礼之举。

(2) 将带尖、带刃或是其他易于伤人的物品递给他人时,切忌以尖、刃直指对方。合乎服务礼仪的做法是,应使尖、刃朝向自己,或是朝向他处。

(3) 递接物品时,如果双方相距过远,应主动走近对方,如果自己是坐着的状态,还应该尽量在递接物品时起身站立。

(4) 递给他人的物品,应直接交到对方手中为好。同时,在递物时应让对方便于接取。在将带有文字的物品递交给他人时,还应使正面朝向对方。

2. 手持物品

(1) 卫生。在为客人服务的过程中,如遇到取拿食物时,如敬茶、斟酒、送汤、上菜等,千万不要把手指碰触到杯、碗、碟、盘的边沿。

(2) 到位。就是手持物品要到位。例如,提箱子应当拎提手,拿杯子应握杯耳,持炒锅应持手柄。持物时若手不能到位,不但不方便、不自然,而且也容易引起失误。

(3) 自然。手持物品时,服务人员可依据自己的能力与实际的需要,斟酌采用不同的手势,但一定要避免持物时手势夸张、小题大做,失去自然美。

(4) 稳妥。手持物品时,可根据物体的重量、形状及易碎程度来采取相应的手势,应确保物品的安全,尽量轻拿轻放,防止伤人或伤己。

3. 展示物品

（1）手位正确。被人围观时，可将物品举至高于双眼之处展示物品。或双臂横伸将物品向前伸出，活动范围自肩至肘之处，上不过眼部，下不过胸部，这一手位易给人以安定感。

（2）便于观看。展示物品时，要方便现场的观众观看。因此，要将被展示的物品正面朝向观众，举到一定的高度，并注意展示的时间以便能让观众充分观看。当四周皆有观众时，展示还需要变换不同角度。

（3）操作标准。服务人员在展示物品时，不论是口头介绍还是动手操作，均应符合有关的标准。解说时，应口齿清晰，语速适中；动手操作时，应干净利索，速度适宜，并经常进行必要的重复。

4. 致意服务

（1）在表示"请"的时候，可以用右手，五指并拢伸直，掌心不可凹陷；女性为优雅起见，可微微压低食指。手与地面呈45度角，手心斜对上方，肘关节微屈，腕关节要低于肘关节。动作时，手从腹部抬起至横膈膜处，然后以肘关节为轴向右摆动，到身体右侧稍前的地方停住。不要把手摆到体侧或是体后。

（2）在请来宾入座时，手要以肘关节为轴由上而下摆动，指向斜下方。前臂不要下摆至紧贴身体。

（3）招呼他人的时候，要使用手掌，不能仅用手指。

（4）举手致意时，应全身直立，面向对方，至少上身与头部要朝向对方，在目视对方的同时，应面带微笑；手臂自下而上地向侧上方伸出，手臂既可略有弯曲，也可全部伸直；这时的掌心应向外，即面对对方，指尖朝向上方，伸开手掌。

（5）在欢迎客人到来或是其他时刻，会用到鼓掌这一手势。使用时应用右手手掌拍左手手心，但要避免时间过长和用力过分。

（二）手势禁忌

应注意以下手势禁忌，如手指指点、双臂环抱、双手抱头、摆弄手指、手势放任。

**趣味故事：总统的仪态**

曾任美国总统的老布什，能够坐上总统的宝座，成为美国"第一公民"，与他的仪态表现分不开。在1988年的总统选举中，布什的对手杜卡基斯猛烈抨击布什是里根的影子，没有独立的政见。而布什在选民中的形象也的确不佳，在民意测验中一度落后于杜卡基斯10多个百分点。未料两个月以后，布什以光彩照人的形象扭转了劣势，反而领先10多个百分点，创造了奇迹。布什有个毛病，他的演讲不太好，嗓音又尖又细，手势及手臂动作总显出死板的感觉，身体动作不美。后来，布什接受了专家的指导，纠正了尖细的嗓音、生硬的手势和不够灵活的摆动手臂的动作，结果就有了新颖独特的魅力。在以后的竞选中，布什竭力表现出强烈的自我意识，改变了原来人们对他的评价。配以卡其布蓝色条子厚衬衫，以显示"平民化"，终于获得了最后的胜利。

> **延伸阅读：会说话的"手"**
>
> 手是传情达意最有力的手段，正确适当地运用手势，可以增强感情的表达。手势是酒店接待工作中必不可少的一种体态语言，学习手势语是大有学问的。有的接待人员在服务过程中，表现出的手势运用不规范、不明确，动作不协调，寓意含混等现象，给宾客留下漫不经心、不认真、接待人员素质不高等印象。
>
> 不同手势的含义：
>
> 1. "O"形手势
>
> 圆圈手势在19世纪流行于美国。"OK"的含义在所有讲英语的国家内是众所周知的，但在法国"O"形手势代表"零"或"没有"；在日本代表"钱"；在一些地中海国家用来暗示一个男人是同性恋者；在中国这个手势用来表示"零"。
>
> 2. 翘大拇指手势
>
> 在英国、澳大利亚、新西兰等国，翘大拇指代表搭车，但如果大拇指急剧上翘，则是侮辱人的信号。在表示数字时，他们用大拇指表示5。在中国，翘大拇指是积极的信号，通常是指高度的赞扬。
>
> 3. "V"形手势
>
> 第二次世界大战期间，英国首相温斯顿·丘吉尔推广了这个手势，表示胜利，非洲大多数国家也如此。但如果手心向内，在澳大利亚、新西兰、英国则是一种侮辱人的信号，代表"up yours"。在欧洲各地也可以表示数字"2"。
>
> 4. 塔尖式手势
>
> 这一手势具有独特的表现风格，自信者、高傲者往往使用它，主要用来传达"万事皆知"的心理状态，是一种消极的人体信号。
>
> 5. 背手
>
> 英国皇家的几位主要人物以走路时昂首挺胸，手背身后的习惯而著称于世。显然，这是一种拥有至高无上的权威、自信或狂妄态度的人体信号。将手背在身后还可起到一定的"镇定"作用，使人感到坦然自若，还会赋予使用者一种胆量和权威。
>
> **资料来源**：根据网络资料整理而成，http://cul.asean168.com/a/20150518/6493.html, 2015-05-18。

### 三、酒店服务人员的表情神态规范

表情是指发生在颈部以上（包括眼、眉、鼻、嘴等）各个部位的情感体验的反应，是一个人通过面部形态变化所表达的内心的思想感情。

**（一）眼神的礼仪要求**

1. 正视对方

在注视他人的时候，与之正面相向，同时还须将上身稍向前倾。正视对方是交往中的一种基本礼貌,表示对交谈对象的重视。

2. 目光平和

尽量用平等的态度、平常的心态、温和的目光对待他人。

3. 兼顾多方

在工作岗位上,服务人员需要按照先来后到的顺序对每个客人多加注视,同时以略带歉意、安慰的眼神环视等候的客人。

### (二) 微笑

1. 微笑的要求

(1) 微笑要真诚、得体。

(2) 微笑要区分场合。

(3) 微笑要注意民族或文化上的差异。

2. 微笑的作用

(1) 增强酒店企业的凝聚力。为员工创造一个团结、和谐的环境,员工对自己的企业才有信赖感和归属感,有了满意的员工,才会有满意的客户,员工与顾客之间才能有良好的沟通环境和沟通效果。

(2) 培养敬业、乐业的思想与感情。即培养员工对工作、对客人的深刻理解和感情,只有这样,员工的微笑才能真正发自内心,变被动为主动。这种微笑应包含民族的尊严与自豪感以及热情助人、乐于服务的高尚职业情操,才能体现勤奋进取、勇于奉献的精神。

3. 微笑的方法

(1) 加强心理素质的锻炼,增强自控力。在上岗前,员工应全力排除一切心理障碍和外界的干扰,全身心地进入角色,从而把甜美、真诚的微笑与友善、热忱的目光,训练有素的举止,亲切动听的话语融为一体,以得体的职业形象出现在客人面前。

(2) 加强必要而严格的训练。除上述思想、心理素质培养外,还可以适当地借助某种技术上的指导。

### 延伸阅读:良好的个人形象

| 形象 | 项目 | ☺ | ☹ |
|---|---|---|---|
| 个人卫生 | 头发 | ◆ 经常洗头及护发<br>◆ 定期修剪 | ◆ 头发过长<br>◆ 多头油及头皮屑 |
| | 胡须(男) | ◆ 每天剃须 | ◆ 下巴带有胡子 |
| | 皮肤 | ◆ 日常护理,保持清洁 | ◆ 过多面油及疮 |
| | 身体 | ◆ 用止汗剂<br>◆ 用味淡的香体品<br>◆ 用漱口水 | ◆ 臭汗味<br>◆ 体臭<br>◆ 过分浓烈的香体品<br>◆ 烟味 |

续表

| 形象 | 项目 | ☺ | ☹ |
|---|---|---|---|
| 个人卫生 | 口腔 | ◆ 保持口气清新<br>◆ 用口气清新剂、勤漱口 | ◆ 有口气<br>◆ 有烟味 |
| | 手指及指甲 | ◆ 清洁<br>◆ 经常修剪 | ◆ 指甲藏有污渍<br>◆ 过长或破断的指甲 |
| 配饰 | 眼镜 | ◆ 简单设计<br>◆ 镜片清洁<br>◆ 架在鼻梁上 | ◆ 颜色夸张<br>◆ 镜片布满尘埃及面油<br>◆ 下滑至鼻尖 |
| | 项链 | ◆ 保持被衣服覆盖着 | ◆ 过粗或夸张款色<br>◆ 露出衣领外 |
| | 耳环 | ◆ 女士方可佩戴<br>◆ 大方,简单设计<br>◆ 只可佩戴紧贴耳珠款式 | ◆ 男士不可佩戴<br>◆ 不可佩戴夸张、悬垂、塑料款式 |
| | 手链 | ◆ 简单设计<br>◆ 手链阔度不超过0.75厘米<br>◆ 水晶珠链阔度不超过1厘米 | ◆ 过粗或款式前卫<br>◆ 系上或悬吊饰物 |
| | 腕表 | ◆ 简单设计 | ◆ 款式前卫抢眼 |
| | 指环 | ◆ 简单设计<br>◆ 每只手佩戴最多一只指环 | ◆ 塑料<br>◆ 太夸张/过粗 |
| | 数量 | ◆ 每部位只可佩戴一件 | ◆ 个别部位佩戴多于一件,如1耳3环 |
| 发型与发饰 | 发型 | ◆ 整齐顺服<br>◆ 保持自然颜色 | ◆ 蓬松或过长的头发(男士发脚盖过衣领/耳朵)<br>◆ 前额头发盖过眼睛或脸<br>◆ 染夸张颜色头发<br>◆ 过分新潮发型<br>◆ 过多的啫喱膏 |
| | 发型及发饰(女) | ◆ 以设计简单及黑色发饰把长度过肩头发全部束起 | ◆ 披头散发<br>◆ 佩戴过多/夸张发饰 |
| 制服 | 制服 | ◆ 整齐、清洁<br>◆ 烫妥<br>◆ 称身 | ◆ 有污渍<br>◆ 皱纹<br>◆ 尺码过大/过细 |

续表

| 形象 | 项目 | ☺ | ☹ |
|---|---|---|---|
| 制服 | 上衣 | ◆ 扣上恤衫及外套所有纽扣<br>◆ 袋口保持贴身顺服<br>◆ 穿着白色或肉色内衣 | ◆ 衫袖卷起,外套散开<br>◆ 袋口摆放过多物件<br>◆ 没有穿内衣,外观如穿透视装 |
| | 裤(男/女) | ◆ 长度适中,仅触及鞋面为准<br>◆ 松紧度适中 | ◆ 过短/过长<br>◆ 过松/过窄 |
| | 裙(女) | ◆ 长度适中,与膝盖距离限于8厘米以内<br>◆ 松紧度适中 | ◆ 过短/过长<br>◆ 过松/过窄 |
| | 鞋 | ◆ 勤拭擦<br>◆ 黑皮鞋<br>◆ 完整无缺<br>◆ 自备者须穿着与公司所提供的制服鞋之款色相似的鞋 | ◆ 漆皮鞋<br>◆ 设计过分新潮<br>◆ 布满尘埃<br>◆ 破旧 |
| | 袜/丝袜(女) | ◆ 纯黑色无图纹袜/丝袜(女)<br>◆ 清洁 | ◆ 其他颜色/图案<br>◆ 已勾破<br>◆ 有异味 |
| | 员工证 | ◆ 清洁<br>◆ 清晰 | ◆ 残旧或有污渍 |
| | 领带(男) | ◆ 扣上颈喉纽<br>◆ 打三角结紧贴恤衫领<br>◆ 领带长度适中(恰好盖过皮带扣) | ◆ 领带有污渍/皱纹<br>◆ 没有扣上颈喉纽,衫领松开 |
| | 丝巾(女) | ◆ 丝巾适当整理 | ◆ 丝巾胡乱披搭 |
| | 化妆(女) | ◆ 经常保持淡妆<br>◆ 与肤色接近粉底<br>◆ 自然色系眼影/胭脂<br>◆ 红色系列口红<br>◆ 近似肤色或透明色指甲油 | ◆ 不化妆<br>◆ 只涂上透明唇彩<br>◆ 夸张或浓艳的化妆品<br>◆ 涂上颜色鲜艳指甲油/啫喱图案/脱落 |

## 化妆能力实训

- 形式：全体女生
- 时间：40分钟
- 材料：洗脸盆、毛巾、清洁纸巾、洗面奶、化妆水、棉球、粉底霜、胭脂、眼影、眉笔、口红等
- 场地：实训室

目的：
1. 使学生掌握面部化妆的方法。
2. 使学生掌握眼部化妆的方法。
3. 使学生掌握抹颊红的方法。
4. 使学生掌握涂唇膏的方法。

程序：
1. 教师进行正确化妆程序讲解和示范。
2. 学生练习自己化妆。
3. 互相点评，指出优点和不足。
4. 请出优秀的学生代表到前面向大家展示。

讨论：
1. 化妆的重点是什么？
2. 如何保持妆面的整洁？
3. 何时该补妆？

## 本章小结

酒店服务人员仪表服务礼仪是酒店服务礼仪中最基本、最重要的内容之一。本章讲述了具体的酒店仪容修饰以及服饰穿戴的原则和要求，描述了酒店的仪表礼仪要求。总之，酒店服务人员要注意酒店仪表礼仪，养成良好习惯，成为合格的酒店业人才。

## 讨论案例

某日华灯初上，一家饭店的餐厅里客人满座，服务员来回穿梭于餐桌和厨房之间，一派忙碌气氛。这时，一位服务员跑去向餐厅经理汇报，说客人投诉有盘海鲜菜中的蛤蜊不新鲜，吃起来有异味。

这位餐厅经理自信颇有处理问题的本领和经验。于是，他不慌不忙地向投诉的客人那个餐桌走去。一看，那不是熟主顾老食客张经理吗！他不禁心中有了底，迎上前去一阵寒暄："张经理，今天是什么风把您给吹来了，听服务员说您老对蛤蜊不大对胃口……"张经理打断他说："并非对不对胃口，而是我请来的香港客人尝了蛤蜊后马上讲这道菜千万不能吃，有异味，变了质的海鲜，吃了非出毛病不可！我可是东道主，自然要向你们提意见。"餐厅经理面带微笑地向张经理进行解释，蛤蜊不是鲜货，虽然味道有些不纯正，但吃了不会要紧的，

希望他和其余客人谅解包涵。

　　此时,在座的那位香港客人突然站起来,用手指指着餐厅经理的鼻子大骂起来,"你还笑得出来,我们拉肚子怎么办?你应该负责任,不光是为我们配药、支付治疗费而已"。这突如其来的兴师问罪,使餐厅经理一下子怔住了!他脸上的微笑一下子变成了哭笑不得。到了这步田地,他揣摩着如何下台阶,他在想,总不能让客人误会刚才我面带微笑的用意吧,又何况微笑服务是饭店员工首先应该做到的。于是,他仍旧微笑着准备再作一些解释,不料,这次的微笑更加惹起了那位香港客人的恼火,甚至于流露出想动手的架势,幸亏张经理及时拉拉餐厅经理的衣角,示意他赶快离开现场,否则,简直难以收场了。

　　事后,这一微笑终于使餐厅经理悟出了一些道理来。

**【案例讨论与练习题】**

1. 产生误会的主要原因是什么?
2. 如果你是餐厅经理,你会如何做?

## 本章复习题

1. 酒店服务人员的化妆有哪些要求?在实际的接待过程中有哪些注意事项?
2. 男士西装的着装规范有哪些?
3. 女士套裙的着装规范有哪些?
4. 结合服务工作中实际情况,谈谈酒店服务人员应如何正确使用手势。
5. 酒店服务人员在行进的过程中有哪些需要注意的礼仪?

# 第 3 章

# 酒店服务人员的语言礼仪

【名家名言】

良言一句三冬暖,恶语伤人六月寒。

——《增广贤文》

本章要点

通过对本章内容的学习,你应了解和掌握如下问题:
- 了解酒店语言礼仪的特点、原则、要求。
- 掌握酒店服务人员的口头语言礼仪。
- 掌握酒店服务人员的体态礼仪。
- 根据所学,在酒店接待工作中能使用恰当的语言。

> 章首引语
> 
> 语言礼仪是运用语言进行交际交流时应具有的礼仪规范,是一个人文明的标志,也是一个人文化、学识、修养、道德、情操、能力、才华等各方面素质的综合体现。

## §3.1 酒店语言礼仪的特点、原则和要求

酒店语言礼仪,是指酒店服务人员在工作中运用语言文字进行交际交流、提供服务时必须遵守的相关规范。

## 一、酒店语言礼仪的特点和类型

### (一) 酒店语言礼仪的特点

酒店语言礼仪带有浓厚的行业特色,具有情感性、语境化、繁简适当三个主要特征。

1. 情感性

情感是语言礼仪传递的重要内容,语言礼仪也是表现情感的重要形式。情感性特点体现在词语的情感色彩、语音的情感色彩和体态语的情感色彩三方面。

2. 语境化

语境化是指语言运用要适合语言表达时所处的具体环境。语境包括时代、社会、地域、文化以及交流双方的地位、处境等,对语言交流起着干预、制约和补充作用。

3. 繁简适当

繁简适当是指词语的繁简和表达的详略,要根据不同的语境、目的和对方的不同需要而定,当简则简,该繁就繁。

### (二) 酒店语言礼仪的类型

酒店礼仪分为口头语言礼仪、书面语言礼仪和体态语言礼仪三种类型。在具体运用中,口头语言礼仪往往和体态语言礼仪配合运用、综合协调、相辅相成。酒店服务也一般以口头语言礼仪和体态语言礼仪为主。

## 二、酒店语言礼仪的原则和要求

### (一) 酒店语言礼仪的原则

1. 礼貌性原则

酒店语言礼仪的首要原则当然是礼貌性原则,所谓万事礼貌为先。礼貌是人们在社会交往中相互尊重、相互理解、相互体谅的具体表现。礼貌包括仪容、举止、谈吐三个方面。礼貌语言是人类表达礼貌的一种重要方式,是任何一个社会的言行准则和道德规范的组成部分。酒店服务语言的礼貌性原则,是指酒店服务人员说话要注意尊重客人,讲究文明礼貌,对客人做到"敬而不失,恭而有礼"。使用礼貌语言,可以体现出服务人员的善良、和蔼、大度、文雅,它能给客人带去尊敬和心理的舒适和满足,博得客人的好感和谅解。

中国是个文明古国,礼仪之邦,礼貌语言非常丰富,运用也非常灵活,如敬重他人用"您";对他人有所要求,用"请""麻烦""劳驾";对别人提供的方便和帮助,用"谢谢""给您添麻烦了";给别人带来了不便,用"多包涵""对不起""请原谅";别人表示了歉意,要回以"没关系""算不了什么";别人表示谢意,可说"别客气";他人来参观访问,用"欢迎""欢迎光临";对不能及时处理的事,应说"请您稍候""麻烦您等一下";对正在等候你的人,用"让您久等了""对不起,让您等候多时了";对自己的失误表示歉意时,应说"实在很抱歉";接受吩咐时,说"明白了""清楚了,请您放心";没有听清楚他人的问话时,说"很对不起,我没听清,请重复一遍好吗";道别时,说"再见""一路平安""欢迎再来",等等。此外,礼貌用语还要根据旅游者的国籍、地区、民族、文化水平、职业、年龄、性别的不同而灵活运用。可见,礼貌语言的使用颇具技巧性。

**案例：结账未走的客人**

某天上午,某酒店前台服务员发现住在805、806房间的香港客人王女士前一天晚上已经结了账,可她仍然住在房间里,王女士是经理的老朋友,如果直接前去询问她为什么不离店,显得太不礼貌,但不问又怕客人跑账。总台服务员将情况及时告诉了公关部,公关部经理很有礼貌地给王女士打了电话:"您好,您是王女士吗?""是啊,您是谁?""我是公关部的,真不好意思,您来了几天,我们还没有来得及去看您。这几天看了医生吗?""谢谢,还可以。""听说您昨晚已到总台接了账,今天没走成。是飞机取消还是火车没赶上?您看公关部能为您做些什么吗?""谢谢,昨晚结账是因为陪同我来的朋友今天要离店。我想账单积得太多,先结一次比较好,这样走时结账就轻松了。我在这儿还要住几天哪,大夫说,一个疗程结束后还要观察。""王女士,您不要客气,有什么需要我们做的只管吩咐,我这儿电话是4107。"

**评析：**

这家酒店的公关人员用委婉而有礼貌的询问,探明了王女士结账未走的原因。如果缺乏礼貌,直言询问,必然伤害客人的自尊心,从而损害酒店的形象。

2. 诚实性原则

以诚相见,真诚待客,是中华民族人际交往的传统美德。中华民族诚实和守信的人际交往给世人展现出"人间自有真情在"的美景,形成了具有民族性格的待人价值取向和行为模式。这些闪光的思想和感人的美德,不断地熏陶着一代又一代民族子孙,成了民族团结,故里安宁,家庭和睦,人际和谐的精神脊梁。在现代人际关系中,特别是在酒店行业的对客服务中,这些闪光的思想和美德,仍然具有强大的生命力,值得弘扬和光大。诚实性原则要求酒店服务人员在运用语言时以诚为本、以实为要、以真为先,实事求是、坦诚相待,切忌虚情假意、推诿搪塞、欺骗愚弄。

**案例：客人并没有发觉**

小李是中餐厅的一名服务员,服务操作熟练。一天晚餐时分,餐厅生意火爆。由于人手不够,正在为一桌客人服务的小李不得不从较远的服务台上去取菜(本来应有传菜员做这项工作)。由于客人太多,座位太挤,小李不得不一边不停地说着"对不起,请让一下",一边侧着身子小心翼翼地将一份上汤菠菜送到餐桌上。可当她再次返回巡台时,却意外发现一位客人搭在餐椅背部的衣服有两块污渍,仔细一看,像是菜汁形成的,那儿正是小李上菜的地方。此时客人毫无察觉,小李心里真矛盾:若立即上前主动告之并认错,也许客人会发火影响食欲;不说呢?反正他也没发现,即使走时发现,也可否认,无凭无据地他能有什么办法。经过一瞬间的思想斗争,小李决定主动告知客人:"对不起,打扰一下!很抱歉刚才上菜的时候,由于我不小心,将菜汁洒在了您的衣服上,对不起,我立即帮您清洗。"客人很诧异地望着她,随后拿起衣服观看。小李仍旧在道歉,其他的客人都盯着她,小李脸涨得通红。过了一会儿,这位客人缓缓地对小李说:"小姐,你很诚实,我这个人是马大哈,你不告诉我,我也不会知道的!"小李的脸红得更厉害了。那位客人又问道:"你为什么主动告诉我?"小李暗自羞惭,定了定神说:"对不起,发生这件事很对不起您,影响了您的就餐情绪。金陵饭店是五星级酒店,服务员更应该注意职业道德,而我认为诚实是职业道德的第一表现。"这位客人执意不肯将衣服给她送去清洗,他轻描淡写地对小李说:"没关系,没关系,回家用洗衣粉一泡就没事了。小姐,你千万别把这事放在心上。"小李向领班汇报了此事,又由领班出面向客人道歉,并为此赠送了水果。当客人起身离开时,小李又再次向他道歉,他笑笑对小李说:"你千万别放在心上,每个人都难免犯错误,敢于认错并改正就好!"

**评析:**

酒店服务语言的诚实性原则强调真诚与热诚。真诚就是真实可信。真诚要求酒店服务人员向宾客传递的语言信息要"真"和"实",也就是要说真话和实话,不可说假话和虚话,特别是涉及宾客切身利益的事情,一定要做到准确可靠。俗话说:"精诚所至,金石为开"。只有真诚的语言才能取得宾客的信任与好感。热诚就是热心诚恳。酒店服务语言的热心诚恳主要表现在两个方面:一是对宾客说话要恳切礼貌;二是说话要多从宾客的利益角度进行表述,表现出自己确实是真心实意为宾客着想。酒店服务语言的真诚与热诚是内容与形式的关系,真诚着眼于语言表达的内容,而"热诚"的着重点是语言表达的形式。真诚与热情是一对孪生兄弟,没有"诚"的"情",就像一副假面具,只能给人一种苍白之感。古人云:"诚于中而形于外。"服务人员心理上、态度上的"诚",形之于语言就表现为一种能使人感到可信赖的语言品德。"有了巧舌和诚意,你能够用一根头发牵来大象。"内容与形式是缺一不可的,酒店服务语言要想达到理想的交流效果,就必须做到语言内容与语言表达形式的高度统一。

语言表达形式的实质是语言表达的艺术。诚实性的根本目的是使宾客爱听,并心悦诚服地接受服务人员发出的语言信息。俗话说,"酒逢知己千杯少,话不投机半句多",可见,说话不仅要诚实,而且还要注意掌握说话的艺术。根据酒店服务语言交流的实践,诚实性的语言表达艺术应注意以下四个方面:

(1) 注意客人的兴趣爱好。心理学研究表明,一个人的某种兴趣一旦形成,他对这类事物总是伴随着积极的、肯定的情感,并进行满意、欢喜和快乐的情感体验。因此,酒店服务人员在对客语言交流过程中,说话要注意投其所好,诚实的语言就会取得更佳的效果。

(2) 注意客人的性格特点。酒店服务人员在服务语言的表达过程中,要善于根据宾客的不同性格特点,采取不同的谈话风格,如对性格内向的客人,说话应慢一点,内容要简明扼要,关键的词语可以重复一遍,尽可能使客人听清楚;而与外向型客人交谈,说话频率相对要快一些,表达形式要活泼,内容要广泛,话题要新颖。

（3）注意客人的潜在心理。酒店服务人员在对客交流中,必须揣摩宾客心里在想什么,以便找到双方信息交流的契机。如果服务人员说的话与宾客的心理活动相吻合,宾客就乐于接受。反之,即使你说的话再诚实,客人可能产生排斥心理。

（4）注意客人的不同身份。根据客人的不同身份,选择不同的话题,这是酒店服务语言创造真情实感的前提和基础。例如,对旅游团队中的农村体力劳动者,可多谈一些他们熟悉的农村生活;对城市体力劳动者,可多谈一些他们感兴趣的体育要闻;而对脑力劳动者,谈话的层次越高,涉及的面越广泛越好,假如你能纵横中外,旁征博引,那一定会博得这种类型客人的喝彩。

### 3. 规范性原则

规范是指约定或规定的标准。酒店服务语言的规范性要符合普通话的标准。理由很简单,酒店服务人员接待的是全国和世界各国的旅游者,如果酒店服务人员的接待用地域窄小、可流通性差的地方语言(方言),势必造成严重的语言障碍,从而使得接待对象不知所云。酒店服务语言的规范性必须注意以下几点:

（1）读音准确,吐字清楚。语音是语言的物质外壳,是语言信息传递的外部载体,也是语言表达的基本形式,没有语音,就没有语言可言。因此,读音准确,吐词清楚是对酒店服务人员规范用语的最基本的要求。

（2）语气得当。语气是服务语言表达的重要方面,是语言面貌的重要特点。语气得当,可以充分表达酒店服务人员对宾客的深厚情感,使宾客倍感亲切。如果表达不当,就会使宾客感到自己受到伤害。语气词是表达口气语调的。口语交际中的语气词与话语声音的高低、快慢、轻重、强弱密切配合,互为表里,生动地显示话语基本含义之外的附加信息,与实词相比,它比较朦胧,往往在表达一个明白的信息时,传达出一个含蓄而又意味深长、耐人寻味的信息,如果服务人员不加留意,就可能捕捉不到任何信息。作为一名服务人员,不仅要善于从服务对象说话的语气中捕捉信息,更重要的是要学会巧妙地运用语气词,以实现与宾客情感的彼此沟通。具体说来,主要有以下几个方面:① 把握好重读和轻读。② 忌用质问的语气说话。酒店服务语言的表达,通常以应答的形式出现,这是服务工作的性质所决定的。例如,有一位餐厅服务员送汤上台时,宾客不留神地用胳膊将汤碰翻了,汤泼湿了宾客正在阅读的一份文件,宾客为此大怒,冲着服务员说:"你一定要把它弄干净!"服务员马上说:"好! 先生,真是非常对不起,这是我的错。我们宾馆有商务中心,我马上给你送去打印一份新的,好不好?""不用了,搞干净就算了,谢谢你。"汤是宾客自己碰翻的,面对客人的发怒,服务员不仅没有质问客人,还把责任揽到自己身上,并答应"重打一份"。于是,说话的口气完全改变了。试想,如果服务员质问道:"这是你自己碰翻的,怎么能怨我呢?"其结果肯定会大不一样了。③ 不能用轻视的语气说话。④ 熟悉常用语气词的表意范畴。言语交际中最常用的语气词有了、的、吗、呢、吧、啊等六个,其基本的表意范畴是:"了"表示已经出现的新情况,已经完成的动作,用于陈述、祈使或劝阻语气。"的"表示确实如此,事情就是这样,多是陈述语气。"吗"表示不同程度的非问。"呢"表示指明事实,略带夸张,用于陈述、疑问语气。"吧"表半信半疑,建议商量,用于疑问、祈使或陈述语气。"啊"表示呼告、命令、感叹,提示要求或惊告、提醒,语气较缓和,但增加感情色彩。

(3) 通俗易懂。中国有句古语:"一语天然万古新",所谓"天然",就是强调说话要通俗易懂,不要咬文嚼字,一味追求文饰。旅游者来自不同的国家和地区,情况各异,这种服务对象的广泛性和即说即逝的特点,决定了酒店服务语言必须通俗易懂。① 忌用方言俚语。② 忌用行话和专业术语。③ 忌用书面语言。书面通信敬(谦)语典雅、精炼、准确,口语敬(谦)语不像书面语那样雅、精、准,但却通俗易懂,给人一种亲切感。这是通信敬(谦)语与口语敬(谦)语最为明显的区别。④ 忌用长句和逆序语。口语交流即发即收,即讲即逝,时效性非常强,语句过长,服务人员说得费劲,宾客听得也吃力,尤其是宾客处于行进过程中,服务人员说话更要简短。

(4) 条理清楚,表达亲切、自然、准确。在语言表达中,无论是书面语还是交际口语,一个共同的要求就是要条理清楚,即中心突出,主次明确,逻辑性强。就酒店服务语言而言,要做到条理清楚,必须从总体上抓住五个"W"和一个"H"。

① Who,即同谁说话,要根据不同的服务对象,使用不同的说话方式和风格,"话不对人",无条理可言。

② Why,为什么说,即明确说话的目的。

③ What,说什么,即说话的内容。

④ When,什么时候说,因为说话时机的选择与谈话方式和效果是密切相关的。

⑤ Where,在什么地方说,不同的谈话地点,形成不同的语言环境,而不同的语言环境会产生不同的语言效果。

⑥ How,怎样说。这是一个谈话思路和语言组织的策略问题,它贯穿于谈话的全过程,而条理是否清楚是其关键所在。酒店服务人员的语言表达一定要亲切、自然、准确,这是旅游行业对服务语言的特殊要求。亲切就是要做到话中有情,以表达本企业对消费者的欢迎和感激之情。自然就是要"用心说话",证明自己对宾客的热情发自内心,而非履行公事。准确是指服务人员的语言能确切地表达事物的本来面貌,恰到好处地表达自己的意见和情感。准确是服务语言规范性的根本要求,为此,酒店服务人员既不可口若悬河,语惊四堂,也不可吭吭哧哧,言不达意,还要特别注意避免使用口头禅。

4. 情感性原则

所谓情感性,是指从语言的角度就是酒店服务人员对宾客说话要亲切、热情,要善于运用语言的亲和性功能。在酒店接待过程中,把宾客当作自己的亲朋好友,营造出一种生动活泼、亲切随和的服务气氛,通过语言实现服务与被服务两者之间情感上的沟通和交流,实现心与心的交融。在这种气氛里,服务与被服务的双方都可以感受到轻松自然,温馨舒畅,为服务人员实现自己的工作目标打下坚实的情感基础。酒店服务人员的情感表露与一般社交情感表露不同。在日常的人际交往中,说话时的情感是各种各样的,交谈双方或热情或冷淡,或郑重或轻佻,或真心诚意或虚假做作,而且双方只关心个人之间的关系和利益。酒店服务人员与宾客的交谈,是代表一个组织与公众(宾客)之间的交往,因而关系到一个组织的形象与声誉。可见,酒店服务人员与宾客交谈中的情感表现,不仅取决于服务者个人的情绪,更取决于其服务意识和工作责任心。作为一名酒店服务人员,与宾客的交谈仅仅达到清楚、准确传递信息是远远不够的,还必须通过自己的语言表达,沟通与宾客的情感,激发宾客对自己的服务给以赞赏的态度和积极的参与,从而实现优质服务的最终目的。

**趣味故事：丘吉尔的演讲稿**

澳大利亚前总理孟席斯曾讲过丘吉尔在第二次世界大战中的一个故事：战争期间，英国政府迫切需要用坚定的信念去鼓舞军民抵抗德、意、日法西斯的疯狂进攻。为此，丘吉尔向秘书口授一段演讲稿："我们决不投降，决不屈服。我们要战斗到底。我们将在法国作战，我们将在海上和大洋上作战，我们将满怀信心地在空中越战越强。我们将不惜任何代价保卫我们的本土。我们将在海滩上作战，在敌人陆降处作战，在田野作战，在山区作战。我们任何时候都决不投降！"根据秘书介绍，当丘吉尔口授完这篇演讲稿时，这位年近七旬的首相竟"像小孩一样，哭得涕泪横流"。

**评析**：这篇演讲稿极大地鼓舞了英国人民的斗志，并很快地传播到欧美反法西斯战士中间。这个故事对在酒店服务中创造良好的语言情感很有启示。语言不仅仅是一种口头表达的艺术，更是一种心灵沟通的艺术。作为表达，主要是"善言"，而作为沟通，主要是"善听"，即听谈话对方的心声。以上两则故事之所以能产生如此深刻的情感效应，最关键的是谈话者对对方的心理"了如指掌"。

**延伸阅读：酒店服务语言情感表达的技艺**

日本学者武田哲男在他所著的《顾客满意经营》中，对情感化服务作了一段精彩的论述。他从"service"字母中挖掘情感服务的内涵，令人深受启发。

S(sincerity, speed & smile)，即诚意、迅速、微笑，就是所谓的"销售3S"。

E(energy)，精神振奋，活泼有力的样子。

R(revolutionary)，创新与突破，经常加入新鲜且革新的要素。

V(valuable)，服务必须是珍贵的。

I(impressive)，服务必须是令人印象深刻的东西。如果对方没有喜悦感动或感激，服务就会显得无力。

C(communication)，服务必须以彼此沟通为原则。

E(entertainment)，服务必须以亲切的态度对待。

情感服务的实质就是设法在情感上为顾客提供更多的美好的体验。武田哲男说的是整个服务过程的情感化问题，对于语言服务同样具有重要的意义。从酒店服务语言的实践看，语言服务的情感性除上面所说的情绪心境外，其次是语言表达的技艺。譬如，"谢谢"是一句道谢语，是酒店服务人员使用得最为频繁的语言之一，因为"谢谢"最能体现人与人之间的理解、融洽与默契，是服务人员与宾客双方友谊进一步深化发展的"助推器"。但是，"谢谢"怎样表达，却有许多讲究。通常情况下，"道谢"最好、最有效的表达方法和原则主要有：

(1) 真心诚意地道谢。

(2) 主动及时地道谢。

(3) 直截了当地道谢。
(4) 指名道姓地道谢。
(5) 出人意料地道谢。
(6) 把握分寸地道谢。

酒店服务语言情感表达的技艺包括六大要素。① 语态。语态是服务员对宾客说话时情感和态度的表露。服务人员对客服务的语言要真诚甜美，充分体现出语言的"敬、诚、雅、暖、谦"的风格。要以真诚言语沟通宾客的心灵，切不可随个人情绪变化而失态。要以不变应万变，时刻注意到"四个一样"，即：情绪好坏一样和蔼，检查与不检查一样认真，生人与熟人一样对待，忙与不忙一样周到。② 语调。语调主要通过停顿、重音、升降三个方面的变化，分别表示出疑问、肯定、呼唤、冷漠以及复杂心理的思想感情。从语言学的角度看，服务语言一般以C调（平直调）"4"音上为宜，从而达到高低昂扬适度，亲切委婉动听，在旅游者心目中创造一种鲜明的温文尔雅的服务语言形象。③ 语气。表达语气的主要手段是语调，其次是语气词。语气词能帮助语气的表达，同时能在语调的基础上增加感情色彩。④ 语速。语速要灵活掌握，因人而异，恰到好处。一般应快慢适中适应对方速度，还要与对方的语速基本一致，尽可能娓娓道来，给宾客留下稳健的印象。⑤ 语音。语音可分为音高、音强、音长和音色，要根据情景和谈话内容的需要，灵活运用。⑥ 语句。语句泛指成句的话，运用语句的能力是酒店服务人员的基本功。提高语句运用能力的前提条件是加强文学修养。语句的运用，应着重注意准确性、艺术性、选择性、简洁性和迅速性。

5. 对象性原则

服务的对象总是具体而各异的，由于其所受教育、家庭背景、兴趣爱好、个性特征、个人经历、工作职业、身份地位等的不同，对于交谈语言的内容有着各不相同的敏感点和兴奋点，对于语言的理解和接受也存在差异，因此，我们运用语言进行服务时，务必要区分对象、因人而异、有的放矢。

### 案例：商场售货的推销术

一天住在某大饭店的日本母女两人到饭店的商场部来选购货品。她们来到针织品柜台，目光集中在羊毛衣上面。服务员小刘用日语向她们打招呼，接着热情地把不同款式的毛衣从货架上取下来让客人挑选。当小刘发现客人对选购什么颜色犹豫不决时，便先把一件灰色的毛衣袖子搭在那位中年母亲的肩上，并且说："这件淡雅色的毛衣穿起来更显得文静苗条。"接着拉过镜子请她欣赏。同时她又拿起一件粉色的毛衣对旁边的女儿说："这件毛衣鲜艳而不俗气，很适合你的年龄穿。"母女俩高兴地买下来，另外还挑选了六件男女羊毛衫准备带回日本给家人和亲友。

随后那位中年母亲把小刘拉出柜台,让她陪着一起到其他柜台看看,小刘对旁边站柜台的同事打了个招呼,便欣然同意为她们母女当参谋。这时,那位日本母亲说:"我想买两方砚台送给我热爱书法的丈夫。"于是,她们来到工艺品柜台,母亲指着两方刻有荷花的砚台对小刘说:"这两方砚台大小也正合适,可惜的是造型……"客人的话立刻使小刘想到,在日本荷花是用来祭奠死者的不吉之物,看来只有向她推荐其他造型的砚台。于是,小刘与工艺品柜台服务员商量以后,回答说:"书画用砚台与鉴赏用砚台是不一样的,对石质和砚堂都十分讲究,一般以实用为主,您看,这方鱼子纹歙砚,造型朴实自然,保持着砚石自身所固有的特征,石质又极为细腻,比方荷花砚更好,而且砚堂平阔没有雕饰,用这样的砚台书写研墨一定能得心应手,使用自如。"服务员小张将清水滴在三方砚台上,请客人体验这三方砚石在手感上的差异,最后,客人满意地买下这方鱼子纹歙砚,并连声向小刘和小张道谢,还拉着小刘的手说:"你将永久留在我的记忆中。"

**思考:**
1. 服务员小刘在服务中是如何运用对象性原则的?
2. 你受到了什么启发?

6. 主动性原则

服务人员不管面对什么样的服务对象,都要主动、热情,一视同仁地在宾客开口之前开口,这就是酒店服务语言的主动性原则。在酒店服务中,服务人员在满足宾客需要的过程中,是否能在宾客开口之前开口,是衡量酒店服务人员的服务水平和服务质量的重要标准之一。酒店服务人员在服务中保持语言的主动性,关键是要有一种好的对客交往的心理状态。在一般的人际交往中,人们的心理状态千差万别,但归纳起来不外乎家长型、儿童型和成人型三大类。家长型以权威为核心,一般可派生出两种待人行为模式,一是命令式,二是慈爱式。儿童型以情感为核心,可派生出服从式和自然式两种待人行为模式。成人型以理智为核心,这一类型可派生的待人行为模式最丰富,最为多样化,如询问式、回答式、提议式、赞同式、反对式、道歉式、总结式等。显然,服务语言要做到主动,首先必须保持成人型的主体心态,兼有家长型的慈爱式、儿童型的服从式,建构起符合酒店从业人员特质要求的良好的心理态势。如果没有这种心理态势,语言服务的主动性就无从谈起。酒店服务人员服务语言的主动性原则,具体表现在以下几个方面:① 客人到的时候,要热情主动地打招呼。不论什么场合,见到宾客都要主动热情地打招呼,诸如"您请进""欢迎您光临我们酒店"。服务人员如果能面带笑容,主动热情地与宾客打招呼,宾客就会感到自己受到尊重,从而产生愿意接受服务的欲望。② 遇到宾客犹豫不决时,要主动询问。因为不了解或不熟悉,宾客在选择消费之前常常出现犹豫不决的神态。这时,服务人员就要主动询问,以示关怀。例如,当某位宾客在酒店或旅行社门前驻足观望时,你可以向前询问:"先生/小姐,请问,是否想住店"或"是否想参加旅游"。当宾客的愿望和需要证实后,服务人员就要满腔热情,千方百计地去满足宾客的要求,使宾客感到你的服务体贴入微,周到细致。③ 当了解到宾客有明显的需求动机时,要主动介绍。正确把握时机,恰如其分地向旅游消费者介绍旅游产品,不仅是一种有效的推销技巧,而且也是酒店优质服务的具体体现。在介绍商品的技巧上,人们已经总结出 AIDA 市场推销原则。A——Attention,通过服务人员有趣而生动的介绍,吸引谈话对方对所推销商品的注意力。I——Interest,吸引宾客的注意力之后,服务人员进一步与宾客进行交谈,激起谈话对方的兴趣。D——Desire to act,在引起谈话对方的兴趣后,服务人员通过与宾客的进一步交谈,使对方能详细了解商品的有关信息,并获得明确的启示,从而激起对商品的占有欲。A——Action,服务人员进一步努力,使对方把消费欲望直接变成消费行动。AIDA原则是酒店服务人员必须掌握的一项基本技巧,因为它既是酒店推行全员营销战略的基本技术保证,又是企业对酒店消费者提供优质服务的重要内容。④ 当发现宾客碰到问题时,要主动解释。⑤ 看到宾客离店时,要主动送别。从酒店服务的实践看,主动性原则还有一个合理运用的问题,即怎样主动,这里关键是对说话时机的把握。在酒店服务中强调主动性,并不是说服务人员在任何情况下都必须主动。服务人员要根据不同的情景和不同的需要,灵活运用主动性原则,该主动时就要主动,在特殊场合、特殊条件下,也要学会"被动"。当然,这种"被动"是为了在服务中更加主动。当宾客说话时,必须让宾客把话说完,这是酒店服务运用主动性原则的前提。从酒店服务的实践看,这一原则比较好把握,最难把握的是在同宾客面对面的语言交流中,尤其是宾客感到不满,带有对立情绪的时候,服务人员更要注意把握"主动"与"被动"的辩证关系。

### 案例:预订的房间没有了

南京某大酒店的门前停着一辆出租车,一对日本夫妇先后从车里走出来,接待员接过行李,陪宾客到总台前。"我能为两位干些什么吗?"接待员十分礼貌地问。"我在3天前离开大阪时与你们通过电话,预订一间朝南的套房,说定今日下午抵达,请你帮忙查一下预订记录。"那位日本先生说话慢条斯理。接待员早就料到他们的到来,因为预订记录上确实写着"三木夫妇今天下午来店。"问题是今天的客房出租率100%,实在腾不出空房。"您的订房记录确实在这儿,但十分抱歉,今天我们没有一间空房,希望您能谅解。"接待员歉意深重地说道。"那不行,我与三木夫人新婚旅行,特意到南京来瞻仰中山陵。我担心没房间,所以从大阪提前打电话来预订。你们已经答应的话怎能不算数?"三木先生的恼怒已十分明显。"确实十二万分抱歉。今天下午原定的一个旅行团增加了几名成员,多要了4个房间,所以,原订的房间也不得不给他们了。"接待员如实相告。三木夫妇更加生气了:"他们没预订却住进了房间,我们3天前就预订了反而睡露天不成?他们比我们重要?"本来说话很慢的三木先生此刻节奏加快了。"不是那么回事。那个旅行团中有好多人在北京玩得太累,生了病。为了能照顾好那些病人,旅行社希望宾客不要分散在几个饭店,所以便占了先生的房间。"接待员仍然不慌不忙地解释,"我向部门经理汇报过此事。我们已经与本市唯一的五星级金陵饭店联系过了,他们今天有几间空房。我已代两位订了一间朝南的套间。那儿的设施比我们强,房间又临街,可以观赏南京的市容。如果两位不介意,我马上派车送两位过去暂住一个晚上。尽管金陵饭店的房价比我们高得多,但你们只需按预订的价格付钱。明天上午我再派车接两位回来,我一定给两位安排一个朝南的套间。"付三星级酒店的房费可以住五星级的酒店,何乐而不为?三木夫妇欣然同意。

**分析：** 这家酒店的总台接待员在语言的主动性和被动性两个方面运用得较为成功。当宾客来到总台时，接待员主动与宾客打招呼："能为两位做些什么吗？"当接待员证实来客正是已经预订但酒店又无法满足其需要的那位日本宾客时，语气开始由主动变为被动："……十分抱歉……希望您能谅解。"听到宾客带有明显不满甚至抗议的话语后，接待员仍以被动的语气，诚恳地向宾客进行解释。宾客的火气越来越大，接待员在进一步作出解释的同时，提出了原已准备好的解决方案，当即得到宾客的认可，问题得到圆满解决。宾客预订的客房在宾客到达后不能得到满足，这是个非常难以解决的棘手问题，这位接待员在领导未出面的情况下，就使问题得到顺利解决，除了解决方案符合宾客的心理需要之外，与她的接待用语的成功运用也是分不开的。

### （二）酒店语言礼仪的要求

在工作中综合运用，具体要求大致可以用六个字概括，即信、达、雅、清、柔、亮。

"信"是诚实性原则的具体体现，要求讲真语，不讲假话，表达诚实，态度诚恳，不夸夸其谈，不虚言妄语，不无中生有，不虚情假意。所谓"言必信，行必果"，遵守诺言，实践诺言。

"达"是目的性原则和对象性原则的具体体现，主要指用词准确，词达意致，表意清楚、明白、顺畅、完整，切忌啰嗦繁杂、冗长烦琐、词不达意。

"雅"是礼貌性原则和灵活性原则的具体体现，首先要求用词文明，多用谦辞敬语，给人以谦恭敬人、教养有素的感觉，杜绝粗话、脏话、黑话、怪话。其次要求用词文雅，尽量使用文雅的词语。

"清""柔""亮"是对有声语言声音色彩上的要求。"清"要求咬字准确，吐词清楚，语音标准，清晰入耳；"柔"要求语调语气柔和亲切；"亮"要求语音欢快活泼，抑扬顿挫分明，明亮动听。

### 案例1：难道这就是五星级的服务？

一天上午，某公司在一家五星级酒店的多功能会议厅召开会议。其间，该公司职员李小姐来到商务中心发传真，发完后，李小姐要求借打一个电话给总公司，询问传真稿件是否清晰。

"这里没有外线电话。"商务中心的服务员说。

"没有外线电话稿件怎么传真出去的呢？"李小姐不悦地反问。

服务员："我们的外线电话不免费服务。"

"我已预付了20元传真费了。"李小姐生气地说。

服务员："我收了你的传真费，并没有收你的电话费啊！更何况你的传真费也不够。"

李小姐说："啊，还不够？到底你要收多少呢？开个收据我看一看。"

"我们传真收费的标准是：市内人民币10元/页；服务费5元；3分钟通话费2元。

您传真了两页应收27页。"服务员立即开具了传真和电话的收据。

李小姐问:"传真收费还是电话收费是根据什么规定的?"

"这是我们酒店的规定。"服务员出口便说。李小姐:"请您出示书面规定。"

"这不就是价目表嘛。"服务员不耐烦地回答说。李小姐:"你的态度怎么这样?"

"您的态度也不见得比我好呀。"服务员反唇相讥。

李小姐气得付完钱就走了。心想:五星级服务,难道就是这样的吗?

本案例中的服务员不具备一名合格服务人员的基本素质。接待服务工作是一门综合艺术,非常讲究接待服务语言的方法、技巧。要想提高服务质量,就要求服务人员必须接受专业的服务语言训练,才能使他们无愧于五星级的标志。

### 案例2:谁第一个有到月亮上去的想法?

一次,导游员王力接待一个美国旅游团,在旅游商店看到一位美国游客在看一幅"嫦娥奔月"的国画,并在考虑是否要购买,王力便走上前去,向他介绍中国国画的艺术和与之相关的背景知识,客人很感兴趣,最后,王力告诉这位美国游客,在华盛顿的宇航馆里也有一幅"嫦娥奔月"图,图旁的说明是:"在人类历史上,是谁第一个有到月亮上去的想法?是中国古代的嫦娥女士……"这位美国游客非常感谢王力的帮助,终于买下了这幅"嫦娥奔月"的国画。

王力的介绍,把物品的文化价值与实用价值巧妙地结合起来,促成了这位美国游客的购买。

**思考:**

1. 对比以上两个案例,对客服务语言应该注意什么?
2. 结合今后的酒店工作,如何提升自己的语言服务水平?

## §3.2 酒店服务人员口头语言礼仪

口头语言礼仪是指酒店服务人员在工作中运用有声语言时必须遵守的相关语言规范。

### 一、酒店服务人员的口头语言礼仪的特点

**(一) 主动性**

要求酒店服务人员主动、自觉地使用礼貌用语,真心诚意、自觉自愿。

**(二) 约定性**

酒店服务人员的口头语言有其特定的内容和形式,往往沿用已久,约定俗成,形成固定的格式。

**(三) 亲密性**

口头语言礼仪的运用主要是为了协调关系,拉近人际间距离,利于人际交流。

## 二、酒店服务人员口头语言礼仪的基本要求

### (一) 善于使用谦辞、敬语

(1) 谦辞用在对自己的言说称呼中。
(2) 敬语用在对别人的称呼表达中。
(3) 恰当地运用常用的礼仪客套话。

### (二) 恰当地称呼客人

(1) 要区别称呼对象。首先是男女老幼有别,性别、年龄不同,称呼自然各异;其次是亲疏、尊卑有异。
(2) 称呼要区分场合。不同的场合,人们之间的相对关系不一样,称呼自然有别。
(3) 要注意对方的身份和文化背景,顾及其地位、国别等。
(4) 注意尊重不同民族、不同国家的称呼习惯。

### (三) 掌握说话的分寸

(1) 要明确个人在说话的场合中的身份,说好自己分内的话,体现自己的身份。
(2) 要考虑措辞,力求准确、恰当,委婉、平和,避免带伤害、刺激、激怒、挑衅的语言。
(3) 注意说话立场客观公正,态度温和,与人为善,尽量善意表达。

### (四) 尽量做到谈吐文雅得体

语言表达时举止要端正,行为合乎职业规范。要真诚和善,多用文雅的语言,要特别注意避免口头禅。

### (五) 把握好说话的语气语调

语音要求清晰标准、明亮动听;语调要求柔和,音量适中,注意抑扬顿挫的变化;语气要求热情和婉,多用询问语气,少用、慎用祈使命令语气;语速要适中,快慢有致,避免过快或过慢。

### (六) 力争语言幽默、诙谐

幽默、诙谐能使酒店服务人员的语言锦上添花,要力求发挥个人的聪明才智,巧妙地运用语言技巧,给人以机智、幽默、诙谐的愉悦感受。

### 案例:筷落风波

某年春节,在某宾馆多功能餐厅,众多的宾客在恭维台湾吴老先生来大陆投资,吴老先生神采飞扬,高兴地应承着这些祝贺的话。宾主频频碰杯,服务小姐忙进忙出,热情服务。不料,过于周到的服务小姐偶一不慎,将桌上的一双筷子拂落在地。"对不起"小姐忙道歉,随手从邻桌上拿过一双筷子,褪去纸包,搁在老先生的台上。吴老先生的脸上顿时多云转阴,煞是难看,默默地注视着服务小姐的一连贯动作,刚举起的酒杯一直停留在胸前。众人看到这里,纷纷帮腔,指责服务小姐。服务小姐一时不知所措。吴老先生终于从牙缝里挤出了话:"晦气,"顿了顿:"唉,你怎么这么不当心,你知道吗?这筷子落地意味着什么?"边说边瞪大眼睛:"落地即落第,考试落第,名落孙山,

倒霉呀,我第一次在大陆投资,就这么讨个不吉利。"服务小姐一听,更慌了,"对不起,对不起",手足无措中,又将桌上的小碗打碎在地。服务小姐尴尬万分,虚汗浸背,不知如何是好,一桌人中,有的目瞪口呆,有的吵吵嚷嚷地恼火,有的……就在这时,一位女领班款款来到客人面前,拿起桌上的筷子,双手递上去,嘴里发出一阵欢快的笑声:"啊,吴老先生。筷子落地哪有倒霉之理,筷子落地,筷落,就是快乐,就是快快乐乐。""这碗么,"领班一边思索,同时瞥了一眼服务小姐,示意打扫碎碗。服务员顿时领悟,连忙收拾碎碗片。"碗碎了,这也是好事成双,我们中国不是有一句老话吗——岁岁平安,这是吉祥的兆头,应该恭喜您才是呢。您老这次回大陆投资,一定快乐,一定平安。"刚才还阴郁满面的吴老先生听到这话,顿时转怒为喜,马上向服务小姐要了一瓶葡萄酒,亲自为女领班和自己各斟了满满一杯。站起来笑着说:"小姐,你说得真好!借你的吉言和口彩,我们大家快乐平安,为我的投资成功,来干一杯!"

**思考:**
在整个服务过程中,酒店服务人员的口头语言礼仪起到什么重要作用?

## 三、酒店服务人员常用礼貌用语的类型及规范运用

**(一) 称呼语**

称呼语是人们在交往中用来称呼的词语,使用合适的称呼语是社交活动中首要的礼仪。称呼语比较复杂,数量众多,形式多样。

1. 通用的主要称呼方式
(1) 一般称呼(泛称)。
(2) 按职业称呼,如老师、学生、医生、护士、裁判、法官等。
(3) 按职称称呼,如教授、工程师、裁判长等。
(4) 按职务称呼,如主席、主任、书记、处长、经理、厂长、军长等。
(5) 按军衔称呼,如将军、上校、中尉等。
(6) 按亲属称呼,如大爷、大伯、大叔、大婶、叔叔、阿姨、哥哥、姐姐等。
(7) 按姓名称呼,如"李华"。

2. 酒店服务人员最常用的称呼语是敬称
(1) 泛尊称,如先生、女士、小姐、夫人、太太等。
(2) 职业加泛尊称,如教授先生、秘书小姐等。
(3) 姓氏加上职务职称等,张主席、李经理等。

**(二) 问候语**

问候语是用来打招呼或问好的用语,是酒店服务人员与客人相见之时向对方表示欢迎、致以敬意、询问安好、表示关切的形式。

酒店服务人员的问候用语有两种类型:
(1) 标准式问候语。一般在称呼语后加"好",如:"您好""各位好""诸位女士好"等。
(2) 时效式问候语。结合时间时令进行问候,如:"早上好""晚安"等。

### （三）迎送语

迎送语是酒店服务人员欢迎或送别客人时的用语，分欢迎语和送别语。

（1）欢迎语是用来迎客的，当客人进入自己的服务区时必须要有欢迎语。

（2）送别语是送别客人时必须使用的语言。

### （四）请托语

请托语是向客人提出要求或求助于他人时使用的语言。酒店服务人员常用的请托语有三种类型：

（1）标准式请托语。主要用"请"，如：请大家记住车牌号、请跟我来、请稍候、请让一让等。

（2）求助式请托语。常用的有：劳驾、拜托、打扰、帮帮忙、请多关照等。

（3）组合式请托语。这是前两种形式的综合运用。如："麻烦您让一让。""打扰了，劳驾您帮我照看一下。"

### （五）征询语

征询语是向客人了解需要和想法的语言。常用的征询语有三种类型：

（1）主动式。适用于主动向客人提供服务时。如："您需要什么？""我能为您做点儿什么吗？"

（2）封闭式。多用来询问客人的意见，一般提供一种选择方案，以便对方及时决定是否采纳。如："您觉得这种形式可以吗？""您要不先试试？""您不介意我来帮帮您吧？"

（3）开放式。开放式是提供选择的征询，提出多种方案，让对方有多种选择的余地，能够显示对对方的尊重和体贴。如："您是喜欢浅色的还是深色的？""您打算预订豪华包间、雅座还是散座？""这里有……您愿意要哪一种？"

### （六）应答语

（1）肯定式。用来答复客人的请求。常用的有：好；好的；是的；一定照办；很高兴能为您服务；我一定尽力满足您的要求等。对于客人的请求要注意迅速及时地回复。

（2）谦恭式。用来回复客人的认同、满意、欣赏、赞扬、感谢。常用的有："请不必客气"；"这是我们应该做的"；"您过奖了、谢谢您的夸奖，我一定更加努力"；"您能够满意，这是我的荣幸"等。

（3）谅解式。用于回应客人因故对自己表达歉意。常用的有："没关系"；"不要紧"；"您不必放在心上"等。

### （七）致谢语

致谢语是表达谢意、感激的用语。致谢语也有三种基本形式。

（1）标准式。通常用"谢谢"，或者在后加称呼语或表敬代词，如："谢谢您"；"太好了"等。

（2）加强式。为了强化谢意，可以在"谢谢"前加程度副词，如："多谢"；"非常感谢"；"十分感谢"；"万分感谢"等。

（3）具体式。就某一具体事情道谢，致谢原因通常一并提及，如："给您添麻烦了"；"这次让您费心了"；"我们的事儿有劳您了"等。

### （八）赞赏语

赞赏语适用于称道或肯定他人时，运用恰当，常常能够改善关系、融洽感情、促进进一步交往。要注意恰到好处。

（1）回应式。用于回应客人的表扬、赞赏,常用的有:"哪里,我做得还很不够";"承蒙您的夸奖,真是不敢当";"得到您的夸奖,我真开心";"您把我说得太好了,谢谢您";等等。

（2）认可式。用于回应客人的意见、建议或见解,常用的如:"是的";"对的";"您的观点非常正确";"您真是行家";"您真不愧是这方面的专家";等等。

（3）评价式。用于对客人予以正面评价,如:"您真好";"太好了";"太棒了";"您真有眼光";"您真是高品位";等等。

**（九）祝贺语**

祝贺语常用来表达对对方的善良、美好的心愿,常用的主要有应酬式和节庆式两种。

（1）应酬式。如:"祝您健康快乐";"祝您万事如意";"祝您一帆风顺";"祝您马到成功";"祝您心想事成";"祝您吉星高照";"恭喜您";"祝贺您";"真替您高兴";等等。应酬式祝贺语的使用要注意切合情境,适合对方当时的情绪情形。

（2）节庆式。常用的有:"节日快乐";"生日快乐";"新婚快乐";"新年好";"恭喜发财";"祝您开张大吉";"祝您福如东海,寿比南山";等等。

**（十）推脱语**

推脱语适用于无法满足对方的要求或暂时不能马上满足对方的要求的情况,用推脱的形式来拒绝,要注意语言得体、语气委婉、态度友好。常用的方式有:

（1）道歉式。如:"真的很抱歉,我们条件还不够完善";"实在对不起,我们能力有限"。

（2）转移式。如:"对不起,您需要点别的吗? 我们这里最著名(最好)的是……您要不要试试?""这个与您要的看上去差不多,您看看行吗?"

（3）解释式。如:"公司有明文规定,很抱歉,我无能为力";"请原谅,我们有规定,不能满足您的要求"。

**（十一）致歉语**

常用的有:"对不起";"抱歉";"打扰了";"不好意思";"请原谅";"失礼了";"失陪了";"失言了";"失敬了";"有失远迎";"真对不起";"很对不起";"请多多包涵";"非常过意不去";等等。

### 案例: 称呼客人姓名

客人小王来到服务台办住宿手续,还未等客人开口,服务小姐就先说:"王先生,欢迎您再次光临,希望您在这儿住得愉快。"小王听后十分惊讶,露出欣喜的神色,因为他只在半年前到这里住过一次。当天夜里,小王突然感觉到肚子很饿,想要点东西吃,便找出房务中心的电话号码。让小王感到十分意外的是,他刚拨通电话,电话那头就有一位小姐接听电话,并非常亲切地说:"您好,王先生。这里是房务中心,请问有什么需要帮忙的吗?"小王更为惊讶了,房务中心的服务员怎会知道他姓王呢?

**评析：** 美国一位学者曾经说过："一种既简单但又最重要的获得好感的方法，就是牢记别人的姓名。"善于记住别人的姓名，既是一种礼貌，又是一种情感投资。姓名是一个人的标志，人们由于自尊的需要，总是最珍爱它，也希望别人能尊重它。在人际交往中，当你与曾打过交道的人再次见面，如果对方能一下叫出你的名字，你一定会感到非常亲切，对对方的好感也油然而生。基于以上原因，酒店一般都要求服务员尽量记住客人的姓名。

如何尽快记住客人的名字是有方法的，通过以下各种手段，可以使服务员在记住客人姓名方面有很大的进步：(1)留意并尽快知道客人的名字，必要时可以有礼貌地问："先生，请问您贵姓？"(2)一旦知道客人的名字，就应反复利用各种机会，用名字来称呼客人，这样有助于记住对方的名字。(3)努力记住客人的面貌和身体特征，并且设法和他的名字联系在一起。(4)在提供服务过程中要专心倾听，不可三心二意，以提高记忆力的效果。(5)客人离去时，要及时回想一下他的面貌，职业和你所给予的服务，并再次和姓名联系在一起，必要时，以书面形式记下所需资料。(6)再次见面，应用记住的名字称呼，如不能完全确认对方名字时，可以试探地问："对不起，请问您是××先生吧？"千万不要贸然叫错客人的名字。

**资料来源：** 根据网络资料整理而成，http://www.17u.net/news/newsinfo_16947.html，2005-12-23。

### 学生练习：

学生练习下列用语：
(1) 欢迎语。
——欢迎您光临。
——欢迎您住在我们饭店。
——欢迎您来这里进餐。
——希望您入住愉快。
(2) 问候语。
——您好！
——早安！
——午安！
——晚安！
——昨晚您睡得好吗？
(3) 告别语。
——晚安。
——明天见。
——再见。

——欢迎您再来。
——祝您一路平安。
——保重！再见,祝您好运！
——祝您平安！(向上飞机者告别时的用语)
——我们盼望能再和您见面。
——祝您归途愉快。

(4) 祝贺语。
——生日愉快。
——节日快乐。
——新年快乐。
——圣诞节快乐。
——祝您周末愉快。

(5) 征询语。
——您有什么事情？
——我能为您做些什么吗？
——您还有别的事情吗/还要别的吗？
——您喜欢……吗？
——如果您不介意的话,我能……吗？
——对不起,先生,我能知道您的名字吗？
——我替您提箱子,好吗？
——我领您去房间,好吗？
——您决定了喝什么吗？
——您填一下登记表,好吗？
——如果您有什么事,请告诉我们。
——这是您第一次来上海吗？

(6) 应答语。
——好的/是的。
——这是我应做的。
——照顾不周的地方,请您多多指教。
——欢迎批评,指教。

(7) 道歉语。
——实在对不起,请原谅。
——打扰您了。
——感谢您的提醒。
——对不起,那是我的过失。
——对不起,让您久等了。
——对此表示歉意。

——因为天气不好,今天夜花园不开放,我们表示歉意。

(8) 答谢语。

——为您服务感到荣幸。

——感谢您的光临。

——感谢您在我们饭店下榻。

——有您在是很愉快的。

——谢谢您给我的礼物。

(9) 指路用语。

——往前走/一直往前走。

——请这边走,太太。

——在拐弯处朝左(右)拐弯。

——请在那边乘电梯上楼(下楼)。

——请在这里下楼。

——您先请。

——先生,我来领路,好吗?

(10) 回答电话用语。

——××饭店前台,愿为您服务。

——您好!这里是××饭店。

——请问您要哪个房间的电话?

——先生/太太,我怎么称呼您?

——很对不起,先生/太太让您久等了。

——请问您贵姓?

——请问您找哪一位?

——请您先不要把电话挂了,让我为您找一下。

## 四、口头语言的声音表达技巧

口头语言又称有声语言,其最大的特色在于通过声音的轻重缓急、抑扬顿挫构成语调语气的多种变化来表情达意,说话时声音的高低、强弱、起伏、节奏、音域、转折、速度等,都能表达情感,而且丰富、生动、传神。

**(一) 语音发声的锻炼方式**

锻炼发声主要是掌握正确的口腔形式和发声方法,以达到字正腔圆、清晰饱满的口语发声基本要求。

1. 口腔肌肉及状态的锻炼

声音的优美和响亮,需要有良好的发音共鸣器,用软绵绵的口腔肌肉发声,发不出响亮的声音。因此,语音发音技巧练习首先是发音器官的力度练习。

2. 发音共鸣练习

声带本身发出的声音是微弱的,只有经过喉腔、咽腔、口腔、鼻腔、胸腔的共鸣,声音才能扩大,才能获得洪亮、圆润、悦耳的声音。

3. 吐字归音练习

字正腔圆、清晰饱满是口头语言的基本要求,可以通过吐字归音的练习逐步达到。吐字归音练习的关键是把每个字音的字头、字腹、字尾都要发得清楚完整。

(二) 有声语言的表达技巧

话语说得清晰响亮,只是口头语言艺术的一方面,还必须在语音上笼罩着浓厚的感情色彩和鲜明的态度。语言的真实性、形象性、动作性都表现在语言的表现方式上。语言表现方式不光是声音优美的问题,更是声音轻重、长短、快慢、停顿互相搭配的问题,尤其是轻重等级的运用,更能体现说话人的思想感情和态度。这些因素互相协调,便构成感情语调,语调就孕育在语言的表现方式之中,只有适当的语调才能揭示出适当的思想感情和态度。有声语言的表达技巧主要表现在语音的轻重、语速的缓急、语调的抑扬、语流的顿挫等方式上,在说话时,要具体注意以下几个方面。

1. 音量适度

控制说话音量,一般用个人生活中自然的说话音量,以能够保证对方听清楚、听起来舒适且不费力为宜,除非特殊情况,不用加大音量。

2. 音高适当

音高是声音清晰明朗、信息准确传递的有力保障,一般用个人说话音域中的中音,给人以平实稳重的听感。

3. 语速适中

一般运用生活中与人随意交谈的自然语速为宜。语速过快,往往给人情绪激动、兴奋难抑的感觉;语速过慢,又让人觉得漫不经心、怠慢敷衍、不被信任。

4. 语调自然

控制说话时的音量、音高、语速,使音量适度、音高适当、语速适中,从而形成自然、平和的语调。

5. 语气适宜

语气一般以温和、亲切为宜,这样能够让对方感觉愉快,心生好感,从而有助于双方更好地交谈;语气生硬、拿腔捏调,只能让人心生不快,无助交流的顺利进行。

(三) 嗓音保健

(1) 选择恰当的用声方法。除了科学地用气发声、共鸣控制外,酒店服务人员要特别注意选择自己自如声区中的最佳音域和最佳音量。

(2) 注意保持咽喉的清洁与湿润。

(3) 养成良好的生活习惯。休息与护嗓紧密相关,睡眠不足,最容易使声带疲劳。应避免咽喉受损,烟酒、咸辣与过冷过热的食物,都应注意节制。

(4) 注意调节心理。嗓音的好坏,发声的负荷程度如何,与人的心态关系十分密切。

## 五、口头语言的语言表达艺术

语言礼仪是通过优化语言表达的艺术化手法来提高表达效果的。它的具体方法因人、因事、因时、因地而异,一般说来,主要的表达方法有幽默法、委婉法、模糊法和暗示法。这也是酒店礼仪修养的外在表现。

### (一) 幽默法

幽默是以一种愉悦的方式让别人获得精神上的愉悦,从而祛除忧虑愁闷。幽默与讽刺、否定性滑稽不同,它所持的态度是温和与宽容的。

**1. 自我调侃法**

是以反常的方式、态度来嘲弄、评说自己的长短。

(1) 用夸张、嘲弄的方式自我揭短。自我调侃法的妙处在于把对自己的珍爱和对自己的贬抑结合起来,以主动贬抑来体现自己心灵的纯净和豁达。

(2) 以反语、幽默来嘲弄自己的长处。

**2. 荒诞逻辑法**

看似荒诞,又好像合乎逻辑;看似逻辑,实则荒诞。

(1) 反常思维法。就是借助片面的、偶然的因素,违反常规地进行推理,看似荒诞不经,却又有着荒诞的逻辑性,出其不意,内含幽默的智慧,常收到奇特的效果。

(2) 歪打正着法。就是使歪因和正果之间有一种貌似紧密的联系。

**3. 一语双关法**

就是利用一个词的语音或语义同时关联两种不同的意义并进行曲解的方法。

### (二) 委婉法

委婉法就是通过婉转曲折的措辞方式把原本可能令人不悦或比较粗俗的事情比较得体、文雅、巧妙地表达出来。

### (三) 模糊法

模糊是语言表达的需要,也是语言的基本特征之一。语言中的词有相当部分是模糊词。如汉语中的概数词上下、多少、左右等,副词马上、永远、曾经、最、非常、略微等,时间名词黄昏、拂晓、现在、过去等,都是模糊词。

模糊表达法,大致有宽泛式、回避式和选择式三种。

(1) 宽泛式模糊法。用含义宽泛、富有弹性的语言传递主要信息的方法。

(2) 回避式模糊法。是根据某种场合的需要,巧妙地避开确指性内容的方法。

(3) 选择式模糊法。是根据不同的目的,用具有选择性的语言来表达的方法。

### (四) 暗示法

暗示法是通过语言、语音色彩和表情、手势等身体动作以及视觉、声响等表达方式把自己的意向或不便言明的意思传达给对方,以引起相应的反应。方法视具体情况而定,灵活而不要引起对方的反感,常用的有点化式、引发式和象征式三种。

## §3.3 酒店服务人员的电话语言

### 一、拨打电话应遵守的礼仪

#### (一) 时间的选择

除了紧急要事之外,一般不在早上 7 点以前、中午午休时和晚上 10 点半以后打电话。

打国际长途电话,还要注意各国和地区的时差。如急需在清晨、深夜、用餐时间等可能影响对方休息或用餐时打电话,应当先致歉意。

### (二) 环境选择

最好选择安静的环境打电话,事先消除嘈杂、电视等声音,以免影响通话效果或产生背景环境联想。

### (三) 内容准备

拿起电话之前,应事先明确通话的目的,考虑好通话的大致内容,对简单的问题有一个腹稿即可,稍微复杂一些的事情最好事先记下要点以备忘。

### (四) 礼貌通话

电话接通后,应当有礼貌地及时报上自己的姓名、单位及自己要找的人。即使接电话者正是你要找的人或是你熟悉的声音,仍要主动告知对方自己的姓名。

### (五) 挂断电话

一般由打电话者使用简洁的结束语和告别语,如"好的,就这样吧,再见",提醒对方将要挂断电话。听到对方放下听筒后才挂断电话,是对对方的尊重。挂断电话时应轻轻放下话筒,不能鲁莽地"啪"一下挂断。

表 3-1 拨打电话的步骤和注意事项

| 顺　序 | 基　本　用　语 | 注　意　事　项 |
| --- | --- | --- |
| 1. 准备 | | 确认拨打电话对方的姓名、电话号码<br>准备好要讲的内容、说话的顺序和所需要的资料、文件等<br>明确通话所要达到的目的 |
| 2. 问候、告知自己的姓名 | "您好!我是××饭店××部门的×××" | 一定要报出自己的姓名<br>讲话时要有礼貌 |
| 3. 确认电话对象 | "请问××部的×××先生在吗?""麻烦您,我要找×××先生。""您好!我是××饭店××部门的×××" | 必须要确认电话的对方<br>如与要找的人接通电话后,应重新问候 |
| 4. 电话内容 | "今天打电话是想向您咨询一下关于××事……" | 应先将想要说的结果告诉对方<br>如是比较复杂的事情,请对方做记录<br>对时间、地点、数字等进行准确的传达<br>说完后可总结所说内容的要点 |
| 5. 结束语 | "谢谢""麻烦您了""那就拜托您了"等 | 语气诚恳、态度和蔼 |
| 6. 放回电话听筒 | | 等对方放下电话后再轻轻放回电话机上 |

## 二、接听电话应遵守的礼仪

### (一) 接听及时

电话铃响了,要及时去接听,不要怠慢,更不可接了电话就说"请稍等",然后放下电话半天不理人家。如果确实很忙,可表示歉意,说:"对不起,请过 10 分钟再打来,好吗?"一般是铃响两次后拿起话筒,若响了四次以上,接电话后应说"您好,对不起,让您久等了",以示歉意。

### (二) 礼貌应答

拿起话筒后,应立即自报家门,并向对方问好。自报家门是一个与人方便、自己方便,而且节约时间、提高效率的好方式。人们习惯的做法是,拿起电话听筒问一句:"喂!哪位?"这在对方听来,陌生而疏远,缺少人情味。接话人主动自我介绍,会给对方的心里留下一个非常友好的印象,同时也避免因对方打错电话而浪费时间。

### (三) 做好记录

电话机旁应放笔和记录本,养成记录必要电话内容的习惯,仔细倾听对方电话内容,对重要事情应该认真记录,尤其当对方谈及地址,电话等信息时,记录完毕后,可重复一遍,核对准确。

### (四) 结束通话

在通话时,接电话的一方不宜率先提出中止通话的要求。如果自己正在开会、会客,不宜长谈,或另有其他电话打进来,需要中止通话时,应说明原因,并告知对方"一有空闲,我马上打电话给您",免得让对方觉得我方厚此薄彼。遇上打起电话说个没完的,非得让其"适可而止"的话,应当说得委婉、含蓄,不要让对方难堪。比如,不宜说"你说完了没有?我还有别的事情呢!"而应当说:"好吧,我不再占用您的宝贵时间了。""真不希望就此道别,以后真的希望再有机会与您联络。"

表 3-2  拨打电话的步骤和注意事项

| 顺 序 | 基 本 用 语 | 注 意 事 项 |
| --- | --- | --- |
| 1. 拿起电话听筒,并告知自己的姓名 | "您好,××饭店××部门×××"(直线)"您好××部门×××"(内线)如上午 10 点以前可使用"早上好"电话铃响 3 声以上时"让您久等了,我是××部门×××" | 电话铃响 3 声之内接起<br>在电话机旁准备好记录用的纸笔<br>接电话时,不使用"喂——"回答<br>音量适度,不要过高<br>告知对方自己的姓名 |
| 2. 确认对方 | "×先生,您好!"<br>"感谢您的关照"等 | 必须对对方进行确认<br>如是客户要表达感谢之意 |
| 3. 听取对方来电用意 | "是""好的""清楚""明白"等回答 | 必要时应进行记录<br>谈话时不要离题 |
| 4. 进行确认 | "请您再重复一遍""那么明天在××,9 点钟见。"等 | 确认时间、地点、对象和事由<br>如是传言,必须记录下电话的时间和留言人 |
| 5. 结束语 | "清楚了""请放心……""我一定转达""谢谢""再见"等 | |
| 6. 放回电话听筒 | | 等对方放下电话后再轻轻放回电话机上 |

## 三、电话留言

若电话占线或寻人不在,应主动协助留言。

应采录的信息有:

(1) 所寻之人的房间号或部门(复述并确认);

(2) 留言的内容(复述);

(3) 来电者的姓名、电话号码(复述并确认);

(4) 收到留言的日期和时间。

所有留言必须写下来,给顾客的要装在信封中。所有留言及传真必须在 15 分钟内交给顾客。

### 延伸阅读:某知名五星级饭店的电话服务标准

#### 一、接听电话标准

Telephone should be answered within 3 rings (12 seconds).

铃响 3 声之内接听(12 秒)。

If answered after more than 3 rings an apology should be offered.

若超过 3 声应致歉。

Telephone should be answered with the appropriate greeting, identification of the department and offering assistance "Good morning/afternoon, Sales Department, Stella speaking. How may I help you?"

接听时应先致以问候,说明部门并提供帮助:"早上好/下午好,销售部,我是史戴拉,我可以提供什么帮助吗?"

Caller's name should be used at least once during the conversation.

在通话中应使用顾客的姓名,至少 1 次。

The details should be repeated back to ensure correct understanding.

复述细节以确保理解正确。

Employee's speech should be clear and audible.

话音应清晰、易辨。

Employee should be polite and helpful while ascertaining information, using "May I/Shall I/Would you please …?"

在探询信息时要礼貌,乐于助人,使用"我可不可以/我能否/麻烦您……?"

Before transferring the caller a verbal acknowledgement should be given. "May I transfer your call to …?"

在转电话前应征得顾客的许可。"我是否可以把您的电话转到……?"

If the employee puts the caller through to the appropriate department, he/she should come back after no more than 5 rings if no answer "I am sorry sir/madam

(Mr/Ms ××), there is no answer, would you like to leave a message?"

电话转出后若无人接听,应在铃响5声之内接回来:"对不起,先生/小姐(或客人的姓名),电话没有人接听,您需要留言吗?"

If the person the caller asks for is not in the office (not available) "I'm sorry sir/madam (Mr/Ms ××), Mr. Chen is at a meeting (not in the office, not available now) May I ask who's calling? Would you like him to call you back, Ms. ×××?"

如果客人寻找的人不在办公室:"对不起,先生/小姐(或客人的姓名),陈先生正在开会(不在办公室)请问您贵姓?(如知道了客人的姓名)×××小姐,请他给您回电话可以吗?"

If the requested line is busy, advise caller "I'm sorry sir/madam (Mr/Ms ××), Mr. Chen's line is busy. Would you care to wait? Or do you want to leave a message?"

如果客人要转接的电话正是忙音:"对不起,先生/小姐(或客人的姓名)。陈先生电话占线。您介不介意等一会儿?"或"您需要留言吗?"

If you are assisting the caller. Ask for his/her permission to be put or hold "May I put you on hold for a moment while I get that information you need?"

征求客人意见后,请客人持电话等候:"请您稍等别挂,我给您询问一下。"

If the caller is placed on hold, the time should not exceed 30 seconds. Return to caller as soon as possible and apologize for the delay. "Thank you for waiting" or "I'm sorry to have kept you waiting."

让顾客在线等候的时间不可超过30秒。尽快回复客人并向客人道歉:"谢谢,让您久等了"或者"对不起,让您久等了。"

Employee should thank and wish the caller a pleasant day after the conversation "Thank you for calling, Good Bye/Good night/Have a nice day/Have a nice weekend."

在通话结束时应向顾客致谢并顺祝愉快:"谢谢您打来电话,再见/晚安/祝您今天愉快/祝您周末愉快。"

二、接听电话的态度

**The Welcome Approach 表示欢迎的方法**

**W:Welcome 欢迎**

Welcome every call as an opportunity, not an interruption.

把每次来电看作一次机会,而非打扰。

Welcome the opportunity to display your professional skills.

欢迎这一展示你的职业技能的机会。

Sound welcoming by using the agreed greeting and a pleasant tone of voice.

以标准的问候和令人愉快的语气让人听起来受欢迎。

**E:Enthusiasm 热情**

Keep a smile in your voice.

在你的声音中带上微笑。

Think positively.

以积极的方式思考。

Use an enthusiastic and positive tone of voice over the telephone.

用热情的和积极的语气。

**L：Listening 倾听**

Take note. 记录。

Ask questions. 提问。

Show you are listening by giving feedback sounds.

以适时的应和表示你在听。

Never interrupt. 不要打断。

Concentrate. 专心。

**C：Courteous 礼貌**

Say please and thank you when appropriate.

适时说"请"和"谢谢"。

Use the callers name whenever possible but prefix it with Mr/Ms/Dr.

尽量使用来电者的姓名并冠以先生、小姐、博士等称谓。

If the caller's name is not known then Sir or Madam must always be used.

若不知来电者的姓名，一定要用"先生"或"女士"称呼。

If the caller says "Thank you" always respond with "You are welcome".

若来电者说"谢谢"，一定要以"不客气"应答。

If the caller makes a request such as "Can I leave a message?" always reply with "Certainly, sir/madam."

若来电者提出诸如"我能留个言吗?"之类的请求，一定要以"当然了,先生/小姐"应答。

**O：Open 豁达**

Control your biases or premature judgments about a caller.

控制你对来电者的偏见或武断。

Keep a positive outlook. 保持积极的观念。

Practice the golden rule: "Treat others as you would like to be treated yourself."

实践黄金法则:"像对待自己一样对待他人"。

Be tolerant. 宽容。

**M：Mechanics 技巧**

Control your rate and pace of speaking.

控制你的语速和节奏。

Pronounce each word clearly and fully.

每个字都要完整、清晰。

Know how to use the hold button and the transferring system.

知道如何使用等候键和转接系统。

Always follow the agreed telephone standards of the hotel.

一定要遵守饭店的电话标准。

**E：Extraordinary 非凡**

Always try to exceed the expectations.

要尽力超越期望。

Try to treat everyone as if they were VIP.

试着把每位宾客都当作贵宾对待。

Know your product knowledge thoroughly without having to delay the caller to check.

精通产品知识,不必因查问而耽搁。

### 三、如何接待不同客人类型的电话

（一）气愤、粗暴、心烦的顾客

Always remain calm and polite.

要保持冷静和礼貌。

Listen patiently.

耐心地倾听。

Acknowledge the guest's concern.

对顾客的忧虑表示理解。

Preserve to calm the guest down.

安抚顾客以使之平息。

（二）善言的来电者

Remain polite but avoid using too many open questions.

保持礼貌但避免使用过多开发式提问。

Try to be a problem solving partner with your guest.

试着做为顾客解决问题的伙伴。

Separate personal and professional attitudes.

把个人的和职业的态度分开。

Try to politely re-direct his call to the relevant department.

试着礼貌地把来电转往相关部门。

Keep your answers short but pleasant, keep smiling.

回答要简短而令人愉快,保持微笑。

（三）难于理解的来电者

Address the difficulty immediately and clearly.

立即清楚地表明困难。

Politely ask the guest to repeat his request either slower or louder depending on the difficulty.

根据困难的不同礼貌地请顾客重复他的要求,或请其讲慢些或声音再大些。

Use the phonetic alphabet.

使用拼音字母表。

## §3.4 酒店服务人员的体态语言

体态语包含人的手势、身姿、眼神、面部表情以及交际中相互的空间位置关系,是借助于神态情状和肢体动作来传递信息、表达感情、参与交际活动的。

### 一、体态语言的特点

#### (一) 连续性
体态语交际具有连续性,某一体态语动作过程是连续不断的,不可作有意义的切分,整个过程都在传递着不可分割的信息。

#### (二) 表意的情感性
体态语和语言相比较,语言偏重于表达思想,体态语偏重于表达情感。

#### (三) 传播的多渠道互动性
语言在时间轴上呈线性排列,语言信息的传递只能经由一个通道,如听话只能通过听觉去听,阅读文章只能通过视觉去看。而体态语信息传播可以是多渠道的互动。

#### (四) 可靠性
体态语提供的信息具有更高的可信度。人的语言信息一般是有意发出的,从总体上看,体态语大部分是被无意识地显示出来的,这对于理解发送者的真情实意更为直接有效。

### 二、体态语言的作用

有专家认为,在人际交往中,7%的情绪信息由语言传递,声音担负38%。其余55%则靠体态语等非语言来传递。可见,体态语在人际交往中发挥着重要作用,具体体现在以下三方面。

#### (一) 辅助作用
作为口语交际中具有功能的组成部分,体态语是补偿言语活动的不足所不可缺少的行为,对语言发生着重要影响,起着巨大的辅助作用,具体包括:
(1) 重复语言传输的信息。
(2) 强调语言传输的信息。
(3) 增加语言传输的信息。
(4) 改变语言传输的信息。

#### (二) 独立表意
某些时候,体态语可以不依附于语言而独立地传情达意。

#### (三) 显示良好的职业修养
良好的体态语是良好的职业形象和职业修养的体现。

### 三、体态语言的运用要求

#### (一) 切合情境,注意场合
体态语的运用要特别注意适合于交际对象,充分考虑到对方的社会特征、心理特征、文化特征等因素对体态语的理解的影响,区分不同的对象,适当运用体态语。

### (二) 配合有声语言,协调一致地表达

注意体态语在传情达意上与言语"齐头并进",协调一致,有效地配合有声语言的表达。

### (三) 把握分寸,举止得体

体态语的表达要切合自己的身份和双方之间的关系,不要举止无度。

### (四) 避免禁忌,自我约束

注意体态语言的文化、地域的差异及个人的忌讳。

## 四、体态语言的种类

### (一) 目光语

目光语又称眼神,是面部表情的核心,指的是人们在注视时,眼部所进行的一系列活动以及所呈现的神态。人的眼神能表达他的思想感情和对人及事物的倾向性,而且人们普遍对目光语具有一定的解读能力。

1. 目光语的特点

目光语在交际中是通过视线的接触来传递信息的。眼睛被认为是人体传递信息的一个最重要、最清楚和最正确的部位,因为外界的信息约有80%通过眼睛传入大脑。

2. 目光语的常见表现形式

目光语的分析指标有多种,通常从目光的投射方向、聚焦度以及注视的区域来分析。

(1) 从目光的投射方向看,一般归结为平视、上视、下视、旁视几种类型。不同的透射方向有不同的语义。平视是视线平行接触,即正视,这种目光的主要含义是显示地位的平等,也表示"思考""理性""评价"等含义。上视是视线朝上,即仰视,可表达的含义是"尊敬""谦逊""期待""哀求""悲痛"等。下视是视线往下,即俯视,可表示"爱护""宽容""傲慢""激愤""自卑"等。旁视是视线斜行,可能表示"怀疑""疑问"的意思。单纯的旁视一般用来表达非正面的情绪,如"轻视""敌意""厌恶""不经心"等。

(2) 从聚焦度来看,目光的典型状态大致可以分为注视、散视和移视三种。注视是目光集中于一点,表现出人的注意力和兴趣的所在,也可反映其深处的心理内容。散视是目光虚灵,似视非视,一般反映一个人的心慌意乱、神思不定、漫不经心或精疲力竭。移视是视线流转,如回顾、四顾、瞥视、左顾右盼等,所表达的意味较为复杂。

(3) 目光注视的区域。注视的区域很重要,不同的注视区域所传达的信息不同,而且能被人们所普遍感知。① 公事注视区。位置在以双眼连线为底边,以前额中心点为顶角顶点所构成的三角形区域。此区域的注视能够造成严肃、可信、有某种权威性的气氛,适用于公事活动和初次会面。② 社交注视区。位置在以双眼连线为底边,以嘴的中心点为顶角顶点所构成的倒三角形区域。该区域的注视介于严肃与亲密之间,普遍适用于各种社交场合。③ 亲密注视区。位置在以双眼连线为底边,以胸部中心点为顶角所构成的倒三角形区域。注视该区域的体态语效果是使亲密的气氛出现,也表示对对方的某种特殊的兴趣,适宜于恋人、配偶及亲朋好友之间,否则,将会被视为一种"准侵犯行为"。不过,由于生理和心理原因,人们的注视是和视线的移开交替进行的。

3. 目光语的运用技巧

目光语表情内涵丰富,使用领域广泛,酒店服务人员的目光语应该是热情、礼貌、友善和诚

恳的。注视、环视、虚视是常用的几种目光语,酒店服务人员应该很好地利用它们来调节交际现场气氛。

(1) 运用注视,表达对客人的尊敬和关注。

在酒店工作中,常通过目光的正视——平视和注视结合的方式来表达尊重,正视会使人感到你的自信和坦率。视线停留在对方双肩和头顶所构成的一个正方形的区域内,以示态度的真诚。

值得注意的是,除关系十分亲近的人外,一般连续注视对方的时间应在1—2秒钟内。美国人习惯只用1秒钟,而中东一些地区以相互凝视为正常的交往方式。在许多文化背景中,长时间地注视对方都是失礼的行为,被认为是对对方占有空间或势力范围的侵犯,这往往会使对方把目光移开,以示退让,造成心理上的不舒坦,从而影响交际效果。

(2) 运用环视,表现对每一个客人的一视同仁和同等重视。

环视是一种频繁而固定地缓慢扫视听众的目光运用方法。环视能够使每一个接受者感到本身没有被忽视,这就在一定程度上满足了他的交际需要。

(3) 运用虚视,减轻心理压力,展现自己的勤勉和机敏。

虚视是一种似视非视的目光透射技巧,常穿插在注视和环视间,既可削弱注视可能带来的呆板感,又有助于调整环视可能带来的飘忽感。通过这种目光语的变化,可以给别人留下勤勉、机敏的印象。虚视也常用来平复紧张心理,减轻心理压力。

如果注视是"点",环视是"线",虚视就是"面"。要注意虚视并不是茫然若失、游移不定。

### 延伸阅读:酒店服务中目光语的正确运用

如果说眼睛是"心灵的窗户",目光则是沟通心灵的"桥梁"。如何在酒店服务中正确运用目光语言这个"桥梁"呢?

**一、进入服务接待,服务人员就应用柔和、友好、热情的目光注视宾客**

这种目光表明工作人员随时乐意为每一位来宾提供服务或帮助,使宾客一开始就感觉到酒店良好的服务氛围。又如餐厅服务员为客人派菜、斟酒,点烟等,通过和悦的目光,也能使宾客深深体会到那份诚意。如果服务员用一种漠不关心、无所谓的眼神巡视客人,甚至对低消费的顾客投以轻蔑、傲慢的目光,这势必在心理上激怒客人。

**二、服务人员在对客服务接待中,目光一般应看在客人的眼鼻三角区**

在服务水准不高的酒店,人们时常可看到这种场面:当有的顾客把视线投向服务员的瞬间,该服务员却潜意识地把头低下,或把脸转向另一边。酒店失去了向宾客提供服务或者推销的最佳时机,却投下一层服务不主动的阴影。

**三、在对客服务接待中,服务人员的目光还应与宾客视线保持一样高度**

如果服务人员正站在台阶等较高的位置上,有宾客站在低处向服务人员问询时,服务员应先从高位走下来,再与客人交谈;否则,居高临下地与客人讲话,客人无形中会误认为服务员高傲,易从心理上产生不平衡感。如果接待身材较矮小的顾客,服务员切忌与对方靠得太近,这样也会产生"居高临下"之感。正确的做法是服务员与客人保持一定的距离,让视线具有一定的坡度。

### 四、酒店主要岗位服务中目光语言的运用

**（一）泊车员、门童、行李员**

他们处于宾客抵达酒店后第一次与酒店员工接触的岗位，他们能否给来宾留下美好的第一印象，就从这里开始。泊车员开启车门时，应同时向宾客施注目礼，此刻绝不可分散目光。行李员在为宾客提拿行李时，要以诚实、可信赖的目光让宾客放心，不能使用随便或无所谓的眼神。当宾客走近门口时，门童应面带笑容向来宾施注目礼。当宾客离开酒店时，泊车员、门童、行李员还应注视宾客的座车，目送汽车离开，直到视线消失为止。据统计，这仅需15秒左右，却能留下酒店对宾客依依不舍的眷恋之情。

**（二）服务台**

无论是总服务台、楼层服务台，还是收银台，看到有客人向柜台走来，工作人员应暂停手上的事务，用亲切的目光去迎接客人，而不能只顾做自己的事，或边做事边接待客人。因为此时目光若不注视宾客，宾客会产生受冷落之感。

**（三）大堂副理**

当大堂副理看到有宾客向自己走来，应起身，面带微笑，用热忱、友好且不失刚毅的目光向宾客施注目礼，亲切问候宾客。让宾客通过你的目光，感到你既热情好客，又具有解决复杂问题的能力。

**（四）礼仪、引座员**

餐厅、宴会厅、夜总会等部门的礼仪、引座员，当看到宾客走近距你两三米时，就应微笑注视对方。引座员把客人引到适当的位置坐下后，在离开宾客之前，应再次用目光关注一下宾客，以示礼貌。

**（五）服务员**

无论是餐饮部、客房还是康乐部，服务人员均应善于利用目光捕捉对宾客服务和促销的时机，当服务人员的目光与宾客的目光相交时，服务员应主动打招呼。例如，餐厅里正在进餐的宾客忽然若有所思地把目光看向值台服务员时，服务员应不失时机地趋前询问宾客有何吩咐，客人也许要增加菜肴酒水，或有其他要求通过目光，服务员如果在宾客开口之前主动服务，就会赢得宾客的赞誉。

**（六）营业员**

当有客人进商品部向柜台走来时，营业员的目光不可漫不经心地左顾右盼，这样会有怠慢顾客之嫌。此时也不能过早地把目光看向客人，因为客人到商场来，不一定都是要买东西，也许有的客人只想看看是否有自己感兴趣的物品。若一进来营业员就注视他（她），就会使其心理上产生一定的压力，尤其是在开架柜台或自选场所更是如此。这时，营业员应站在可以看见自己负责出售全部商品的位置，做些整理商品的工作，用眼睛的余光注视周围的顾客。当顾客环视商品而突然把视线停在某一商品上时，营业员应及时趋前，用乐于助人的目光注视顾客，同时微笑着问候客人："您好，欢迎光临，您想看看什么？"客人定会感到亲切自然。

总之，目光语言在酒店服务中，尤其在感情服务中起着十分重要的作用，值得在酒店员工培训和服务管理中引起重视。

**资料来源：** 根据网络资料整理而成，http://www.doc88.com/p-0522326200912.html，2015-02-03。

## (二) 微笑语

### 1. 微笑语的特征

微笑语是通过不出声的笑来传递信息的。微笑是仅限于脸部肌肉运动的收敛的笑，由从嘴角往上牵动颧骨肌和环绕眼睛的括纹肌的运动所组成的，并且左右脸是对称的。微笑语在人类各种文化中的含义是基本相同的，能超越文化而传播，是名副其实的"世界语"。

### 2. 微笑语的作用

微笑语在体态语中是运用最广、最具魅力的一种形式。美国喜剧演员博格说："笑是两个人之间的最短距离"，美国沟通学家卡耐基的"被人喜爱的六个秘诀"之一就是"用微笑对待他人"。微笑在传达亲切温馨的情感、有效地缩短双方的心理距离、增强人际吸引力等方面的作用显著，因而在服务行业，微笑服务尤其受到推崇。在酒店工作中，微笑是最富有吸引力、最有价值的体态语。微笑能强化有声语言沟通的功能，增强交际效果；微笑还能与其他体语相结合，代替有声语言的沟通。

微笑作为一种表情，不仅是形象的外在表现，也是人的内在精神的反映。不仅有助于营造和谐、宽松的社会氛围，还有助于保持积极乐观的心态，进而利于身心健康。

### 3. 微笑语的修炼

(1) 微笑语的动作技术性练习。

① 一般微笑是嘴角挂着一丝笑容的状态，基本做法是面部肌肉放松，两边嘴角向上略微提起，不露齿，不出声。

② 练习双颊肌肉向上抬，嘴角外拉上翘，口里默念普通话的"一""茄子"或英文单词"Cheese"、英文字母"g"等。

③ 训练眼睛的笑容。面对镜子，用一张厚纸遮住眼睛以下的脸部，想象美好的情境、回忆快乐的时光，使笑肌抬升收缩，嘴两角上翘，做出微笑的口型，然后面部肌肉放松，眼睛随之恢复原状。这样经常反复练习，达到自我感觉最佳的状态为止。

(2) 微笑内在情绪的自我调节。

首先要培养敬业、乐业的思想，勤奋进取、勇于奉献的精神，热情助人、乐于服务的高尚职业情操，以积极进取的态度对待工作。其次保持自尊、自信，培养乐观开朗的处事态度。此外，要加强心理素质的锻炼，增强自控力。每个人不可避免地都会有烦恼和痛苦，但是这种情绪不要带到工作中去。

## (三) 手势语

手势语是通过手和手指活动传递信息的，人们往往借助手势来表达思想，在说话时也常常用手势来加强语气，使话语变得有声有色。

### 1. 手势语的类型

手势语的类型一般有说明型、模拟型、象征性、情绪型四种。

(1) 说明型手势是起指示、解释作用的手部动作。指示性手势是最重要的指示性体态语言，酒店服务人员在工作中经常用到，如给客人指路或引领客人。解释性手势是对所说事物的一种比划。

(2) 模拟型手势是模拟具体事物或动作的形态，如手指相交模拟十字架，张开双臂模拟鸟的飞翔等。

（3）象征型手势是通过带象征性的手势表达某种抽象事物，例如，右手握拳于耳际表示宣誓，不断上举则是表示抗议。

（4）情绪型手势是通过某种习惯性的动作表现人内心的某种情绪和心理状态。例如，摩拳擦掌表现出跃跃欲试的心态；双手于胸前交叉握臂表现的是防御、消极、紧张或故作镇定的情绪或态度。

2. 手势语的运用特点和要求

（1）手势语的运用特点。

体现出鲜明的文化差异性，往往因文化不同而各有千秋，歧义性较大。不仅手势语差异大，而且使用频率也大相径庭。所以，要想有效发挥手势语的交际作用，还得了解、熟悉交际对象和环境的文化特性。

（2）手势语的运用要求。

酒店服务人员要重视手势语在交际中的作用，手势要求规范适度，不宜过多，应该显得落落大方、明确而热情，与全身配合协调，动作幅度不应过大，要给人以一种优雅、含蓄而彬彬有礼的感觉。手势语的样式和变化比较有限，运用中一定要讲求简括，具体要求体现在三个方面。

① 精炼。用必要的、少量的手势动作去衬托、强调关键性的、主要的内容。

② 明确。使用含义明确的或约定俗成的手势，充分发挥手势语的补充、强调等表达作用。

③ 行业规范化。在配合口头表达或单独使用手势语时，要注意手势动作合乎行业规范。

**（四）首语**

首语通过头部活动来传递信息，包括点头语和摇头语。一般来说，点头表示首肯，也可以是表示致意、感谢理解、顺从等意义；摇头则表示否定，还可以是表示对抗、高傲的意思。

首语因文化和环境的差异而具有不同的表现形式。如表示首肯的，塞孟人是将头向前；巴基斯坦旁遮普和信德人是把头向后一扬，然后再靠近左肩；斯里兰卡人是将下巴低垂，然后朝下往左移等。表示否定的，土耳其和阿拉伯人一般将头抬起。特别是在保加利亚和印度的某些地方，他们的首语是"点头不算摇头算"，形式恰好同常规相反。

### 延伸阅读：正确的身体语言

当面对面与人接触时，我们的手、脚、眼等不同的部位会自觉或不自觉地做出一些动作或摆出某些姿势。这些动作所发出的讯息称为身体语言。

正确的身体语言会给顾客一个专业形象，会建立良好的第一印象。而不正确的身体语言（包括一些不良的小动作）会引起一些不必要的误会，会表现得不尊重或不礼貌，会给对方感觉不专注或不卫生。因此，与顾客接触时，酒店服务人员必须注意言行举止。下表总结了正确和不正确的身体语言。

表 3-3　身体语言正误对比

| 身体部位 | 避免/不可 | 给顾客的感觉 | 适当的姿势/动作 |
|---|---|---|---|
| 五官 | | | |
| 眉 | 皱眉 | 不耐烦 | 放松 |
| 眼（与人沟通时） | 射来射去/回避 | 鬼鬼祟祟、不礼貌、不尊重 | 坦诚相对，自然流露尊重，专注及关怀的眼神 |
| 眼（步行时） | 垂头及双眼向下望 | 无信心并回避与客人沟通 | 应挺直腰背/头抬起，精神抖擞，面带笑容，眼望前方 |
| 鼻 | 在客面前弄鼻子及吹鼻 | 不礼貌/不卫生 | 尽量避免或在后勤地方进行，如避免不了要打喷嚏，应把头侧向后方，并向顾客表示歉意 |
| 口唇 | 作出藐视的表情 | 不礼貌/不尊重 | 常带有亲切笑容 |
| 口 | 说话粗俗 | 不礼貌 | 合适的礼貌语句 |
| 口 | 打哈欠/咳嗽/打喷嚏/呕胃气不掩口/用舌头撩牙 | 不卫生 | 尽量避免或在后勤地方进行 |
| 面部表情 | 面无表情/把情绪挂在脸上 | 欠工作热诚，敷衍，不专业 | 常带有亲切笑容，乐观态度 |
| 四肢及身体 | | | |
| 手 | 在顾客面前用手触摸或搔痒五官及其他部位 | 不卫生 | 尽量避免或在后勤地方进行 |
| 手/手臂（站/走时） | 站立时手交叉地放在胸前/叉腰/插袋 | 防卫不信任、权威、无所事事 | 站立时两手应垂直放在两侧或双手交叠；行走时两手应垂直，摆动幅度不宜过大 |

续　表

| 身体部位 | 避免/不可 | 给顾客的感觉 | 适当的姿势/动作 |
| --- | --- | --- | --- |
| 四肢及身体 | | | |
| 手/手臂(坐时) | 在台上作出无聊如敲台作声或劳累的动作,如托腮/捶背 | 不专注及欠工作热诚 | 双手交叠平放台上/大腿上 |
| 手指 | 用手指或手持对象(如笔)为客指示方向/引路/让路 | 不礼貌/命令式 | 用手掌向上的邀请方式指示方向/引路/让路 |
| 手指/指甲 | 把换/咬手指/指甲 | 不卫生 | 双手交叠平放台上 |
| 肩(坐/走/站时) | 侧向一边或耸肩表示不知道 | 不认真/敷衍塞责 | 保持平直,予人有承担的感觉 |
| 胸/腰(坐及站时) | 驼背/挨附物件/伸懒腰 | 疲倦、不精神 | 挺直腰背 |
| 脚(站立时) | 双脚摇摆不定/以单脚作重心 | 轻率/不专业 | 双脚站定/稳 |
| 脚(坐着时) | 跷脚/摇摆不定/张开/踏踏作响 | 轻率/不专业 | 坐着时把双脚平放好可自然微微张开 |
| 脚(行走时) | 拖步/垂头 | 散漫/无精打采 | 提起脚来步行 |

续表

| 服务礼仪 | 避免/不可 | 给顾客的感觉 | 正确礼仪 |
|---|---|---|---|
| 饮食习惯 | 饮用含酒精饮品 | 不尊重/专心工作，容易情绪失控 | 下班后方饮用含酒精饮品 |
| | 进食味浓食物 | 口/胃气大不卫生 | 避免进食或先清除口气，再回到工作岗位 |
| | 于岗位咀嚼口香糖 | 轻率/不尊重/不专注工作 | 避免进食 |
| | 于大厦范围/客户可见范围吸烟 | 不尊重/气味大 | 工作时间不吸烟；工余时间吸食后应先清除口气及身上烟味 |
| | 于岗位进食、饮水或其他饮品及化妆 | 不尊重/不专注工作/不雅 | 于后勤地方进行 |
| 客户隐私 | 公开谈论、揭露任何客户之隐私，包括其行踪及个人资料 | 违反专业操守 | 应保护饭店及客户隐私 |
| | 公开谈论/揭露任何有损客户/饭店形象之商业机密/决策 | 违反专业操守 | 应保护饭店及客户隐私 |
| | 与客户交谈时，公开披露客户/其他客户之行踪/数据 | 违反专业操守 | 应小心谨慎，以防他人听到敏感性内容 |
| | 向传媒披露客户/饭店之资料 | 违反专业操守 | 应按饭店指引处理传媒垂询——礼貌婉转相关人士或婉拒作答 |
| 服务手语 | 以单手与客户交接对象，如完成登记后交还身份证 | 不尊重/不专业 | 以双手交接物件 |
| | 与客户在可见但不能用言语沟通的距离下没有打招呼 | 不尊重/不专注 | 以敬礼手势打招呼，如客户驾车离去/抵达或距离较远 |

第3章 酒店服务人员的语言礼仪

续表

| 服务礼仪 | 避免/不可 | 给顾客的感觉 | 正确礼仪 |
|---|---|---|---|
| 服务手语 | 软弱无力地/闪电式与客户应酬/敷衍地握手 | 不礼貌 | 应适度地用力表示诚意，维持双握数秒，并轻摇1至2下 |
| 专业操守 | 与客户沟通时过分亲昵/制造隔膜/过多身体接触 | 不专业 | 除握手外，与客户沟通时应避免身体接触，保持适当距离但又不失亲切，理想距离为0.5—1.5米(约一手臂) |
| | 于岗位使用手提电话 | 不专注/不认真工作 | 于岗位不得使用手提电话 |
| | 于岗位倾谈私人电话 | 不专注/不认真工作 | 应尽量避免；如有客人接近应尽快挂线 |
| | 于岗位/饭店范围/客户可见范围与朋友/同事/甚至客户长时间闲聊 | 不专注/不认真工作 | 应尽量避免；如有客人接近应尽快结束 |
| | 于岗位/饭店范围/客户可见范围与客户或同事高谈阔论，窃窃私语，大声喧哗，粗言秽语，嬉笑怒骂，讥笑/批评他人等 | 不专注/不尊重 | 应尽量避免 |
| | 用不同态度接待不同阶层的客户(如为穿行政套装的客人开门，而不为穿便装的客人开门；又如以"师傅"称呼穿短裤，凉鞋及背背包的男性) | 不尊重/不专业 | 应毋分阶级——不论性别、职业、国籍、老幼、衣着等，均一视同仁，以亲切及诚恳的态度款待及招呼 |

续 表

| | | | |
|---|---|---|---|
| 服务语言 | 直呼客户名字/没有称呼客户(如日常打招呼或登记过后) | 不尊重/不专业 | 以客户姓氏或先生/小姐尊称 |
| | 以被动及一问一答的口吻响应客户查询/需要,未有热诚使用礼貌语 | 不尊重/不专业 | 应运用礼貌语/魔术语 |
| | 不假思索便拒绝客户查询或要求 | | 在任何情况下,不应随意向客户说"不",并需灵活地服务客户 |
| | 遇到操自己不熟悉语言的客户时,回避或推说什么都"不知道" | 不尊重/不专业 | 主动请客户稍候并寻求上级/其他同事协助 |
| | 在客户面前使用其不懂的语言 | 不尊重/不专业 | 应尽量避免在客户面前使用客户不熟悉的语言与他人交谈;在无可避免的情况下,必须先向客户致歉,而谈话内容需尽量简短,并适时翻译,汇报进度 |
| 服务态度 | 与客户沟通时视线水平不一致,如服务员坐着接待站立着的客户,或服务员站着接待年幼的客户 | 不尊重/不专业 | 留意与客户沟通时的视线水平应相若,并按需要站起/弯身接待 |
| | 接待跟前/电话中的客户时,忽略在等待中/新加入的客户(群),让其久候(超过30秒) | 不尊重 | 即使在接待/接听跟前的客户,仍需用手势示意客户稍候或致歉,并尽快为等候中的客户服务;或先了解需要,请同事协助 |
| | 只专注手头上的工作,忽略客户查询/要求 | 不专注/不尊重 | 主动放下手头上工作,与客户打招呼并提供协助,尽力替客人解决问题 |

续 表

| | | | |
|---|---|---|---|
| 服务态度 | 在通道上/门口碰见客户时,垂头回避或装看不见 | 不尊重 | 用"点头,微笑,眼神,问好"打招呼,并靠边停下,让客户先通过。以手掌向上的邀请方式指引/让路 |
| | 携带大型装备/工具/清洁用具时在通道上/门口/升降机与客户争先  | 不方便 | 除打招呼外,应让客户优先通过/使用,如有需要待乘下一轮电梯,以免阻扰 |
| | 与客户争先进出升降机  | 不尊重 | 应礼让及协助所有客户进入,并主动替客户按其需要前往楼层(礼询) |
| | 在进出电梯时碰见客户,垂头回避,表现尴尬或装看不见  | 不尊重 | 除打招呼外,应向电梯内客户致歉(因打扰客户上落) |

## 服务语言能力实训

- 形式:分组作业
- 时间:20分钟
- 材料:印刷好的练习页
- 场地:教室

**目的:**
1. 使学生掌握"魔术语句"。
2. 使学生掌握语言服务礼仪在酒店服务工作中的应用。
3. 使学生养成注意语言服务礼仪的良好习惯。

**程序:**
1. 把练习页发给学生
2. 请学生分组讨论,并写出修饰后的语句
3. 请学生宣读修饰后的语句
4. 教师点评

**讨论:**
1. 修饰前和修饰后的语句有何区别?
2. 在酒店工作中,应注意什么语言服务礼仪?

表 3-4 "魔术语句"练习

| | 服务员常用的语句 |
|---|---|
| 1 | 没有。（敷衍，没有服务意欲） |
| 2 | 我们不做这个/我们没这个服务。（敷衍，没有服务意欲） |
| 3 | 什么？/听不到/你多讲一遍吧。（命令式/无礼） |
| 4 | 你是谁？（质问式） |
| 5 | 你哪个单位的？/你干嘛？（质问式） |
| 6 | 你要先交房费，我们才可以给你安排维修。（责怪式） |
| 7 | 等一下。（命令式/无礼） |
| 8 | 这个我不知道，你找别人问问。（敷衍，没有服务意欲） |
| 9 | 我们稍后告诉你。（命令式） |
| 10 | 你电话几号？（质问式） |
| 11 | 你可以打电话去前台问有关××的事情。（命令式） |
| 12 | 你稍后到前台办手续吧。（命令式） |
| 13 | 我们已经发出收据，或者你自己先查清楚。（责怪式） |
| 14 | 你打过去我们康乐中心吧，电话是 2547 6587。（命令式） |
| 15 | 他不在！（敷衍，没有服务意欲） |
| 16 | 把你的身份证给我。（命令式/质问式） |
| 17 | 如果你不把身份证交给我，你不可以进去。（命令式/质问式） |

## 本章小结

酒店服务人员的语言服务礼仪，是指酒店服务人员在语言的选择和使用中，表现出良好的文化修养和职业素质，准确地运用文明有礼、高雅清晰、称谓恰当、标准柔和的服务语言。酒店服务人员掌握语言礼仪规范是改善和提高服务质量的内在要求。

## 讨论案例

在一家涉外宾馆的中餐厅里，正是中午时分，用餐的客人很多，服务小姐忙碌地在餐台间穿梭着。

有一桌的客人中有好几位外宾，其中一位外宾在用完餐后，顺手将自己用过的一双精美的景泰蓝食筷放入随身带的皮包里。服务小姐在一旁将此景看在眼里，不动声色地转入后堂，不一会儿，捧着一只绣有精致花案的绸面小匣，走到这位外宾身边说："先生，您好，我们发现你在用餐时，对我国传统的工艺品景泰蓝食筷表现出极大的兴趣，简直爱不释手。为了表达我们对您如此欣赏中国工艺品的感谢，餐厅经理决定将您用过的这双景泰蓝食筷赠送给您,这是与之配套的锦盒,请笑纳。"

这位外宾见此状,听此言,自然明白自己刚才的举动已被服务小姐尽收眼底,颇为惭愧。只好解释说,自己多喝了一点,无意间误将食筷放入包中,感激之余,更执意表示希望能出钱购下这双景泰蓝食筷,作为此行的纪念。餐厅经理也就顺水推舟,以最优惠的价格记在了客人的账上。

聪明的服务小姐既没有让餐厅受损失,也没有令客人难堪,圆满地解决了事情,并收到良好的交际效果。

【案例讨论与练习题】

1. 在上述案例中,服务员遵循了哪种语言服务礼仪?
2. 如果你遇到了类似情况,你会如何处理?
3. 在酒店服务工作中,如何做到既坚持原则又不得罪客人?

## 本章复习题

1. 酒店语言礼仪的原则有哪些?谈谈你的具体理解。
2. 什么是敬语?敬语有哪些特点?
3. 问候的正确顺序怎样把握?常用的问候语有哪些?
4. 在酒店服务中,语言表达在声音处理上应该注意哪些问题,请谈谈你的体会。
5. 体态语言礼仪有哪些特点?体态语言礼仪的作用表现在哪些方面?结合具体事例谈谈你的体会。

# 第 4 章

# 酒店前厅服务礼仪

【名家名言】

无论酒店遭遇的困难如何,希尔顿酒店前厅服务员的微笑永远是属于旅客的阳光。Do you smile today?

——Hilton·Konrad

 **本章要点**

通过对本章内容的学习,你应了解和掌握如下问题:
- 了解门童服务礼仪。
- 了解行李服务礼仪。
- 掌握前台服务礼仪。
- 掌握总机服务礼仪。
- 掌握VIP接待服务礼仪。
- 能按照岗位服务礼仪规范在酒店各岗位上进行服务。

**章首引语**

前厅服务是酒店服务的第一站,也是最后一站,客人对酒店的第一印象、酒店服务质量的优劣以及最后的满意程度,都与前厅服务相关。因此,前厅服务礼仪的好坏对客人的心理影响至关重要。而服务礼仪又与服务标准密切相关,应熟悉前厅各岗位的服务标准与流程,在应用服务礼仪方面主要是要有强烈的服务意识、耐心细致的观察、微笑、目光、良好的仪态及亲切规范的语言。

## § 4.1 门童服务礼仪

门童服务是酒店前厅服务的第一站。客人对酒店的第一印象、酒店服务质量的优劣以及最后的满意程度,都与门童服务相关。因而,门童服务礼仪的好坏对客人的心理影响至关重要。而服务礼仪应遵循服务标准,门童应熟悉门童的服务标准与流程,在服务时要有强烈的服务意识、耐心细致的观察、保持微笑、目光亲切、保持良好的仪态以及运用规范的服务语言。

### 一、门童基础服务礼仪

#### (一) 辨别客人车牌

从事门童岗位的服务员应能识别车标、车牌,掌握指挥交通的手势,能识别客人的身份,掌握车内不同座位的意义和区别。

**学生练习:车标识别训练**

比一比:看看哪组收集的车标多?
附:中国和世界名牌高档汽车车标

北京奔驰　红旗　华泰现代　上海通用别克　华晨宝马　上海通用凯迪拉克　上海大众　一汽丰田

一汽奥迪　奥迪　保时捷　奔驰　宾利　法拉利　福特　悍马

捷豹　凯迪拉克　兰博基尼　雷诺　路虎　沃尔沃

讨论:识别车牌号码代表的意义。采用头脑风暴学习方法,集中讨论
形式:以小组的形式展开讨论
内容:车牌的内容及代表的意义
时间:10分钟
讨论结束后,每小组选派代表发言。

## (二) 指挥交通服务礼仪

目前,我国的交通手势共有8种。

### 1. 停止信号

左臂向前上方直伸,掌心向前,不准前方车辆通行。

手势分解:

(1) 左臂由前向上直伸与身体成135°,掌心向前与身体平行,五指并拢,面部及目光平视前方;

(2) 左臂垂直放下,恢复立正姿势。

### 2. 直行信号

左臂向左平伸,掌心向前;右臂向右平伸,掌心向前,向左摆动,准许右方直行的车辆通行。

手势分解:

(1) 左臂向左平伸与身体成90°,掌心向前,五指并拢,面部及目光同时转向左方45°;

(2) 右臂向右平伸与身体成90°,掌心向前,五指并拢;

(3) 右臂水平向左摆动与身体成90°,小臂弯屈至大臂成90°,掌心向内与左胸衣兜相对,小臂与前胸平行;

(4) 右大臂不动,右小臂水平向右摆动与身体成90°,掌心向左,五指并拢;

(5) 右小臂弯屈至与大臂成90°,掌心向内与左胸衣兜相对,小臂与前胸平行,完成二次摆动;

(6) 收右臂;

(7) 收左臂,面部及目光转向前方,恢复立正姿势。

### 3. 左转弯信号

右臂向前平伸,掌心向前;左臂与手掌平直向右前方摆动,掌心向右,准许车辆左转弯,在不妨碍被放行车辆通行的情况下可以掉头。

手势分解:

(1) 右臂向前平伸与身体成90°,掌心向前,手掌与手臂夹角不低于60°,五指并拢,面部及目光同时转向左45°;

(2) 左臂与手掌平直向右前方摆动,手臂与身体成45°,掌心向右,中指尖至上衣中缝,高度至上衣最下一个纽扣;

(3) 左臂回位至不超过裤缝,面部及目光保持目视左前方45°,完成第一次摆动。然后重复动作,完成第二次摆动。

### 4. 左转弯待转信号

左臂向左下方平伸,掌心向下;左臂与手掌平直向下方摆动,准许左方左转弯的车辆进入路口,沿左转弯行驶方向靠近路口中心,等候左转弯信号。

手势分解:

(1) 左臂向左平伸与身体成45°,掌心向下,五指并拢,面部及目光同时转向左方45°;

(2) 左臂与手掌平直向下方摆动,手臂与身体成15°,面部及目光保持目视左方45°,完成第一次摆动。然后重复动作,完成第二次摆动。

5. 右转弯信号

左臂向前平伸,掌心向前;右臂与手掌平直向左前方摆动,手掌向左,准许右方的车辆右转弯。

手势分解:

(1) 左臂向前平伸与身体成90°,掌心向前,手掌与手臂夹角不低于60°,五指并拢,面部及目光保持目视左方45°;

(2) 右臂与手掌平直向左前方摆动,手臂与身体成45°,手掌向左,中指尖至上衣中缝,高度至上衣最下一个纽扣;

(3) 右臂回位至不超过裤缝,面部及目光保持目视右方45°,完成第一次摆动。然后重复动作,完成第二次摆动。

6. 变道信号

右臂向前平伸,掌心向左;右臂向左水平摆动,车辆应当腾空指定的车道,减速慢行。

手势分解:

(1) 面向来车方向,右臂向前平伸与身体成90°,掌心向左,五指并拢,面部及目光平视前方;

(2) 右臂向左水平摆动与身体成45°,完成第一次摆动;然后恢复动作、重复动作,完成第二次摆动。

7. 减速慢行信号

右臂向右前方平伸,掌心向下;右臂与手掌平直向下方摆动,车辆应当减速慢行。

手势分解:

(1) 右臂向右前方平伸,与肩平行,与身体成135°,掌心向下,五指并拢,面部及目光同时转向右方45°;

(2) 右臂与手掌平直向下方摆动,手臂与身体成45°,面部及目光保持目视右方45°,完成第一次摆动。然后重复动作,完成第二次摆动。

8. 示意车辆靠边停车信号

左臂向前上方平伸,掌心向前;右臂向前下方平伸,掌心向左;右臂向左水平摆动,车辆应当靠边停车。

手势分解:

(1) 面向来车方向,右臂前伸与身体成45°,掌心向前左,五指并拢,面部及目光平视前方;

(2) 左臂由前向上直伸与身体成135°,掌心向前与身体平行,五指并拢;

(3) 右臂向左水平摆动与身体成45°,完成第一次摆动。然后恢复动作、重复动作,完成第二次摆动。

(三) 乘车服务礼仪

自轿车发明以来,车内座位就根据安全、舒适、方便等因素,被人们规定了尊卑、主次之座位。

在迎接客人时,酒店服务人员难免会遇到先开哪个车门的问题,对于普通双排座轿车而言,哪个座位是留给尊贵的客人的呢?

一般的公务接待有专职司机驾车,这时,副驾驶的后座就是最"礼貌"的座位,既安全,又方便,到达酒店时,后排右座门正好对着大厅正门,门童过来开门,只开右座车门。另外,公务接待时,副驾驶席被称为"随员座",一般是翻译、秘书的位置,让客人坐在这里非常不礼貌。最"礼貌"的座位排序依次是:最尊贵的座位是后排右座,其次是后排左座、后排中座,副驾驶座位最末。

如果是陪客人出去玩,主人自己驾车,那副驾驶席就是最"礼貌"的座位,否则,客人坐到后面等于坐出租车,不合适。最"礼貌"的座位排序依次是:最尊贵的座位是副驾驶座位,其次是后排右座、后排左座,后排中座最末。

> **延伸阅读:最安全的座位**
>
> 多数人关心坐在车里哪个座位是最安全的,某汽车维修公司技术顾问张闻天在接受采访时表示:"对于轿车而言,坐在哪个位置安全只是相对来说。美国交通管理部门曾资助一个专家小组,以乘坐5人的小汽车为对象,通过事故调查分析和实车检测后得出结论:如果将汽车驾驶员座位的危险系数设定为100,则副驾驶座位的危险系数是101,而驾驶员后排座位的危险系数是73.4,后排另一侧座位的危险系数为74.2,后排中间座位的危险系数为62.2。可见,坐在后排中间位置是最安全的。如果不喜欢坐在中间位置,那坐在司机后方的座位就是安全的,因为驾驶员在遇到突发危险时会瞬间本能地躲避,所以,驾驶员后边的座位相对而言就是安全的,但是安全的前提是车上的驾乘人员都要系上安全带,否则,再安全的汽车也未必能保证驾乘者的安全。"
>
> 虽然后排座位是相对安全的,但如果是搭乘朋友的车的话,还是副驾驶席最为合适。
>
> 如果是一个人乘车,且乘客与司机的个人关系很好,那在乘车时不应该坐在后排,这样会显得很不礼貌,在不经意间把朋友当成了自己的司机;如果是两个人乘车,而且有年长者,应该把年长者让在后排座位上。

## 二、门童岗位服务礼仪

客人来到酒店,与服务人员有交流的第一个岗位很可能是车场保安和礼宾部门童,门童岗是所有出入酒店客人的必经通道。因此,门童的形象在第一时间也代表了客人对酒店的第一感知。要使客人在短时间内认知门童的服务,享受到酒店服务的温馨,就必须要求服务人员在对客人服务中具备以下三个要素。

**1. 细心观察**

只有通过细心观察,才能够抓住对客服务的切入点,进行正确分析,推断出客人下一个服务需求和未来的需求。细心观察客人到店的交通工具、性别、年龄、衣着、随身物品等信息,从而推断出客人是本地人还是异地人,是商务客人还是政府官员,是刚下飞机还是刚下火车等。总之,观察一定要细心,力争达到窥斑识豹,不放过客人所流露出的每一点信息、一个标志、一个号码、一个举动,为下一步服务奠定坚实的基础。

2. 适时服务

就是要做到适时适地,恰如其分地为客人提供卓越服务,并让客人有所感知,认可其服务。门童要做好以下几点:时时刻刻都以标准的站立姿势站在自己的岗位上;细心观察自己视野中即将要通过门庭的客人;当客人距手拉门5米内,面带微笑并用眼神关注客人;在客人距离手拉门1.5米时,迅速用标准规范的动作打开门;在客人通过服务人员面前时,面带微笑点头示意,并用得体的语言问候客人。

3. 有道别声

一个产品从原料加工到生产成为一个成品,是否真正的合格,需要的最后一关是质检。门童工作是迎送客人,迎完了客人之后如何送客,是决定服务是否完整的一个衡量标准。只有在客人离开酒店通过门庭时,与客人进行愉快道别,让客人感受到服务之温馨,这样的服务才是标准的、合格的。作为门童,与客人道别要做到以下几点:用眼神去关注客人;微笑面对客人并点头示意;在客人即将通过的瞬间打开车门;配以得体的道别语言;目送客人离开视线,以防客人有其他需求,以便及时进行跟进服务。

(一) 引车

门童给客人引车时应注意以下几点:

(1) 当客人乘车来店时,迎宾员应成标准姿势站立在大门口的雨棚下。

(2) 车辆到来时左臂向前平直指向车辆,与肩成90°,点手示意,自然向左方微弧划出,与肩成一条直线,示意车辆从左车道上。

(3) 当车辆出现在左侧车道时,身体迅速向左转45°,右臂伸平指向司机,面带微笑,点手示意,向右方微弧划行至停车位置,身体随之旋转并迅速靠脚,左手以肘关节为中心,迅速向体前打出45°,距小腹约一拳距离,停顿一秒钟后迅速恢复;右臂保持不动,身体与车辆保持两米的距离并随车前行至停车位置,挥手示意车停,迅速上前打开车门。

(二) 开车门护顶及迎接客人

如果只有一排有客人,则面朝车尾背朝车头站于车门一侧。

如果前后座都有客人且有两名迎宾员的情况下,则两名迎宾员面对面分别站于车门旁边,前座迎宾员面朝车尾背朝车头站立,后座迎宾员面朝车头背朝车尾站立。

如果前后座都有客人且有一名迎宾员的情况下,双手迅速拉开车门,站在重要客人一侧;如果不能辨别哪位是重要客人,则站在后座客人一侧。

当客人站稳后向其问好,常用的问候语是:"先生/女士您好,××酒店欢迎您"。如果看到车牌是重要单位或是车牌号比较小时,要立即通知经理来接待。迎宾员关车门时双手推送,力量要轻,做到一次性关闭。

当客人打车来店时,待客人付账拿好发票后迅速拉开车门为其护顶,待客人站稳后双手递送乘车卡,提醒客人带好物品,同时向出租车司机道谢。常用的服务语言是:"先生/女士您好,请带好您的乘车卡,以防物品落在车上,方便您及时查找"。如果客人不接受乘车卡,迎宾员可将乘车卡交与当天礼宾台保管。

当客人步行来店时,门童应迅速上前,在距客人1米处站立,点头示意,热情礼貌打招呼。常用的服务语言是:"先生/女士您好,××酒店欢迎您。"

在开车门时,还应注意以下三点:

(1) 用外侧的手迅速拉开车门,靠近车门的手为客人护顶。
(2) 忌给伊斯兰教、佛教客人护顶,会遮住了佛光。
(3) 忌给戴军帽客人护顶,会挡住了国徽。

### (三) 检查并提拿行李

门童要协助行李员卸下行李,查看车内有无遗留物品,然后关门,退后一步,示意司机发车,并向司机道谢。

### (四) 进门服务

距离客人1米左右的距离时,调整门的速度和方向,方便客人通过。

### (五) 门童的关键时间

为更好地疏导车辆,迎接每一位来酒店消费的客人,为客人提供细微、安全、及时的服务。

1. 内容

(1) 迎宾门童的关键时间为11:30—13:40,17:30—21:00,此段时间一般是客流量的高峰时段。
(2) 在关键时间内,当班行李员轮流站于路中央分车线,面向正门微笑自然站立,所有从正门驶进的车辆,迎宾门童要60°鞠躬,辅以相应的手势,指引车辆进入酒店,并回应客人的问讯。
(3) 关键时间内迎宾门童每15分钟轮换站位,并在《轮岗交接表》上交接签字确认。
(4) 如无门童接岗,当班门童不得离岗,待交接后方可离岗。
(5) 迎宾门童在站位时间内,必须有一岗或三岗的行李员予以辅助,如无人站位,要及时通知当班主管及经理到岗补位。
(6) 关键时间内行李员不允许用餐,用餐时间定为11:30前以保证两名行李员用餐,中班行李员20:00以前必须全部用餐完毕。

2. 参照考核标准

(1) 关键时间内擅自离岗,站位时间不足者,每次给予责任人相应的处罚;
(2) 关键时间内用餐者给予责任人相应的处罚。

---

### 案例:关车门时的意外事故

东南亚某现代化大都市,春光明媚,鲜花盛开,整座城市被装饰得流光溢彩。市中心正在举行各种各样的宴会和庆典活动,各大饭店也挤满了身着盛装的绅男淑女。在当地一流的某饭店前,豪华轿车川流不息,好不风光。饭店贵客李太太乘上一辆奔驰车,当门童推上车门时,只听李太太"啊哟"一声,门童忙把门打开,可已经来不及了，李太太的手指被门夹了一下，而且伤得很厉害。"你是怎么关的门？"李太太怒气冲冲地责问门童。"对不起，夫人！可我是看你落座后才关的门。"门童解释说。"你还强辩！"李太太更是怒不可遏。于是双方发生了一场争执……

第二天，李太太通过律师向饭店投诉，并提出赔偿1 000美元治疗费及精神损失的要求。李太太认为这一事件是由门童明显的失职造成的。作为客人，对于饭店专职服务人员的过失行为所造成的损害要求给予赔偿，是理所当然的。

饭店方面对李太太的投诉作了反驳：根据门童的陈述，当时李太太已经进了车内，两手也放在了里面。门童是看清情况、确认不会发生事故之后才把门推上的。李太太是在门童关门时不小心把手伸到了关门的地方。这一本不该发生的事故是因为客人的无意行为而发生的。这要归咎于饭店是不公平的。确切地说，这一事故与其说是由于门童的过错造成，还不如说是因为李太太不当心造成的结果。

**评析：** 从本案例来看，客人受了伤，饭店总负有不可推卸的责任。具体地说，不论事故发生的原因是什么，开门、关门是门童的职责，专门司职开关门的人却因为关门给客人造成不该发生的事故，这只能说明是门童的失职；从根本上说应归咎于门童所属饭店的过错，如教育不力、管理不善等，所以，饭店不得不赔偿李太太的损失。

退一步说，门童在处理李太太受伤的态度和方法上，也是不冷静、不正确的。如果换一种积极主动的态度和方法，效果就会好得多。试想，当门童看到客人的手被夹伤时，马上赔礼道歉说："夫人，是我失手了，真对不起！"一边立即从口袋里掏出雪白的手绢，为客人包扎止血，并且带客人去饭店的诊疗所。如果李太太的伤处得到妥善的治疗，门童诚恳道歉的态度也使她大为感动，她对门童的过失不好再说什么，投诉、赔偿之类的念头也就烟消云散了。

日本东京某饭店也发生过一起门童关门夹伤客人手的事故，闯祸的门童采取了类似以上假设的认错、道歉、补救的态度和方法，还特地报出了自己的姓名，客人谅解了门童的过失，自己离开饭店去找认识的医生治疗，几天后还寄来一封感谢信，对那位门童的行为表示敬佩和赞赏，并高度认可饭店的服务质量和从业人员的管理水平。可见，对待过错，如果采取正确的态度、方法，还可能"因祸得福"呢。

## §4.2 行李服务礼仪

行李服务是礼宾部向客人提供的最主要的服务，是由行李员把住店客人的行李从大门送到房间门口或房内，或把离店客人的行李从客人房间送至饭店大门口的服务过程。从饭店角度看，与其说行李是客人的一部分，不如说行李与客人有同等的地位。因此，行李员必须郑重对待行李。

行李员的工作岗位位于饭店大堂一侧的礼宾部（大厅服务处）。礼宾部主管（或"金钥匙"）在这里指挥、调度行李服务及其他前厅服务。每一天上班，礼宾部主管就要认真阅读、分析由预订部和接待部送来的预计"当日抵店客人名单"和"今日离店客人名单"，掌握当日客人的抵、离店情况，以便做好充分准备，防止出现差错。在此基础上，做出当日的工作安排计划，并召集全体行李员布置任务。

## 一、行李部各岗位职责和工作要求

### （一）行李领班的职责

行李领班的岗位职责是支持和协助主管的工作，管理并带领行李员、门童替客人提供服务。

(1) 协助主管制定工作计划。

(2) 准备好本部门员工的排班表。

(3) 完成上级管理部门和人员下达的所有指令。

(4) 监督、指导、协助行李员和门童完成其工作任务。

(5) 确保抵、离店客人及时得到优质的行李服务。

(6) 对抵店或离店客人分别表示欢迎或欢送，必要时为客人提供行李等各种服务。

(7) 督促行李员认真做好行李的搬运记录工作。

(8) 为住店客人提供各种力所能及的帮助。

(9) 引导客人参观房间设施。

(10) 适时地向客人推销饭店的其他设施。

(11) 重视客人的投诉，并把这些投诉转达给相关部门，以便迅速解决。

(12) 协助饭店有关部门和人员为住店人员过好生日、周年纪念等。

(13) 每天检查行李部设施，确保良好的工作状态。

(14) 做好行李部设备的保管、清洁和保养工作。

(15) 留意宴会指南和大厅内其他布告，保持其正常放置。

(16) 认真填写交接班日志，记下已完成的工作内容及有待下一班继续完成的工作，写上日期、时间和姓名。

### （二）行李员的职责

(1) 迎接客人并提供行李服务，指引客人到总台登记，并送人进入房间。

(2) 向客人介绍饭店的服务设施。

(3) 如是退房的客人，帮助其将行李运到大厅，并带领客人到收银处结账。将办理了离店手续客人的行李放在出租车里，清点行李件数并请客人确认。

(4) 对于无名、无主的行李，要报告公安局。

(5) 给客人房间送信件、邮件、留言、报纸等。

(6) 保持工作区的卫生清洁，使秩序井然。

(7) 对于无应答电话的叫醒服务，应及时上楼敲门。若仍无人应答，应报大堂副理。

(8) 向大堂副理汇报在大厅和楼层区发生的异常情况。

(9) 传呼客人。有电话或来访者时，如确认客人不在房，而又未出饭店，行李员或用扩音器或使用装有柔和灯光的寻人牌在前厅周围和餐厅及其他公共场所呼叫要找的客人,并将其引领到电话位置或会客室。

(10) 替客人预约出租车。

(11) 执行和完成上级分配的其他任务。

**(三) 行李服务的工作要求**

为了做好行李服务工作,要求行李领班及行李员具备一定的素质,掌握一定的知识,了解店内外一定的服务信息。

(1) 吃苦耐劳,眼勤、嘴勤、手勤、腿勤,和蔼可亲。

(2) 性格活泼开朗,思维敏捷。

(3) 熟悉本部门的工作程序和操作规则。

(4) 熟悉饭店内各条路径及有关部门位置。

(5) 了解店内客房、餐饮、娱乐等各项服务的内容、时间、地点及其他有关信息。

(6) 广泛了解当地名胜古迹、旅游景点和购物点,尤其是那些地处市中心的购物场所,以便向客人提供准确的信息。

## 二、行李员站位规范

行李岗主要分五岗。

1. 第一岗

综合楼门前台阶下(综合楼的右侧,身体呈45°方向面向迎宾楼与正门的夹角方向)。

主要职责:迎送客人;指引方向;协助客人开车门、下行李、开小票。

规范:

(1) 若客人与行李员距离在四米之内,行李员必须向客人鞠躬45°问候"您好"。

(2) 若客人与行李员距离在四米之外,行李员可点头向客人示意问好。

(3) 但凡有车辆停在综合楼与迎宾楼之间,行李员必须及时从车尾绕至车门处,为客人规范地开车门(站在车门前,胸与车门保持一拳之隔,左手开车门,右手护顶),并递上小票。有行李的,协助其提行李。

2. 第二岗

综合楼门口,行李车道口处。

主要职责:开车门,下行李,双手递小票。

规范:同第一岗,协助一岗。

3. 第三岗

迎宾楼门前,行李车道口处(面对综合楼的左侧,身体呈现对红地毯方向)。

主要职责:迎送客人,主动为客人开车门。

规范:鞠躬45°问候"您好!""欢迎光临!""欢迎再次光临!"

4. 第四岗

迎宾楼门口与第三岗平行。

主要职责:主动为客人开车门。

规范:同第一岗。

5. 第五岗

礼宾台外侧。

主要职责：接受客人问询；存取行李；迎送 C/I 或 C/O 的客人。

规范：点头问候，主动接听电话，收发传真，差使服务。

6. 补充说明

各岗位人员并非固定，当第一岗空缺时，第二岗或第三岗必须及时补位，同样道理，第三岗补第二岗，第四岗补第三岗等。车辆多时，应全部协调活动起来为客人开车门、下行李、往来迎送等，等空闲时再去站位。

7. 注意事项

（1）向正门进停车迎宾门前，四岗负责副驾驶，三岗负责右后车门，二岗负责左后侧门，四岗负责开票。

（2）由后门外出车辆，二岗负责副驾驶，一岗负责右后侧，四岗负责左后侧，二岗负责开小票。

---

**案例：行李员为客人排忧解难**

仲夏某日晚23点时，某酒店行李部的电话响了，一位住店客人打来电话："我是某公司的金主任，公司从江苏空运到京一批冰冻海鲜礼品，饭店能否提供短期冰冻服务？"行李员知道饭店冰库目前非常紧张，告知客人联系餐饮部后再回复，请客人挂机稍候，并马上汇报给大堂副理进行处理。为了解决客人的困难，大堂副理联系餐饮部员工餐厅解决冰库问题，此时，库房内保存了定量库存的冰冻食品，为了解决客人问题，餐厅的厨师立即将冰冻食品原材料运入保鲜库中暂时保存。金主任得到饭店的通知后，立即将冰冻海鲜食品运到饭店员工餐厅冷库。当金主任看到饭店自己本应冰冻的食品被放至保鲜库保存，非常感谢饭店解决了自己的困难，充分感受到饭店为客人着想的服务。

**评析**："主动细心体察客人需求，最大限度满足客人需要。"是我们的服务宗旨，我们应该尽一切努力来协助客人解决困难，满足客人要求是创造满意服务的根本所在。

（1）上述案例说明解决宾客的困难，需要各部门的通力合作，无论是一线部门还是二线部门，为客人解决困难是我们的共同目标。

（2）上述案例还说明为客人解决困难一定要开动脑筋，想尽办法，千方百计解决客人的问题。

---

## 三、班次安排

1. A班：6:00—15:00

早班行李员5:50之前签到，然后找夜班当班主管检查仪容仪表，后开始做班前准备（如正反面事例及例会精神，应备出租车小票，行李卡，还有整洁的手套），6:00准时上岗，早

6:00的行李员主要是站岗,开车门鞠躬问候,做行李员的正常工作,15:00后,如没有什么特殊情况,写工作日报,准备下班。

2. E班:7:00—16:00

早7:00的行李员既是交班的行李员,也是当班的值日,他的工作尤其重要,6:50前签到,找夜班当班主管检查仪容仪表,开始做班前准备(如正反面事例及例会精神,应备出租车小票,行李卡,还有整洁的手套),然后开始和夜班行李员进行交接,首先检查核对行李房的行李是否和行李暂存登记表一致,后交接行李交接本上的注意事项,并找主管签字,此项交接需要10分钟。再到前台询问今天有没有重要事项(如VVIP、VIP入住、团队入住及婚宴和出租率),填写在前厅办公室的小黑板上,然后填写昨日最佳员工和须加把劲员工,最后打扫行李房和前厅办公室及前厅休息区的卫生,此项工作需30分钟,8:00开班前会听取当班主管下发的重要事项,7:00的行李员主要负责行李房和发放计划单。16:00和下午上班的当班行李员进行交接,交接完毕后,如没有什么特殊情况,写工作日报,准备下班。

3. B班:8:00—17:00

早8:00的行李员应在7:50前签到,找早班当班主管检查仪容仪表,后开始做班前准备(如正反面事例及例会精神,应备出租车小票,行李卡,还有整洁的手套),8:00开班前会,听取当班主管下发的重要事项,8:00的行李员主要是站岗,开车门鞠躬问候,做行李员的正常工作,17:00后,如没有什么特殊情况,写工作日报,准备下班。

4. S班:14:00—23:00

行李员应在13:50前签到,然后找早班当班主管检查仪容仪表,开始做班前准备(如正反面事例及例会精神,应备出租车小票,行李卡,还有整洁的手套),14:00的行李员主要是站岗,开车门鞠躬问候,做行李员的正常工作,23:00后,如没有什么特殊情况,写工作日报,准备下班。

5. C班:16:00—次日1:00

15:50前签到,然后找早班当班主管检查仪容仪表,后开始做班前准备(如正反面事例及例会精神,应备出租车小票,行李卡,还有整洁的手套),然后开始和早班行李员进行交接,首先检查核对行李房的行李是否和行李暂存登记表一致,后交接行李交接本上的注意事项,并找主管签字,此项交接需要10分钟。然后到前台询问今天有没有重要事项,(如VVIP、VIP入住、团队入住及婚宴和出租率),填写在前厅办公室的小黑板上,打扫行李房和前厅办公室及前厅休息区的卫生,此项工作需30分钟。16:00开班前会听取当班主管下发的重要事项,16:00的行李员主要负责行李房和发放计划单。18:00开楼门前的射灯,23:00和夜班的当班行李员进行交接,次日1:00开始打扫和收撤垃圾,把大堂副理的台灯和GRO台灯关掉,后把大堂会议室门关掉,用心做事,如没有什么特殊情况,写工作日报,准备下班。

6. D班:23:00—次日8:00

夜班行李员应在22:50前签到,然后找夜班当班主管检查仪容仪表,后开始做班前准备(如正反面事例及例会精神,应备出租车小票,行李卡,还有整洁的手套),然后开始和下午班行李员进行交接,首先检查核对行李房的行李是否和行李暂存登记表一致并找主管签字,后交接行李交接本上的注意事项,此项交接需要10分钟,然后开始准备次日行李岗的备量和所有次日设备使用的检修情况,此项工作需要20分钟。

凌晨1:00清洗轮椅和保养并填写清洗登记表,此工作需要30分钟,凌晨2:00关闭楼门前的射灯和旋转门,后开始做次日的准备(如出租车小票,行李卡,行李寄存卡,礼品袋),此项工作大约需要60分钟,大约凌晨3:00左右开始清洗行李车和保养,此项工作大约需要60分钟并填写清洗登记表,凌晨4:00开始清洗电瓶车,此项工作需要60分钟并填写清洗登记表,并找主管签字,早上5:30分左右找主管替岗把大堂的灯和会议室门以及旋转门打开,此项工作需2分钟,然后到前台领取健身房钥匙把门打开并把电视调到音乐频道,此项工作大约需要10分钟。6:00班的行李员来后,开始把商务中心的报纸退库和发送报表,6:50和早班交接,8:00后,如没有什么特殊情况,写工作日报,准备下班。

### 案例:"金钥匙"替客人代购药品

某天早上,金钥匙小张在大堂当班,一位来自山东且经常在饭店开会的客人找到他说:"我是住店客人,在这里开会,因会议比较忙,没有时间到店外办事,需要买一些治白内障方面的药品(并告诉只有在位于东城区的解放军某医院才能买到),会议结束后就要立即返回山东,且必须带回去,病人正等急用,你能帮助我去购买吗?"小张详细地问清药品名称、医院地址、电话、联系人、价格等情况,客人用电脑把医院名称、地址、电话等打印好并签字确认,预交了600元购药费。第二天,小张利用休息时间到东城给客人买了600元的治疗白内障的药品,并送回饭店,当客人看到买回的药品及开回的发票确认无误后,非常高兴地说:"你真是帮了我的大忙,虽然经常住饭店,对'金钥匙'有一定的了解,但从未亲身体会过'金钥匙'的服务,这次是真正地得到服务,'金钥匙'确实是饭店内店外的总代理。"

**评析:**

一名优秀的"金钥匙"应该具有非凡的才能和素质,具有强健的体魄和充沛的精力,具有甘心情愿、竭尽全力的献身精神。他既可以为宾客代办琐碎的小事,也可以为宾客代办受托的重大事情。急客人之所急,想客人之所想,是"金钥匙"的服务理念,解决客人需求的过程,是创造客我忠诚度的过程,品牌建设就是要靠一点一滴的积累来铸造。

### 四、客人抵店时的行李服务礼仪

1. 散客抵店时的行李服务礼仪

(1) 行李员的站立姿势与门童相同,但应站在门童的身后或侧面。

(2) 向抵店的客人以微笑点头表示欢迎,需帮客人将行李从车上卸下,请客人一起清点行李件数并检查有无破损。清查完毕后再帮助提拿,并小心破损和丢失。

(3) 引导客人到总台办理住宿手续。

(4) 以正确的姿势站立于客人身后约1.5米处,替客人看管行李并随时听从客人吩咐及总台接待员的提示。

（5）待客人办妥手续后，应主动上前向客人或接待员取房间钥匙，护送客人到房间。一路上要热情主动地向客人介绍饭店的服务项目。遇有转弯时，应回头微笑向客人示意。

（6）搭乘电梯时，先将一只手按住电梯门请客人先入电梯，进梯后应靠近电梯控制板站立，便于操作；出电梯时，让客人先出。出电梯后，继续引导客人到房间。如行李过多、过重需使用行李车时，护送客人到电梯间时向客人解释，请客人先到房间，再推车走行李专梯。

（7）进入房间前，先按门铃，再敲门。如房内无反应，再用房卡开门。这样可以防止重叠分房给客人带来的不便。

（8）行李员开房门后，应先开灯，或把房卡插到房卡槽中，然后环视一下客房，请客人进房。

（9）请客人先进房，行李员随后进房，将行李放在行李架上或按客人吩咐将行李放好。

（10）向客人介绍房间设施和各种设施的使用方法。行李员的介绍用语必须简短，尽量不用手势，以免给客人造成在等小费的误解。

（11）房间介绍完毕后，征求客人是否还有吩咐。在客人无其他要求时，即向客人告别、道谢，迅速离开（面对客人后退两步），将房门轻轻带上。

（12）在散客进店登记表上逐项登记。

2. 团队抵店时的行李服务

（1）团队行李到店时，由领班与送行李的来人一起清点行李件数，检查行李的破损情况，然后填写团队行李进出店登记单，写明交接情况，最后请来人签字。

（2）如有破损，必须请来人签字证实，并通知团队来人及领队。

（3）行李运进行李房后，码放整齐，拴上行李牌，等待分房表。如等待时间长，需用行李网把行李罩住。

（4）当接到分房表后，要准确地查出住客的房间号码，写在行李牌上，以便分送到客人的房间。

（5）行李分完房后，要迅速地把客人的行李送到房间去，并保证不出现差错，上下楼时应使用员工梯。

（6）如发现行李出现差错或件数不够，要立即报告当班领班和主管，帮助客人查清。

（7）每个行李员要把自己所送的房间和每个房间的行李件数记录下来。

（8）如有丢失姓名卡的行李，应由领班帮助确认。

（9）将行李平稳放入行李车上，不得过高，注意不能损坏客人和饭店财物。

（10）进入楼层后，应将行李放入门一侧，轻轻敲门三下，报出"行李员"。

（11）客人开门后，主动向客人问好，把行李送入房间内，等客人确认后才可离开。

（12）对于破损和无人认领的行李，要同领队或陪同及时取得联系，以便及时确认。

（13）送完行李后，应将送入每间房间的行李件数准确登记在团队行李进出店登记单上，并核对总数是否同刚入店时一致。

（14）按照团队行李进出店单上的时间存档。

**案例：金钥匙替客人到机场提取行李**

一位从贵阳来的客人，到饭店前台办理住宿登记手续，在办理手续的同时对前台接待员说："我刚下飞机，有一个手提箱因太重，没有与我同时抵达，办理了飞机托运，晚上7时30分左右才能到达首都机场。因我旅途劳累，想麻烦你们帮我到机场提取行李，可以吗？"前台接待员说："我们一会儿给您回复。"在给此客人办完登记手续后，前台接待员将此事告诉了金钥匙小高，小高立即给客人房间打电话，向客人了解详细情况，询问客人手中是否有提取行李的凭证、行李的大小和颜色、航班号、到达时间等信息，客人一一告诉了金钥匙，随后小高到客人房间拿取行李牌及往返车费。回到大堂后，小高利用"金钥匙"服务网络开始联系，首先想到了与"金钥匙"有着良好合作的首都机场空港俱乐部，因托运的行李在隔离区内，非机场工作人员不得入内，便请空港俱乐部的机场专员杨先生，帮助把此事办妥，下午饭店礼宾部人员从酒店出发到机场，很顺利地就把客人的行李取到，并及时给客人送到房间。此时是晚上11时30分钟左右，客人拿到行李后非常激动地说："太谢谢了，饭店金钥匙真是帮了我的大忙，今天真正享受到了你们的超值服务，确实物超所值。"

**评析：**

金钥匙的职责几乎无所不包，为客人的服务几乎无所不能。在饭店前厅服务中，金钥匙的工作要做到知识面广，诚心帮助他人，才能体现出饭店无微不至的服务理念。通过周到细心的对客服务，实际上是对饭店的知名度进行宣传，创造精品酒店的品牌。

(1) 接待员的做法是对的，对于客人的服务要求不能回绝，但不属于自己职责范围内的工作也不能随意答应，"我们一会儿给您答复"的回答是正确的。

(2) 金钥匙得知客人要求后马上向客人了解情况，与机场有关方面进行联系，并顺利将客人行李取回送到房间，使客人感觉到了金钥匙的服务，感到了住店物超所值。

**延伸阅读：行李员英语服务语言**

Bellboys are the key personnel who not only escort guest to his/her room but also introduce the hotel facilities and the main features of guest room. It is the perfect opportunity for us to make our guest feel welcomed and relaxed.

Scene one：guest completes check in at Front desk.

**At Front desk**

GSA：Mr. Robinson. This is your bellboy Tony. He will show you to your room.

Have a pleasant stay.

GST: Thank you very much. Goodbye.

GSA: Goodbye, sir.

Bell: Good morning, Mr. Robinson. Nice to meet you. May I have your room number, please?

GST: Here you are.

Bell: This way to the elevator. Is this your first time in Beijing? (How is your trip?)

GST: Not really. I used to stay in other hotels.

Bell: Welcome to our hotel. Here comes the elevator. Please come in.

**In the elevator**

Bell: Your breakfast is in the Café located in the lobby from 06:30—10:30. Our Business Center is on the 5th floor operating 24 hours a day. Our Fitness Center and Spa are on the 6th floor.

GST: OK.

**Escort guest to the room**

Bell: Here we are. Mr. Robinson. After you.

Bell: This way to your room. Here is the emergency exit ... This is your room. May I use your room key?

GST: Sure. Here you are.

Bell: Insert key for power, sir. Please come in.

GST: Thanks.

Bell: May I put your suitcase on the luggage rack?

GST: Yes, please. Please put my laptop on the table.

Bell: Certainly, Mr. Robinson. How do you like the room temperature?

GST: I like it a little cooler.

Bell: Certainly, sir. This is the air conditioner control. Now I turn down the room temperature to 20 degrees centigrade.

GST: That'll be good.

Bell: May I introduce the room facilities for you?

GST: Sure. Please go ahead.

Bell: This button is for Guest Service Center. (This is the instant service button) If you need anything during your stay, please simply contact us. All the stationery① is in this drawer. This is the hotel service directory.

GST: All right.

Bell: Here is the 24-hour room service menu. Here is the mini bar. All the items

---

① 文具。

are chargeable on consumption basis. We offer complimentary coffee and tea. If you need more, please feel free to inform Guest Service Center. By the way, you could not drink the tap water. Please use this kettle① here to make hot drinking water. This is the ice bucket. Would you need some ice, Mr. Robinson? I could deliver it in 15 minutes.

GST: No. Thanks.

Bell: This is the TV guide for hotel channels.

Bell: Here is the bathroom. We offer 2 bottles of purified water everyday. If you need more, please inform our Guest Service Center as well.

GST: All right.

Bell: This is the wardrobe②. Here we have safe box, iron and iron board③, umbrella and extra pillows, hair dryer, basket for shoe shine service.

Bell: How do you like your room, Mr. Robinson?

GST: Very good.

Bell: Is there anything else I can do for you, sir?

GST: Thank you, Tony.

Bell: Have a pleasant stay in our hotel. If you need more information about the city, please just contact Concierge. Goodbye.

GST: Goodbye.

Remarks:

What you could introduce on the way to the room:

① Breakfast at Café in the lobby.

② F&B outlets and promotions.

③ Meeting facilities.

④ Business Center.

⑤ Heath Club/swimming pool/Spa.

⑥ Nearest emergency.

⑦ Hotel city shuttle bus service.

⑧ Hotel facilities and city information that guest shows interest in.

What you could introduce in the room (from the window to the door sequence):

① Air conditioner switch.

② Guest Service Center, instant service button, stationery and hotel service directory.

---

① 烧水壶。
② 衣柜。
③ 熨衣板。

③ Room service menu.
④ Mini bar (chargeable items and complimentary items, kettle, ice bucket).
⑤ Hotel TV channel guide.
⑥ Bathroom.
⑦ Wardrobe.

## §4.3 前台服务礼仪

### 一、入住登记的目的和作用

入住登记主要有以下六个目的和作用。
(1) 酒店与客人建立正式、合法的关系,遵守国家法律中有关户籍管理的规定。
(2) 按照国家惯例,外国人临时住宿必须依照居留国的有关规定办理住宿登记,使饭店掌握住店客人的个人资料。
(3) 尽量满足客人的住宿要求,提供有针对性的服务。
(4) 有效地保护客人在饭店的安全和合法权益。
(5) 为饭店制定管理政策提供信息和数据。
(6) 为客人入住后各种表格、文件的形式提供可靠的依据。

### 二、入住登记的程序

(一) 入住登记的时间
总体上要求 5 分钟左右。
(二) 入住登记的程序
(1) 到岗后,浏览当天预订信息,掌握当天客流量。
(2) 客人来到后,目视客人,微笑,问候。
(3) 确认客人要入住登记后,主动询问客人姓名或公司名称,并调出资料。这里分有预订和没有预订两种订房方式。
(4) 请客人出示身份证,并协助客人填写入住登记单。
(5) 与客人确认房费时,不要读给客人看,要指给客人看,并在入住登记单上标注出来。指的时候应五指并拢指出,不能用手指。
(6) 有些房费是需要保密的,如旅行社订房,合同订房,如果有客人询问,只需要报门市价。
(7) 客房在清理时,是不允许出售给客人的。可以请客人在大堂稍候,并赠送一杯饮料,等候时间不能超过 30 分钟。例如,酒店来了个老客户,他经常住的房间还没有整理出来,他不介意的话,可以请他在大堂等候,把行李放在房间。
(8) 婉言谢绝的客人:多次损害酒店利益的人,如吃霸王餐、住霸王房的;衣冠不整的客人;喝酒过多,不省人事;没有足够定金或其他经济担保的客人;患重病或传染病精神不正常的客人;带宠物的客人。

（9）严查有效证件。内宾的有效证件包括身份证、驾驶证、士兵证等;外宾的有效证件是外国护照。

（10）确定付款方式:现金支付;信用卡支付;支票支付。

（11）完成入住登记手续。将房卡、早餐券交给客人,并告诉客人房间的方向和用早餐的地点。对于初次到酒店的客人,提醒客人阅读服务指南,安排行李员引领客人。

（12）储存信息,制作相关表格。在电脑中,将客人信息补充完全;同时将入住登记单一份留下,一份交给收银处,归档。

### 三、办理不同客人入住登记手续的程序

#### (一) 有预订散客预订

酒店:先生,您好,请问有什么可以帮您?

客人:你好,我在这订了个房间。

酒店:请问您是以谁的名字预订的?

客人:张三。

酒店:请稍等,(在电脑中查询后)张先生,您预订的房间是一个标准间,房费是580元/晚,您将在10号下午离店,您看对吗?

客人:对。

酒店:张先生,请出示您的身份证或有效证件,我为您做登记。

(传递身份证,登记时同时查找房间。)

酒店:张先生,您的房间是802,您看可以吗?

客人:好。

酒店:张先生,您需要交1 000元的押金,请问您用什么付款方式,现金还是刷卡?

客人:现金。

(收取现金,开具押金收条。)

酒店:请您在这里签字确认。这是您的押金收条,房卡和早餐券,请收好,您的房间在您的左侧直走,坐电梯到8楼,用早餐的地点在大堂左前方的小厅,坐电梯到3楼,时间是从7点到9点30。祝您入住愉快!

### 延伸阅读:前台接待英语服务语言

R: Good morning/afternoon/evening. Welcome to our hotel! May I help you?

G: Morning, I have a reservation with your hotel.

R: Sir, Could you please tell me the name the booking was made under?

G: Zhangsan.

R: Just a moment, please … Thank you for waiting, sir. Mr. zhang, your reservation for a standard room with a rate of RMB 580 from today to 10th, is it correct?

G: That is right.

R: Mr. Zhang, may I take the check in procedure for you now?

G: OK.

R: May I have your passport/ID card? I'll help you register.

G: Here you are.

R: Thank you. (Pass the ID, register and check the room), Mr. Zhang, your room number is 802, is that all right?

G: Sure.

R: Excuse me, Mr. Zhang, the deposit is 1 000 yuan, how will you be settling your account with us? How would you like to pay? (cash, or credit card)

G: Cash, here you are.

(Accept cash and get receipt ready.)

R: Mr. Zhang, all I need is your signature here (point location on registration card) ... And these are you receipt, room card, breakfast coupon.

Your room direction is on your right side, go straight and take the elevator to the 8th floor. When you are going to have your breakfast, you should go down to the lobby, and take another elevator which is on the left of the gate to the 3rd floor. The breakfast time is from 7 to 9:30.

Please enjoy your stay./Have a pleasant stay with us.

### (二) 未预订散客

国外称为 walk-in,国内称为上门客。

1. 注意事项

积极为客人推荐房间,针对客人的特点,可以采用从高到低多报几种房价;当前没有可出租客房时,可采用前面所讲方法,列入等待类预订并积极为客人联系其他酒店。

2. 程序

酒店:先生,您好,请问有什么可以帮您?

客人:你好,我想要个房间。

酒店:请问您有预订吗?

客人:没有。

酒店:请问您需要什么样的房型? 住几天?

客人:标准间,住到10号。

酒店:请稍等,(在电脑中查询,N秒后)张先生,您预订的房间是一个标准间,房费是580元/晚;您将在10号下午离店,您看可以吗?

客人:可以。

酒店:张先生,请出示您的身份证或有效证件,我为您做登记。

(传递身份证,登记时同时查找房间)

酒店：张先生，您的房间是802，您看可以吗？
客人：好。
酒店：张先生，您需要交1 000元的押金，请问您用什么付款方式，现金还是刷卡？
客人：现金。
（收取现金，开具押金收条）
酒店：请您在这里签字确认。这是您的押金收条，房卡和早餐券，请收好，您的房间在您的左侧直走，坐电梯到8楼，用早餐的地点在大堂左前方的小厅，坐电梯到3楼，时间是从7点到9点30。祝您入住愉快！

**（三）团体入住登记手续办理程序**

（1）在团队抵达前一天，接待员应根据团队订房单，预排次日到饭店的团队用房房号，并与客房部核对团队用房设施等。

（2）做好团队房卡、信封，以备客人抵店时使用（房卡上无须写上客人姓名，因为只有当团队抵店时，领队才提供客人名单，且房价保密）。

（3）当团队抵店时，首先向团队领队、全陪或地陪问好，并迅速确定团队的团号（由领队、全陪或地陪出示团队订房单）。

（4）与团队陪同确认团队人数、房数、价格有无变更。如有价格变更，应及时与销售部联系。

（5）增房与减房。团队进店后，要求临时增加房间，在有空房的情况下，接待员应尽量满足。要求增加陪同用房时，接待员应严格把关，并按有关规定办理。如要求减少团队用房时，由销售部有关人员确定是否收取房费；同时应及时把所减房号从电脑中消除，将该房转换为可出租房状况。所有减房要求严格按合同办理。如团队提前到达，则应与接待处的客房楼层联系落实房间是否开出，如不能，则应向陪同或领队说明情况，取得谅解。

（6）由领队填写团队人员临时入住登记表后，将房卡交于陪同，让其根据团队名单分发房卡并在团队名单或团体签证上注明房号。

（7）将已注有房号的团队名单或团队签证复印两份：一份交行李组，便于行李员发送行李；另一份由接待部留存。

（8）如团队名单或团队签证上不能完整反应团队人员临时住宿登记表上的有关内容，需及时询问团队陪同，或随机抽查团队客人两至三本有效登记证件。

（9）团队的全陪或地陪入住也必须填写旅客登记单并验证，且确认其付款方式。

（10）团队的付款方式有挂账、预付（已付）或现付。如是现付团队，则根据团队订房单上提供的资料，确定有哪家旅行社付该团费用，并请陪同交付一定数量的押金，预付团则无需交押金。如团队费用为挂账某旅行社，则由相应的陪同在团队入住登记表上签字即可。

（11）向地陪询问团队客人的次日叫早时间、出行李时间、早餐时间、离店时间，并告知在哪个餐厅吃早餐。

（12）如团队客人需要开通电话，接待员应根据实际情况，让全配或地陪统一交纳或由客人自己交纳足够的电话押金。

(13) 客人入住后,总台接待员应迅速将团队信息输入电脑,同时通知各相关部门做好对客服务工作。

(14) 将所有资料汇集存档。

### 案例:前台服务礼仪的综合运用

1月9日,小冉出晚班,下班时是早上6:50分左右,此时,一位中年女士和她的先生来到总台,询问宾馆的房价情况。她说:"我叫李××,原在湖南省××局工作,现已调到广州市工作。这次我和先生带着小孩一道回长沙过春节,估计要在长沙住一个月时间。我本可以住姐姐家,但考虑到春节期间,来往的朋友和客人较多,恐有不便,所以还是选择住宾馆。"但她要求宾馆提供的客房一定要舒适、经济实惠。

根据李女士谈到的情况和提出的要求,小冉首先给2号楼的服务员打电话,安排客人看2号楼的标准间。李女士看过后,对房间不是很满意,要求给予很大的折扣。小冉向客人解释:"2号楼的房价本来就比较低,考虑到你们是自费,且入住一个月左右的时间,可以再给予一定的优惠,但肯定达不到你们要求的折扣。你如果是对2号楼标间的条件还不十分满意的话,我可以带你们到前栋去看看,房价可以商量。"获得客人同意后,小冉随即安排他们到前栋717房间看房,然后立即向当天值班的文总经理汇报客人的情况及要求。文总经过考虑,给出一个综合底价,这就使小冉心中有数了。

李女士看过7楼的标间后,对标间的入住条件表示满意,也接受了报出的优惠价。但同时又提出一个附加条件:她先入住一个星期,若各方面条件令她满意,她就继续住下去,但不管怎样,她试住的这一个星期要享受已谈成的价格。小冉说:"你的这一要求让我很难办。但我希望并相信我们的服务能够留住你。"随后,小冉又就此事请示客房部经理,经理同意客人提出的最新要求。小冉迅速为客人办理了入住手续,并通知有关楼层的服务员做好接待客人的准备。李女士离开总台时,早就超过小冉的下班时间了。

一个星期后,小冉给住717房的李女士打电话,询问她是否住得满意,或有什么需要帮助的事情?李女士表示,她对房间和楼层的服务都比较满意,并对小冉的询问表示感谢。

1月24日是正月初一,小冉上早班,从总台的电脑查询中获知,李女士及家人仍住在717房间。上午11时左右,小冉向该房间打电话,正好是李女士接的电话。在电话中小冉向她拜年,祝她新春愉快、阖家欢乐。李女士感到意外,刚开始时没反应过来,随后兴奋地说:"你作为一位总台的服务员,能够记住我这样一位普通的入住客人,并给我拜年,让我十分惊喜!我住在这里,就像回到了自己家里一样。真的非常感谢你!"小冉答道:"不用谢,你能有回家的感觉,我也就放心啦。"

2月5日退房结账时,李女士带着满意的笑容离开了宾馆。

**评析：**酒店的销售不仅是销售部门的事,而是整个饭店每个部门、每个岗位以至每个员工自觉的行动,即全员促销应该贯穿于饭店工作的方方面面、上上下下,横向到边,纵向到底。特别是总台这些"窗口"岗位,在饭店的促销中有着非常重要的作用,应该得到充分的发挥,尽量在服务中延伸其促销功能。案例中的服务员就做得非常不错。

首先,当小冉夜班下班时来了客人,她能主动留下给客人安排看房,不计较下班时间。而且客人因自费又住宿时间较长,希望优惠时能立即向当值的总经理汇报,获取一个综合底价,做到了心中有数。当客人提出试住一周,若满意即继续住下后,小冉又向客房经理汇报,迅速为客人办了入住手续,并通知楼层服务员做好接待客人的准备;把服务延伸,做到岗位之外为留住客人打下良好的基础。

其次,客人已经住了下来,小冉也可就此打住。她仍继续跟踪,延伸自己的服务。一周后,还给客人打了电话,询问她是否住得满意,或有什么事需要帮助。当正月初一上班时,小冉还惦记着客人,主动查询客人房态、打电话向客人拜年,祝她新春愉快、全家欢乐。这些都使客人在满意中又得到了意外的惊喜,格外高兴:"能够记住我这样一位入住的普通客人,并给我拜年,这真是带给我一份惊喜!我住在这里,就像回到了自己家里一样……"的确,让客人由衷地产生能有回家的感觉,酒店的服务也就令人放心了,酒店的服务就基本做到位、做到家了。可以说,小冉在这个案例中综合运用了酒店服务礼仪。

## §4.4 总机服务礼仪

### 一、总机话务员礼貌礼仪须知

**(一) 语言规范**

酒店总机话务员每天都要与客人打交道,使用的语言一定要礼貌、规范,要持之以恒,习惯成自然。在这方面必须有自觉性。应该做到铃声震响,迅速应答,不耽搁,不拖延,说话伊始,敬语当先。如"您好,这里是××饭店,我能帮您做什么?"

**(二) 态度诚恳**

话务员的工作不能与客人见面,所以,服务态度如何就显得重要。话务员的语音要亲切,在接电话时特别要注意语气、语调。美国最大的电话公司贝尔电话公司就要求自己的总机话务员要"带着微笑的声音去接电话"。纽约有一家饭店,请求贝尔电话公司帮助他们提高电话服务质量,于是,检查电话的咨询人员戴上耳机,坐在饭店总机旁边监听,把典型的不文明的电话录下音,然后放给话务员本人听,以促进他们改变语言态度。

**(三) 语言简练**

饭店总机话务员只是通讯联络的中转站,并不承担与客人有具体业务或其他事宜交谈的义务,因此,在工作中用词要得当,语言要简练,不要拖泥带水,要提高服务效率,使线路在正常情况下畅通,在保证质量的前提下,提供快捷的服务,以节省客人的时间。

**(四)服务耐心**

话务员要以自己辛勤的努力,将饭店"宾客至上"的服务宗旨通过话筒传送给客人,因此,在工作中要细心、有耐心。即使有的客人讲话不清楚,也不能不耐烦,更不能置之不理,或是干脆在似听清未听清的情况下将错就错,把电话随意转拨出去,而应委婉地请客人再重复一遍,如"对不起,先生,请您再重复一遍好吗?"对老年人或语言表达不畅,沟通不利的客人,尤其应该耐心,如可以适当放慢语调等,安慰对方不要着急,慢慢讲清。

**(五)叫醒服务**

叫醒服务是电话总机对客服务的一项重要内容,它涉及客人的计划和日程安排,尤其是团队客人,几乎每天都需要叫醒服务。叫醒服务经常关系到客人的航班或车次,因此,千万不能贻误叫醒时间,以免给客人和饭店带来难以弥补的损失。

1. 人工叫醒服务

客人申请电话叫醒时,应把客人的房号、所需叫醒时间记录下来,并向客人重复其要求以确保准确无误,同时做好交接班工作,以便准时提供叫醒服务。叫醒服务要讲究技巧,叫醒电话铃声应轻而短。客人应答电话时,话务员应用英语和普通话重复叫醒。过五分钟后应再叫醒一次,以确认叫醒服务已生效。如果两次拨打叫醒电话均无人应答,要请楼层服务员去实地查看,防止发生意外情况。有些饭店在提供叫醒服务的同时,进行电话录音,以防客人投诉时,可作为解释的依据。使用这种方法时,必须在叫醒电话中与客人对话,取得对饭店有力的证据。

2. 自动叫醒服务

在使用自动叫醒系统的饭店,当客人申请叫醒时,问清叫醒的具体时间及房号并做记录,之后将此信息指令输入程控交换机。总机领班或主管应该核对输入情况,检查有无差错,并核查、核对打印报告,以防机器有误。到了预定时间,客人的电话机将自动响铃。如果响铃时间已达一分钟仍无人接电话,铃声自动终止,过5分钟后将再次响铃一分钟。

## 二、总机岗位服务礼仪

总机岗位应遵守的服务礼仪主要有以下几个方面。

(1)坚守岗位,集中精神,在接待服务中坚持使用礼貌用语,避免使用"喂?""我不知道。""我现在很忙。""什么?"等语句。

(2)接听电话动作要迅速,不让电话铃响超过三声;主动问候对方"您好",自报店名和岗位,热诚提供帮助。如果业务繁忙,在铃响三声后接听,应向顾客致以歉意:"对不起,让您久等了!"

(3)用电话沟通时,宜保持嘴唇与话筒约1寸距离,若靠得太近,声音效果不好;尽量使用左手接听电话,以方便右手做必要的记录。

(4)要面带微笑,使语言热忱亲切、甜美友善,语调不宜太高,语速不宜太快,用词要简练得当。

（5）熟悉常用号码，按客人的要求迅速准确地转接电话。若转接的电话无人接听，忌用"不在"打发客人，应主动询问是否需要留言。

（6）随时在电话旁准备好便条纸和笔，当客人留言时，要认真倾听和记录，留言要重复一遍确认，并跟进、履行对客人的承诺，做到热心、耐心和细心。

（7）为客人接转电话和查找资料时，尽量不能让对方等候电话超过15秒钟。要求对方等候电话，应向其表示歉意："对不起，请您稍候。"如果一时未能查清，应及时向对方说："正在查找，请您再稍等一会儿。"

（8）讲究职业道德，尊重他人隐私，不偷听他人电话。

（9）通话结束后，应热情道谢告别，待对方挂断电话后，方可关掉电键。

### 案例：首问责任制

某日中午临近12点，河南某酒店总台服务员小阮接到一位女士的电话，自称是南京某酒店的人，需要酒店今天去接一位从她们酒店来这里住宿的外宾。小阮忙询问预订房间的有关资料，但是根据对方告知的相关资料，并未查到今天有这样一位客人要下榻酒店，小阮便告知对方要进行一下核实。

过了10分钟，这位女士又打来电话，说已与客人通过话，的确有人为他在酒店预订了房间，小阮又仔细查看一下电脑上的预订记录，确认没有人为这位外宾预订房间。因此，小阮询问对方有没有委托其他单位订房，这位女士想了又想回答道："好像是××系统订的。"小阮听后又进行查找，确实是有间××系统预订的房间，但是预订入住时间不是今天，外宾名字也不相符。

小阮把情况告知她，又与对方重新核对了名字。不知是预订人当初拼错了，还是其他原因，外宾的名字存在一定差异，还好，有预订人何小姐的联系方式。小阮将情况告知这位女士，并与对方说，我联系预订人何小姐，你再同外宾进行确认。挂断电话后，小阮拨了几次何小姐的电话，均没拨通。

一刻钟后，那位女士再次将电话打到总台，小阮告知对方与预订人联系不上，而对方说她再次向客人证实，确实是有人为他在酒店预订房间。小阮听到这些，感到或许是预订人何小姐将名字拼错了的缘故，客人应该没错。

但是入住时间不对，经过询问才知道，客人有事要提前到达。但客人脚部扭伤，行动不便，需要酒店方面去火车站接。因为当时是周末，酒店相关部门没有上班，确实有些困难。

这位女士听了小阮的解释补充道："小姐，请尽量联系一下。"小阮迅速拨通了车队值班电话，说明情况后，得到可以派车的回复后，小阮向对方询问了车次及抵达的时间，因没有中方陪同人员，小阮便告知对方，接站人会做个接客牌，并将客人名字写在上面，对方应允了。小阮便让她重新拼读了客人的姓名，重述了一遍时间和车次，并让其留了联系电话,以防有事再联系。

挂机后,小阮又联系车队,告之其车次及抵达时间,并交代接车事宜,如遇新情况,待客人抵店后由接待员解释给客人。然后,小阮通知商务中心打印一张接车牌,放至总台,转交给车队司机,并一再叮嘱,由于车队司机与客人的语言障碍,有关费用问题,一定要等客人到店由接待员负责向客人解释收取。

一切安排妥当后,小阮拨通了南京那家酒店电话,将安排情况告知对方,并再次确认客人今日一定如期到达后,方才下班。临走时,小阮将联系电话交给中班接班人,并交代他务必告知夜班人员(因为客人21:30到)。虽然一切都交代得很清楚,但小阮始终放心不下。22:00,小阮电话询问总台,得到"一切顺利"的答案后,那颗悬着的心才放下。

次日上班,刚巧遇上外宾退房,小阮便关切地询问客人,一切可否顺利,脚伤可否康复一点?这时外宾才知道自己顺利抵达,离不开小阮的精心安排,就用不标准的中文微笑着说:"小姐,谢谢你,太谢谢你了!"

**评析:**

此案例中,服务员小阮把"首问责任制"诠释得相当完美,主要表现在以下几点:从接到电话到反复与客人推断、确定,直到一切安排就绪,再到次日客人离开酒店,小阮做到了全程不间断跟进服务,说明小阮对待工作认真负责的态度。

在确认预订时,由于外宾名字拼错而费了不少周折,小阮便想到接火车时,不能再出错,不但做了接车牌,并且对外宾名字一再拼读、确认。由于语言障碍,她还嘱咐司机只负责把客人接到酒店,以防止不必要的误解。从中可以看到小阮是一位细心的服务员,她能把工作中的每一个细节一一斟酌。

由于各种原因,不能完全确定、双方都在百思不得其解时,对方提供了唯一而又模糊的线索——好像是××系统预订的房间,小阮正是抓住这一信息,把问题迎刃而解,最终达到客人满意的目的。

# §4.5 VIP 接待服务礼仪

## 一、VIP 客人入住登记手续办理程序

(1) 每天早上,接待部领班负责安排 VIP 的房号,并以书面形式交客房部,由其负责房内礼品的布置;由餐饮部负责安排好 VIP 客人的餐饮;同时通知大堂副理已安排好 VIP 客人的房号,大堂副理要负责检查并确认。

(2) 如客人非首次住店,则需根据客史档案预先填好登记单上的部分内容,准备好钥匙、信封,并将准备好的登记单和房卡信封一并交给大堂副理。

（3）根据 VIP 等级由大堂副理或前厅部经理在饭店门口迎接 VIP 客人到达。

（4）在 VIP 客人抵店前 20 分钟，通知总机开通房内国内长途(IDD)线路，通知客房部做好接待准备。

（5）在 VIP 抵达饭店后，由大堂副理陪同客人进房，并办理登记手续。

（6）VIP 客人的付款方式一般是由其公司付款，接待员应弄清哪一部分消费由公司支付、哪一部分由客人自付，并根据实际情况让负责接待 VIP 客人的公司交纳足够数量的押金。

（7）待大堂副理将登记单交给前台接待员后，接待员应将 VIP 客人信息资料迅速输入电脑，建立客账。

（8）将登记单一联交财务部签收，一联交保安部，一联由总台留存。

## 二、VVIP 的接待方案

根据酒店领导批示的《贵宾、团体接待服务计划单》，了解 VVIP 的有关信息；包括 VVIP 客人姓名、身份、职务、喜好、忌讳及抵离店时间、接待人员、协调部门、行程等。

### 1. 一套方案（副厅级以上）

（1）酒店总经理、副总经理、总经理助理、前厅部经理、营销部经理、餐饮部经理和保安部经理在综合楼门前迎接。

（2）保安部经理要派保安员到指定站岗指引车辆，保安部经理要在相应站位，随时指挥车辆，确保门前交通畅通，并提前为客人预留好车位。

（3）根据计划单客人抵店时间，前厅部经理 1 名、主管 1 名、行李员 3 名要提前 15 分钟站位，提前 10 分钟开启旋转门迎候。

（4）当 VVIP 的车辆进入酒店后，由两三个行李员分两侧为客人开车门、护顶，并由前厅部经理引领，总经理一起陪同客人到房间。随后，前厅部主管负责引导 VVIP 车辆至预留车位，并配合组织方引领 VVIP 随从人员如司机、秘书等。

### 2. 二套方案（副厅级以下）

（1）酒店副总经理、前厅部经理、营销部经理、餐饮部经理和保安部经理在综合楼门前迎接。

（2）保安部经理要派保安员到指定站岗指引车辆，保安部经理要在相应站位，随时指挥车辆，确保门前交通畅通，并提前为客人预留好车位。

（3）根据计划单客人抵店时间，前厅部经理 1 名、主管 1 名、行李员 3 名要提前 15 分钟站位，提前 10 分钟开启旋转门迎候。

（4）当 VVIP 的车辆进入酒店后，由前厅部主管为客人开车门、护顶，并由前厅部经理主动引领，酒店副总经理一起陪同客人到客房。随后，前厅部主管负责引导 VVIP 车辆至预留车位，并配合组织方引领 VVIP 随从人员如司机、秘书等。

（5）VVIP 离店时，副总经理及随从部门经理一起送别客人，前厅部经理引领客人上车，前厅部主管负责开车门、护顶；所有迎接人员向客人挥手道别，等随行人员离店后；前厅部主管负责关闭旋转门。

**案例：沙特阿拉伯客人前来完婚**

2016年中秋节，位于乌鲁木齐市的徕远宾馆，住进一位来自伊斯兰教圣地的沙特阿拉伯客人木哈买提，据其本人说，他是慕名而来的。出租车在宾馆大厅门前停下，迎宾员开门时，没有以通常的方式用手遮住车门上框请客人下车，这一细节赢得了这位虔诚教徒的好感。因为按照伊斯兰教的习惯，遮头是不允许的，木哈买提下榻徕远宾馆的决心更坚定了。宾馆的王总经理从服务员那儿得知，这位客人来乌鲁木齐市是专办喜事的，于是决定将坐东朝西的620房给他，以便他做祷告。乘客人去见未婚妻的间隙，组织员工布置新房。客房部经理亲自动手，将窗帘换上粉红色的，以增加喜庆气氛；原来驼色的地毯上又覆了一块波斯地毯，使客人产生在家办婚事的感受；另外还配备一块小地毯，专供客人做宗教仪式用；墙上特地挂上穆斯林地毯，一间典型的穆斯林式新房就这样很快布置完毕了。两小时后，沙特阿拉伯客人回到房间，眼前突然的变化使他欣喜若狂，他只不过向服务员吐露过一句关于举办婚礼的话，没想到徕远宾馆竟这么贴心周到，而且还有那么高的工作效率。他没顾得上喝茶，便直奔总经理办公室，赞不绝口地说："热合买提，热合买提（谢谢，谢谢）。"沙特阿拉伯客人果真在徕远宾馆举办了婚礼。新婚期间，宾馆专门为他配备两辆专车提供昼夜服务。婚礼结束后，新婚夫妇在外出蜜月前对王总说："请为我们保留这个房间，等我们回来后还要住，房租照付。"此后，这位客人又来过乌鲁木齐市多次，每次都住在徕远宾馆，这位客人成了徕远宾馆的重要客人。

**评析：**

新疆乌鲁木齐市徕远宾馆的服务口号是"笑迎天下客，真情在徕远"，本例是这一口号的具体体现。新疆维吾尔自治区是个多民族地区，少数民族占总人数的一半以上，常有来自巴基斯坦、土耳其和中亚诸国的客商。徕远宾馆把如何做好少数民族宾客、不同宗教信仰宾客以及有着不同风俗习惯的外国宾客的服务工作，作为大事来抓，这是很切合实际需要的。宾馆在培训员工时，注意对员工进行有关客源国习俗及宗教基本知识的针对性培训，请来大学教师介绍风土人情和宗教历史，专门开设具有伊斯兰风格的餐厅，开发富有少数民族风味的菜肴、糕点。这些措施深得少数民族宾客的赞赏。徕远宾馆大门的迎宾员按照穆斯林方式迎接客人，使客人产生良好的第一印象。客房部经理获得客人来店操办婚事的信息，马上组织人员布置新房，并亲自动手，足见服务意识之强。在具体处理各种细节时，如房间朝向、窗帘色彩、挂毯摆设等，都竭力符合客人风俗习惯和婚礼的特殊需要。而且还安排两辆专用车日夜服务，考虑之周到，达到无可挑剔的程度。几年来，由招待所发展起来的徕远宾馆，在"搞好接待、搞活经济、自我积累、自我发展"的道路上已取得了赫赫战绩。

## VIP接待能力实训

- 形式：分组演练
- 时间：45分钟
- 材料：本、笔、电话
- 场地：前厅实训室

目的：
1. 使学生掌握VIP客人接待的程序和方法。
2. 发挥学生的创造力，让学生设计整个接待流程。

程序：
1. 抵前准备
2. 布置客房
3. 客房检查
4. 梯口迎接
5. 端茶送巾
6. 住客服务
7. 离店服务

讨论：
1. 整个VIP接待的服务礼仪运用如何？
2. 服务接待流程设计得是否流畅？
3. 接待VIP客人有何注意事项？

## 本章小结

言谈举止不仅能体现酒店服务人员的素质和修养，也能体现服务人员的精神风貌。服务中以礼待客，以礼迎客，宾客受到礼遇，定会留下难以忘怀的美好印象。

## 讨论案例

一个下雨的晚上，机场附近某一大酒店的前厅很热闹，接待员正紧张有序地为一批误机团队客人办理入住登记手续，在大厅的休息处还坐着五六位散客等待办理手续。此时，又有一批误机的客人涌入大厅。大堂经理小刘密切注视着大厅内的情景。

"小姐，麻烦您了，我们打算住到市中心的酒店去，你能帮我们叫辆出租车吗？"两位客人从大堂休息处站起身来，走到小刘面前说。"先生，都这么晚了，天气又不好，到市中心去已不太方便了。"小刘想挽留住客人。

"从这儿打的士到市中心不会花很长时间吧，我们刚联系过，房间都订好了。"客人看来很坚决。

"既然这样，我们当然可以为您叫车了。"小刘彬彬有礼地回答道，她马上叫来行李员小秦，让他快去叫车，并对客人说："我们酒店位置比较偏，两位先生可能需要等一下，我们不妨先到大堂等一下好吗？"

"那好吧,谢谢。"客人被小刘的热情打动,然后和她一起来到大堂休息处等候。

天已经很黑了,雨夹着雪仍然在不停地下,行李员小秦始终站在路边拦车,但十几分钟过去了,也没有拦到一辆空车。客人等得有些焦急,不时站起身来观望有没有车。小刘安慰他们说:"今天天气不好,出租车不太容易叫到,不过我们会尽力而为的。"然后又对客人说:"您再等一下,如果叫到车,我们会及时通知您的。"

又是15分钟过去了,车还是没拦到。客人走出大堂门外,看到在风雪中站了30多分钟脸已冻得通红的行李员小秦,非常抱歉地说:"我们不去了,你们服务这么好,我们就住这儿吧。"说着,亲自把小秦拉进了前厅。

**【案例讨论与练习题】**

1. 请指出此案例中应用的礼仪环节。
2. 大堂经理应用了什么样的服务礼仪?
3. 行李员体现出哪些礼仪素养?
4. 如何接待走进酒店但不住店的客人?

### 本章复习题

1. 门童服务中应注意哪些礼仪?
2. 行李服务中应注意哪些礼仪?
3. 前台登记服务中有哪些注意事项?
4. 简述总机叫醒服务的步骤。
5. 假设你是某家五星级饭店的前厅部经理,请设计饭店的VIP接待方案。

# 第 5 章

# 酒店客房服务礼仪

**【名家名言】**

"Housekeeping is the toughest job in the lodging business. Housekeepers are heros … Without housekeeping, we'd have nothing to sell."

——Craig Hunt
President of Holiday Inn International

### 本章要点

通过对本章内容的学习,你应了解和掌握如下问题:
- 了解客房服务礼仪。
- 了解客房维修服务礼仪。
- 掌握客房对客服务礼仪。
- 掌握投诉处理服务礼仪。

---

**章首引语**

客房是酒店的重要组成部分,它为客人提供 24 小时服务,客房也是客人临时的家,是客人在酒店中逗留时间最长的地方,客房的清洁卫生程度、安全状况、设备与物品的配置以及服务项目是否周全、服务人员的服务态度和服务水准如何等,都是客人关心的地方,并直接影响客人对酒店的印象。

## §5.1 客房服务礼仪

### 一、进出客房礼仪

#### （一）服务员进房间的敲门程序

以直立姿势站立门前40—50厘米处，轻敲门三下，每次敲门要等候3—5秒，等候同时报"服务员"。若房间无人应答，用房卡打开锁，轻轻推开房门，在房门打开15—30度之间时再报一次"服务员"，若无人应答，将房卡插入。若有客人在房内，则先问好。然后问候客人是否需要整理房间。

#### （二）客人进房间的程序

分正常状态下进房间和非正常状态下进房间两种情况。

**1. 客人本人登记，忘记带房卡**

（1）总台人员可请其出示有效证件，与其所登记的房间信息核对，准确无误后，可为其开具《进房证明卡》，然后通知房务中心。客人可凭《进房证明卡》请楼层服务员为其开门，服务员在为其开门后，要将《进房证明卡》收回。《进房证明卡》当日当次有效，服务员需认真查验，并注意前台员工签名。

（2）如果客人未带有效证件，可让其口述本人登记时所使用证件的详细内容，以身份证号为主，明细如身份证号、姓名、登记退房日期、时间等，与电脑中输入的信息核对无误后，可为其开《进房证明卡》，之后同（1）所述操作。

（3）若客人在楼层不想下楼而证件又不在身边，也可电话口述其证件内容与具体内容核对无误后，服务中心通知楼层。服务中心需详细记录开门事宜。

**2. 团队、会议客人，总台未登记客人信息**

这种情况需要求其找领队或会务组人员出面担保，方可为其开门。具体操作程序如下：总台联系会务组负责人或团队领队，验证后由口头或书面授权出具《进房证明卡》，通知楼层开门，并收回《进房证明卡》。如联系不到会议负责人或团队领队，则运行下述操作程序。

**3. 如客人忘记身份证号码，未带有效证件**

此种情况由客房关系主任级别以上管理人员亲自办理，具体操作程序如下：详细核对客人登记信息，通知保安员陪同，由客人详述房间行李位置及文件夹或行李包内物品，进入房间后如相符由客人打开包，保安同大堂副理进一步验证——礼貌地请客人签字确认，并在大堂副理日志和保安工作表中做记录。如果不相符，请客人暂退出房间并进行进一步验证，必要时可请公安部门协助解决。验证客人身份时以有效证件为主，必要时可确认客人签名样本。

**4. 新入住客人房卡打不开门（有房卡）**

客房服务员可以礼貌询问客人："对不起，请问可以看一下您的房卡吗？"待客人出示房卡后，检查客人房卡，核实是新入住客人后，可以给客人开门。然后电话通知总台："您好。某某房间房卡没做好，请让礼宾员给客人换一下房卡。"

**5. 客人房卡亮红灯，不能正常使用（有房卡）**

客房服务员可以对客人说："对不起，请您出示一下房卡。"检查房卡信息。

(1) 如房卡日期为当日而客人是在 12:00 以后要求开门,客房服务员可以告诉客人:"对不起,某某先生/小姐,请您到总台刷一下房卡。"

(2) 如房卡日期为次日离店,造成红灯原因可能是门锁故障或需交押金,客房服务员与总台核对,核对可以开门后,可为客人开启房门。

## 二、住客房间整理礼仪

### (一) 日常随时清洁

按照进门程序进门,在进门前确认客人已外出。进行客房的随时清洁工作时注意应确保客人已外出。工作效率要高,动作应连贯快速。若工作中客人回房,应先礼貌问好,验证客人身份、房卡,并询问客人是否继续整理,如不需要,应马上收拾工具退出房间,仍要说:"对不起,打扰您了先生/小姐,如您需要整理房间请拨电话。"

按常规检查并接通电源,查看房内是否有异常,设备是否有故障,如有异常问题,记录报告领班,最后关闭电器。房间清洁的程序:将烟缸、垃圾筒内的杂物收出,注意不要把烟缸及垃圾筒外的东西随便当垃圾扔掉。将客房内设置的物品放回原位。查看床是否已用过,需要时整理床铺:没有用过时,检查并将床垫放正,整理床的外观,查看上一次工作是否有疏忽之处,如有立即跟办;如已用过,应将床上用品撤下,重新做床。

家具抹尘及摆放:按抹尘程序进行抹尘,物品按规定摆放;家具上的污迹应按程序清洁;散放衣物应叠放整齐放回原位。检查房内供给品是否需要补充,物品按规定标准摆放。清洁卫生间并补充物品:将灯打开,检查设施有无故障,如有故障,则记录跟办;查看卫生间是否整洁,若杂乱,按清洁程序进行适当清理;客用品的补充,更换已用脏的布巾,对仍能使用的香皂等,将其抹干放回原位,将卫生纸纸头叠成三角形。如房内及卫生间需要吸尘,按要求进行。最后环视整个房间,查看是否正常。将工作车备好放置门边。

### (二) 做夜床服务礼仪

服务员应轻敲门三次,报"服务员"。打开房门再报一次,若无人应答,插房卡。将清洁桶放于浴室,垫毯置于浴室及房间门口,将车拉至门口,记录入房时间。打开房内所有灯光,若有问题,及时报告房务中心。关闭窗帘,根据客人人数开夜床,客人物品稍作整理。拖鞋取出放于床前,店徽朝上。清理垃圾及烟灰缸。将房间用品放于原位。清洁马桶,将电话线及卷纸按标准放置好。清洁用过的浴缸、浴帘并擦干,将防滑垫打开放于浴缸内,浴帘打开三分之二,下端放于浴缸内。清洁镜面、云石台面、化妆盘及面盆,折好面巾纸。更换客人用过的四巾。清洁地面,将地巾铺于浴缸前中央。拔出房卡,关房门,记录有关事宜。最后将所用工具清理干净。

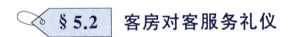

## §5.2 客房对客服务礼仪

### 一、洗衣服务礼仪

#### (一) 洗衣服务标准

洗衣是向客人提供的最基本的常规性服务类型,待洗或待熨衣服在中午 12:00 前收取并于当日下午18:00前交还。楼层员工每天10:00开始收取客人的衣服。收取前先将自己当日所辖工作区域的房间逐间巡视一遍,检查是否有"请勿打扰"房间,如果有,则不要以任何方式打扰客人;如果房间没有设置"请勿打扰",服务员在就近的空房内,逐间打电话询问客人是否有衣服要洗。

如果房间有客人接听电话,询问客人是否有衣服要洗,标准语言是:"××先生/小姐,我是服务员,请问您有衣服要洗吗?"如有,则按规定到房间收取;如无,则礼貌地向客人致歉,标准语言是:"对不起,××先生/小姐,打扰您了。"如果房间没有客人接听电话,则要到该房间实际查看。客人需洗衣服时,有时会通知服务中心(或由服务员到房间内、门把手上发现),服务中心应通知服务员到房间取衣服。当客房服务员从房间或客人处收取衣服时,应及时检查客人是否填写洗衣单内容,同时检查衣物。如有异常,须对客人讲明并记录于洗衣单上。不要收取没有明确指令的衣服,不要收取没有客人签字的衣服(VIP除外)。

送洗的衣服如果没有填写洗衣单、洗衣方式与洗涤要求不符或衣服有破损,客人不在房间时,服务员要及时通知领班,由领班填写洗衣服务卡放在客人衣服上,知会客人适时与服务中心联系。一些客人可能会将衣服放在房门外,服务员应立即按规定收取。准备将衣服送还客人时,房务中心接布巾房通知后告知客房服务员前往签领送还客人。

### (二)洗衣服务时间及规定

(1) 酒店提供24小时洗衣服务。

(2) 干洗:每日12:00之前收取,当日18:00送回,18:00之后不再收取干洗衣服。

(3) 水洗:每日12:00之前收取,当日18:00送回。

(4) 12:00—次日8:00,可收取特快洗衣,四小时加急加收取50%服务费,羽绒服不提供加急服务。23:00以后应送回衣服,将留存至早8:00之前送回。

(5) 缝补、织补:8:00—18:00均可收取,根据实际情况确定送回时间后通知客人。

### 案例:尴尬的洗衣

小王是一名四星级饭店的客房服务员。一天晚上7点,她接到客服中心紧急电话:"807房间有客人要求洗衣服务"。忙碌中,她迅速放下手头的事情,赶往房间。小王按照服务规程敲门后,房内无回应,于是,她顺理成章地用楼层钥匙打开房门。经过查找,不错,椅子上确实有一件绿色的T恤,由于房内灯光较暗且天色已晚,好像看不出有什么污渍;核对一下洗衣单,还是加急的,要求4小时内送回!小王丝毫不敢怠慢,火速将绿色T恤拿到工作台,拨通洗涤厂电话,要求立即前来收取洗衣。大约5分钟后,洗涤厂小刘急急忙忙赶到,经过双方签字确认,衣服被送往洗涤厂洗涤。时间嘀嗒嘀嗒过去了。3个多小时后,小刘气喘吁吁地拿着洗好并包装精美的衣服送上楼来,递给小王,小王看了看时间,离要求的时间还差十几分钟,马上送入客人房间。工作终于顺利完成,两人会意地笑了。"你们四星级饭店,是怎么洗衣服的!好好的衣服怎么洗出来黄渍!叫我还怎么穿!你们必须赔我衣服!"第二天一早,客人怒气冲冲地指着衣服肩部的一抹黄渍向主管投诉着。刚刚上班的小王傻眼了:怎么会这样,黄渍从哪儿来的?客房主管立即展开了调查,小王说收衣服时,光线比较暗,确实没有看清楚有无污渍;洗涤厂小刘说,衣服洗涤之前,本身就有一块污渍,并且是处理不掉的污渍;客人却说,他的衣服在洗涤之前,不可能有污渍。污渍究竟是由哪方造成的?由于缺乏有效的证据,客房主管陷入尴尬。随后,只有和大堂经理共同与客人协商处理,可是,客人不依不饶,什么条件都不肯接受,只要求赔偿那件价值2 000多元的衣服。

**评析:**

洗衣服务是四星级饭店对客基本服务项目之一。本案例中,小王和小刘积极肯干、时间观念也很强。但是,他们却忘记了饭店"四心"(爱心、热心、诚心、耐心)服务之外最重要的一心,即细心。饭店品质的高低,服务质量的优劣,是通过员工不断创造的个性化服务体现出来的,而要创造这种满意加惊喜的服务,就必须做到细心:细心观察宾客饮食起居,细心留意宾客习惯行为等微小环节。

从本案例来看,只要细心些,问题不难被发现。客房部小王收取脏衣时,如果能够非常细致地查找脏衣是否存有污迹,就可以避免客人投诉:有污渍,及时向客人说明,可能会处理不掉,对于刁蛮客人不合理的投诉也能直面应对;没有污渍,小王心里自然有底,也便于查找出真正的原因。洗涤厂小刘同样缺乏细心精神:如果和小王书面交接脏衣时多一些细心检查,就能判断有无污渍,将小王的疏忽予以弥补;如果在洗衣之前多一个心眼,发现有难以处理的污渍,多给小王打一个沟通电话,也能避免投诉的发生。

## 二、擦鞋服务礼仪

接到客人要求,及时为客人提供擦鞋服务。如果整理房间时发现脏鞋子放于鞋篮中或放在其他位置的鞋子有灰尘或有污迹,应及时为客人提供擦鞋服务。应该注意擦鞋服务应连同鞋篮一起拿到工作间内,不可在客房内进行。用于擦鞋的鞋油必须与鞋子颜色相同。鞋油必须为中性。软羊皮制成的鞋要用专用鞋油或根据客人要求用干净毛刷刷净即可。磨砂皮鞋或翻毛皮鞋用干净毛刷刷净即可。

## 三、送餐服务礼仪

### (一) 接受预订

(1) 礼貌应答客人的电话预订:"您好,送餐服务,请问有什么需要服务的?"(Good morning/afternoon/evening, Mr/Ms ____. this is ____, from Room Service speaking. How may I help you?)

(2) 热情大方,彬彬有礼,热情点单。问清客人要求送餐的时间以及所要的菜点,并复述一遍。

(3) 将电话预订进行登记。

(4) 开好订单,并在订单上打上接订时间。

## （二）准备工作

（1）根据客人的订单开出取菜单。
（2）根据各种菜式，准备各类餐具、布件。
（3）按订单要求在餐车上铺好餐具。
（4）准备好菜、咖啡、牛奶、糖、调味品等。
（5）开好账单。
（6）个人仪表仪容准备。

## （三）检查核对

（1）服务员认真核对菜肴与订单是否相符。
（2）检查餐具、布件及调味品是否洁净、无渍、无破损。
（3）检查菜肴点心的质量是否符合标准。
（4）检查从接订至送达这段时间是否过长，是否在客人要求的时间内准时送达。
（5）检查服务员仪表仪容。
（6）对重要来宾，主管要与服务员一起送餐进房，并提供各项服务。
（7）检查送出的餐具在餐后是否及时如数收回。

## （四）送餐时

（1）使用饭店规定的专用电梯进行送餐服务。
（2）核对房号、时间。
（3）敲门三下，并说明送餐服务已到，说："Room Service，送餐服务"在征得客人同意后，方可进入房间，并道谢。
（4）客人开门问好，自我介绍，并请示客人是否可以进入："早上好/下午好/晚上好，先生/小姐，我是××，来自××，您的食品已经准备好了，请问可以进去吗？"（Good morning/afternoon/evening, Sir/Madam, I am ××, from Room Service, your ordered food is ready, May I come in?）进入房间后，询问客人餐车或托盘放在哪里："请问先生/小姐，餐车/托盘放在哪里？"（Excuse me, Sir/Madam, where can I set the trolly/put the tray）？
（5）按规定要求摆好餐具及其他物品，请客人用餐，并为客人拉椅。（Would you enjoy it now or later? Now-please sit down. Later-your ordered food in the warmer.）
（6）餐间为客人倒茶或咖啡，及时提供各种需要的服务。
（7）请客人在账单上签字，指点签字处，并核清签名、房号：（或收取现金）"请您在账单上签上您的姓名和房号。"（Sign your name and room number here, please.）
（8）告知客人用餐完毕后打送餐部电话，会有人来及时收餐具。（By the way, after you finish food, you can call us, we will clean table for you.）
（9）问客人还有什么需要，如不需要，礼貌地向客人道别。（Is there anything else I can do for you? Enjoy your meal, please. Have a nice day.）
（10）离开客房时，应面朝客人退三步，然后转身，出房时随手轻轻关上房门。

## 四、借用物品服务礼仪

（1）接到客人需借用物品时，一般立刻放下手中的工作，取借用物品送至客房。（送到

客房的最长时间不可超过5分钟)

(2) 取借用物品时,务必检查仔细借用物品是否完好、整洁、可供客人使用。

(3) 有部分借用物品未在本楼层备放,需去别的楼层或客房部办公室取时,服务员必须想办法,尽可能迅速地取来借用物品及时送至客房。

(4) 送借用物品前,填好借用物品记录单(写上房号、物品名称、日期),并把借条和圆珠笔及物品一起摆放在托盘中。

(5) 借用物品不包括棉织品类、杯具类、家具类、灯具类等,即此类物品不用写借条。

(6) 送借用物品时,用托盘送。并要求客人在借条上签名,然后把借用物品记录单的第一联给客人,第二联给文员处存档。

(7) 送借用物品时,如果客人不在房内,可把物品及借条、圆珠笔放在房内,并告诉领班。

(8) 送完借用物品后,应在报表中注明,并与当班领班交接清楚。

(9) 注意点:

① 首先要了解清楚客人需借用物品的具体内容,特别如手机充电器之类的物品,因同一牌子的手机充电器有各种型号,故需询问清楚,以避免送错而需重新再找等现象发生。

② 借用物品备放处应有专人负责,平时需做好检查清洁等工作。

③ 如客人借用剪刀之类等物品,送至客房时请告客人用完后及时通知服务人员收回。

④ 一般借用物品需当班或次日收回(客人特殊要求除外)。

### 延伸阅读:客房个性化服务

随着酒店业的迅速发展,个性化服务的针对性和灵活性已经成为一种趋势。个性化服务就是满足不同客人合理的个别需求,如商务客对互联网的需求,旅行者希望品尝当地的美食等。酒店的客人来自五湖四海,每个人都有各自的生活习惯和喜好,能提供即时、灵活、体贴入微的服务,比起酒店以往的标准化服务更具有竞争力。具有超前意识的个性化服务越来越受到宾客们的青睐。

给来过10次以上的客人睡衣上绣上客人的名字,以备专用;在客房的信封、信纸上面烫金,打上客人的名字;为带小孩的家庭提供婴幼儿看护服务;设立非吸烟楼层;为客人提供不同软硬的枕头;根据客人对室温的要求调节空调的温度等,这些做法都是个性化服务的具体表现。

酒店的个性化服务是随标准化服务演变过来的一种服务理念和形式,是为迎合不同的个体需求而提供的服务。个性化服务是现代酒店的追求,随着客人的需求越来越多样化,需要酒店提供更有创意的个性化服务,这样才能真正为客人提供更完美的服务。个性化服务的类型主要包括:

(1) 灵活服务。这是最普遍的个性化服务。只要客人提出合理的要求,饭店就应尽最大努力去满足客人的需求。

(2) 癖好服务。这是最具体、最有代表性的个性化服务。饭店建立团体和个人的客史档案,就是为了保证有某种特殊癖好的客人提供所需的服务。

(3) 意外服务。客人在旅游过程中难免发生意外,产生亟待解决的事,需要饭店客房提供意外服务,急客人所急,想客人所想,在客人迫切需要帮助时,服务及时到位。意外服务最能体现饭店对客人的关心,令客人永远难忘。

## §5.3 客房维修服务礼仪

客房维修是酒店一个重要的组成部分,它代表酒店的服务质量,也代表一个酒店的整体素质。维修组人员在维修时必须有一定的操作规程。

### 一、接到报修

(1) 当维修人员接到报修单时,必须在十分钟内赶到维修地点(特殊情况除外)。当接到电话报修时,应询问清楚地点和维修内容,并带齐工具赶到现场。

(2) 进房前,大型工具不能扛拿在身,应轻放于靠墙地面一侧。

### 二、进入客房维修

**(一) 维修服务礼仪标准**

1. 进入客房维修前,必须搞清楚是否住客,如果不是住客房

(1) 要楼层服务员开门;

(2) 迅速维修,尽量不要乱动客房内的物品;

(3) 做到尽可能的轻声。

2. 如果是住客房

(1) 要楼层服务员开门,当客人开门时,应该微笑着说:"对不起,打扰了。我接到报修,您房内的×××坏了,是否可以维修?"

(2) 当客人允许维修后,进入客房,把工具放置于地面。维修时,切忌大声说话。当需要挪动客人物品时,切记要征求客人同意,说"先生(小姐),我需要挪开您的×处的东西,是否可以动?"得到客人允许后,可以让客人自己挪动物品;或者当着客人的面挪动物品。

(3) 虽是住客房,但客人不在房内时,必须有两人在场才进行维修。第二个人可以是服务员,也可以是工程部人员或保安人员等。维修时不要发出过大声响,如掀动空调盖板要轻。

**(二) 维修服务注意事项**

在维修过程中,如果碰到暂时不能维修好的情况时,要通知领班或主管,想办法用较短的时间解决。如果维修时间很久,请领班或主管向房务中心反映;如果是空房:申请为维修房;如果是住客房:由服务员出面,协助服务员就有关技术方面的问题向客人解释清楚。客

人的意见和要求由服务员进行处理。如遇客人情绪激动,协助服务员,通过楼层电话通知大堂副理(9:00—22:00)或夜间经理(22:00—8:00)前往处理。对没有修好的地方要恢复,做到整齐干净。

### 三、维修完毕后

清理现场垃圾,用自带的抹布清洁被污处,带走施工垃圾。通知楼层服务员或者房务中心人员验收,必要时通知服务员进一步吸尘、打扫;在无客人的情况下,客人的东西要归原处。在有客人的情况下:要说:"先生(小姐),××修好了,您的东西要放回原处吗?"得到客人允许后,可以请客人自己归原,或当着客人的面归原。最后微笑着向客人说:"×××修好了。打扰了。"并顺手轻声关上门。

#### 案例1: 客人发火为哪般?

某三星级酒店客房服务员小王在经过315房时,被该房的台湾客人叫住,客人投诉说房间的电话没反应,不能用。小王听到客人的投诉马上打电话叫工程部派人来修,工程部小刘3分钟后即来到房间,小刘拿起电话,拨了一下,发现可以通话,没有问题,对客人说:"电话没问题,没坏呀!"客人一听,生气了:"难道我没事找事,明明电话就是打不通,你这样的服务态度,我要投诉你!"小刘一下子愣住了,也不知道自己是如何得罪了客人。

#### 案例2: 电梯"关人"事件

日本客人山本兴冲冲地乘上酒店的3号客梯回房。同往常一样,他按了标有30层的键,电梯迅速上升。当电梯运行到一半时,意外发生了,电梯停在15楼处不动了。山本一愣,他再按30键,没反应,山本被"关"在电梯里了。无奈,山本只得按警铃求援。1分钟、2分钟……10分钟过去了,电梯仍然一动不动。山本有点不耐烦了,再按警铃,仍没得到任何回答。无助的山本显得十分紧张,先前的兴致全没了,疲劳感和饥饿感一阵阵袭来,继而又都转化为怒气。大概又过了10多分钟,电梯动了一下,门在15层打开了,山本走了出来。这时的山本心中十分不满,在被关的20多分钟里,他没有得到店方的任何解释和安慰,出了电梯又无人接应,山本此时愤愤然再乘电梯下楼直奔大堂,在大堂副经理处投诉……

大堂副理首先向山本表示歉意,并请客人在大堂吧台饮了一杯饮料,并联系客房部与工程部经理了解情况。其实,当电梯发生故障后,酒店很快就采取了抢修措施,一刻也没怠慢。电梯值班工小柏得知客人被"关"后,放下刚刚端起的饭碗,马上赶到楼顶电梯机房排除故障,但电梯控制闸失灵,无法操作。小柏赶紧将电梯控制闸由自动状态转换到手动状态,自己就赶到15层。拉开外门一看,发现电梯却停在15—16层之间,内门无法打开。为了使客人尽快出来,小柏带上工具,爬到电梯轿厢顶上,用手动操作将故障电梯迫降到位,终于将门打开,放出客人。

> **评析：**
>
> 从发生故障到客人走出电梯共23分钟。23分钟对维修工来说，可能已经是竭尽全力，以最快的速度排除故障所能达到的最短时间，而对客人来说，这23分钟则是难熬而漫长的。这起电梯"关人"事件引起客人投诉，问题在酒店内各部门之间的协调和配合不够。主要有以下三点。
>
> （1）缺少与客人的沟通。沟通是酒店管理最基本的手段，与客人的沟通是尤为重要的一环。倘若在接到电梯故障报警后，酒店能以最快的速度与客人沟通，告诉他："我们已经知道发生故障，现正在排除，请稍候。"这样客人感到他受重视，处于被人保护的安全环境之中，也不会因为被"关"住而怒气冲冲了，即使排除故障时间稍长一点也会谅解。
>
> （2）前台后台配合不够默契。酒店部门之间的相互配合，是使酒店处于良好管理状态的重要保证。前台和后台由于分工不同，工作性质也有差异，如果配合不好，彼此缺乏沟通，各自为政，往往会影响整个酒店大系统的良性循环，造成不良后果。像上面这个实例，如果最先得知电梯发生故障的前厅门童，在通知工程部之后，立即把消息传递给副理或公关部人员，让他们去与客人对话，这样也可及时解除客人的紧张感和恐惧感。如果后台负责修理电梯的工程部能与前台沟通，相互配合，一边修电梯，一边与客人联系，随时通报修理情况，适当作些安慰，共同处理好这起"关人"事件，许多不愉快就不至于发生了。
>
> （3）缺乏对客人的关心。尽力不尽心，只限于做好分内的事，而恰恰缺少酒店工作最重要的一点：对客人的关心。工程部小柏工作态度很积极，饭也顾不上吃，跑上跑下排除故障，其操作程序也符合部门的规定，但他就是没想到通过机房的对讲机与客人通话，或安慰，或通报维修进展；前台也一样，通知工程部维修电梯就完事了，没有想到赶到现场去与客人取得联系。出现这些问题的原因在于对客人关心不够。

## §5.4 投诉处理礼仪

投诉是指客人对饭店设施或服务工作不满意而向饭店提出的抱怨和意见。投诉通常由大堂副理受理、大堂副理代表饭店和饭店总经理受理客人的投诉，以表示对客人意见的尊重。

一般来说，投诉是很难避免的，可能是由于饭店的硬件设施、服务项目的设立及服务人员的态度、技能或服务所出现的差错等，引起客人的不满，导致投诉。因此，前厅管理人员应正确掌握处理投诉的方法。

### 一、正确处理投诉的作用

#### （一）了解管理和服务中存在的问题

饭店管理者可以从投诉内容中了解到工作中的弱点、漏洞和不足，以便有针对性地采取一些措施,并确定阶段性的质量管理方向和重点,改进管理和服务,向客人提供高质量、高效率的服务。

### (二) 加强客人与饭店的情感联系

帮助客人解决投诉中的实际问题,满足客人的正当需求,可以沟通思想、消除误解,从而改善客人对饭店的印象。正确处理投诉,可以使客人感觉到饭店服务的人情味,以及饭店对客人所提意见的重视。改进服务,使客人带着良好的印象满意而归,这也是提高服务质量的一项重要内容。

## 二、处理投诉的原则

### (一) 真心诚意

大堂副理首先应表明自己的身份,使客人产生信任感,相信处理者能帮助他解决问题。因此,处理投诉时,应设身处地为客人着想,理解投诉者当时的心情,同情客人所面临的处境,并给予应有的帮助,以便在感情上首先赢得客人的好感。

### (二) 冷静耐心

无论前来投诉的客人情绪如何激动,态度如何不恭,言语举止如何粗鲁无礼,饭店人员都应该冷静、耐心,绝不与客人争辩。即使是不合理的投诉,也要尊重客人,做到有礼有节。

### (三) 不损害饭店利益

处理投诉应该维护饭店应有的利益,退款或降低收费标准的方法,绝不是处理投诉的最佳方法。尤其在事实真相不明之前,切忌急于表态或当面贬低饭店某部门或员工。必须站在饭店主人翁的立场,通过相关渠道了解事实,诚恳道歉,并作出恰如其分的处理。

## 三、处理投诉的方法

### (一) 处理投诉的程序

投诉的具体情况十分复杂,投诉方式一般有当面投诉、电话投诉和书面投诉三种。客人的大多数投诉是住店期间当面提出的,其处理程序是:

(1) 热情接待,态度友善,两眼注视客人,仔细聆听投诉内容,并做好记录,弄清客人投诉所涉及的部门、人员和具体情节。

(2) 使用恰当的语言向客人表示同情或安慰。在同客人交谈的过程中,态度要客观,语言要亲切。不论遇到什么情况,切不可当面和客人争吵,应耐心解释,和客人一起商量解决办法。

(3) 把要采取的措施告诉客人,让客人选择解决问题的方案或补救措施,以尊重客人。

(4) 充分估计出解决问题所需时间,并告知客人,决不可含糊其辞,从而引起客人的抵触情绪。

(5) 立即行动,同有关部门联系,并告知客人事情的进展情况,做到清晰明了。

(6) 解决问题后,应与客人再次联系,征询客人对解决的结果是否满意,做到有始有终。

(7) 将当天所投诉的问题汇总、整理成书面报告呈报总经理,内容包括投诉人次、主要问题、涉及的部门或人员等,以便总经理掌握服务工作动态。

对电话投诉,应记下客人姓名、电话、投诉内容,作出处理意见后再电话通知客人处理结果;对书面投诉,则应将调查结果、解决方法等以函件形式通知客人,信内最好有总经理的签名。对涉及当地其他单位的投诉,如在其他饭店、餐馆、游览点发生的问题,客人要求转诉的,要将投诉内容通知有关单位。

### (二) 处理投诉的要点

接待投诉客人,是对客服务中的一个难题,也是对饭店员工的一个挑战。既要使投诉处理好,又要使员工不很为难,这里必须掌握处理投诉的要点和技巧。

(1) 做好接待投诉宾客的心理准备。接待投诉客人时,首先,应树立"宾客永远是对的"的信念。一般来说,客人离家在外,不到迫不得已或忍无可忍,他们是不愿前来投诉的。一旦前来投诉,就说明饭店的服务与管理是有问题的。因此,必须替客人着想,站在客人的立场上接受投诉。提倡在任何情况下,即使客人错了,尽可能把理让给客人,只有这样,才能减少客人的对抗情绪,处理好投诉。其次,要掌握投诉客人的心态,即求发泄、求尊重、求补偿。求发泄是由于客人受了伤害,怨气回肠,不吐不快;求尊重是由于客人花钱住店除了要求物质享受,还要求精神享受,因此,他们要求受尊重,挽回面子;求补偿是由于客人个人利益受损,必然要寻求补偿,即使未受损,有些客人也想以投诉来寻求经济补偿,给予打折优惠等。因此,饭店必须正视客人的投诉。

(2) 对客人投诉的具体要求,能当时解决的要及时解决,给予答复;不能当时解决的问题,要同有关部门主管商量、反省、调查或向上级反映,并通知客人问题正在处理中,请客人耐心等候处理意见。

(3) 所有涉及饭店内部的投诉,必须在住客离店前给予解决,不让客人带着不好的印象离店。

(4) 所有投诉问题切忌在大厅内同客人辩论,遇到情绪激动的客人应将其请到办公室或适当的地方,耐心解释,以免造成不良影响。

(5) 切忌只一味地向客人道歉、请求谅解,而对客人投诉的具体内容置之不理,也不可流露自己因权力有限而无能为力的态度。

(6) 将客人投诉时的要点记录下来,这样,不但能使客人的讲话速度放慢,以缓和其激动情绪,而且还能让客人感到饭店对其投诉的重视程度。同时,记录内容也成为今后解决问题的依据,并在解决投诉后录入客史档案,避免日后再发生类似投诉事件。

(7) 再次沟通,询问宾客。一个投诉问题解决后,受理人应及时再次与客人沟通信息,了解问题解决的结果。这样做,一则可以了解投诉解决的效果如何及客人满意的程度;二则可以防止一个问题的解决又引发另一个问题的出现;三则它体现了饭店对客人的关心,使客人感到受尊重、受重视,从而对饭店产生良好的印象。与此同时,还应该感谢客人,感谢客人把问题反映给饭店,使饭店能够发现问题,并有机会纠正,提高饭店的管理水平。

## 四、常见投诉类型的处理

### (一) 对设备设施的投诉

对设备设施的投诉是指由于饭店的设备、设施不能正常运行而给客人带来不便和伤害所引起的客人投诉,如空调、照明、供水系统不正常以及家具、地毯破损,电梯失控等情况。

处理此类投诉时,应站在客人的立场上表示同情,并立即与相关部门联系,实地查看,根据具体情况,采取积极有效的措施解决。同时,还应在问题解决后,再同客人联络一次,询问其投诉是否得以真正完善的处理。

### (二) 对饭店服务的投诉

对饭店服务的投诉是指因饭店服务效率低或出现服务事故而引起客人的投诉,如排错客房、转接电话太慢、叫醒服务不准时、洗衣服务出差错等。

处理此类投诉时,应尽快采取措施,进行补偿性服务。之后,应分析产生投诉的原因,强化员工对客人服务的专业知识和操作技能、技巧的培训,尤其是对一些薄弱环节,应反复加强对员工的培训和考核,同时注意提高员工职业道德水平和心理素质、服务意识等。

### (三) 对非常事件的投诉

对非常事件的投诉是指饭店难以控制的某些事件延误客人或使客人受到损失而导致的投诉,如无法按期买到机票、车票;因为天气不好飞机延期而使客人滞留等。

此类投诉并非饭店责任,但饭店应在力所能及的范围内想方设法解决。如果实属无能为力,应尽快向客人解释,得到客人的谅解。

## 五、投诉的统计分析

投诉处理完以后,有关人员,尤其是管理人员,还应该对投诉的产生及其处理过程进行反思,这样,才能不断改进服务质量,提高管理水平,并真正掌握处理客人投诉的方法和艺术。

饭店应十分重视客人投诉,加强对客人投诉工作的管理,做好客人投诉的统计分析,从中发现客人投诉的规律,采取相应的措施或制定有关制度,以便从根本上解决问题,从而不断提高服务质量和管理水平。

**案例1:投诉的成功处理**

正值秋日旅游旺季,有两位外籍专家出现在上海某大宾馆的总台。当总台服务员小刘(一位新员工)查阅了订房登记簿之后,简单化地向客人说:"客房已定了708号房间,你们只住一天就走吧。"客人们听了以后就很不高兴地说:"接待我们的工厂有关人员答应为我们联系预订客房时,曾问过我们住几天,我们说打算住三天,怎么变成一天了呢?"小刘机械呆板地用没有丝毫变通的语气说:"我们没有错,你们有意见可以向厂方人员提。"客人此时更加火了:"我们要解决住宿问题,我们根本没有兴趣也没有必要去追究预订客房的差错问题。"正当形成僵局之际,前厅值班经理闻声而来,首先向客人表明他是代表宾馆总经理来听取客人意见的,他先让客人慢慢地把意见说完,然后以抱歉的口吻说:"您们所提的意见是对的,眼下追究接待单位的责任看来不是主要的。这几天正当旅游旺季,标准间客房连日客满,我想为您们安排一处套房,请您们明后天继续在我们宾馆作客,房价虽然要高一些,但设备条件还是不错的,我们可以给您们九折优惠。"客人们觉得值班经理的表现还是诚恳、符合实际的,于是应允照办了。

过了没几天,住在该宾馆的另一位外籍散客要去南京办事几天,然后仍旧要回上海出境归国。在离店时要求保留房间。总台的另外一位服务员小吴在回答客人时也不够策略,小吴的话是:"客人要求保留房间,过去没有先例可循,这几天住房紧张,您就是自付几天房价而不来住,我们也无法满足你的要求!"客人碰壁以后很不高兴地准备离店,此时,值班经理闻声前来对客人说:"我理解您的心情,我们无时无刻不在希望您重返我宾馆作客。我看您把房间退掉,过几天您回上海后先打个电话给我,我一定优先照顾您入住我们宾馆,否则,我也一定答应为您设法改住他处。"

　　数日后,客人回上海,得知值班经理替他安排一间楼层和方向比原先还要好的客房。当他进入客房时,看见特意为他摆放的鲜花,不由得翘起了拇指。

　　**评析:**

　　(1) 饭店是中外宾客之家,使他们满意而归是店方应尽义务,大型饭店为了及时处理客人的投诉,设置大厅值班经理是可行的。

　　(2) 当客人在心理上产生不快和恼怒时,店方主管人员要首先稳定客人情绪、倾听客人意见,以高姿态的致歉语气,婉转地加以解释,用协商的方式求得问题的解决。

　　(3) 要理解投诉客人希望得到补偿的心理,不但在身心方面得到慰藉,而且在物质利益方面也有所获取。当客人感到满意又符合情理时,饭店的服务才算得上是成功的。

### 案例2:叫醒服务

　　一天早晨9点时,上海某饭店大堂黄副理接到住在806房间的客人的投诉电话:"你们饭店怎么搞的?我要求叫醒服务,可到了时间,你们却不叫醒我,误了我乘飞机!"不等黄副理回答,对方就"啪嗒"一声挂了电话,听得出,客人非常气愤。黄副理意识到这投诉电话隐含着某种较为严重的势态,便查询当日806房的叫醒记录,记录上确有早晨6点半叫醒的服务要求,根据叫醒仪器记录和总机接线员回忆,6点半时确为806房客人提供过叫醒服务,当时客人曾应答过,黄副理了解情况后断定,责任不在酒店,但黄副理仍主动与806房客人联系。"孔先生,您好!我是大堂副理,首先对您误了乘飞机而造成的麻烦表示理解。"黄副理接着把了解的情况向客人作了解释。但客人仍怒气冲冲地说:"你们酒店总是有责任的,为什么不反复叫上几次呢?你们应当赔偿我的损失!"客人的口气很强硬。"孔先生,请先息怒,现在我们暂时不追究是谁的责任,当务之急是想办法把您送到要去的地方,请告诉我,您去哪儿,最迟必须什么时候到达。"黄副理的真诚,使客人冷静下来,告诉他明天早晨要参加西安的一个商贸洽谈会,所以今天一定要赶到西安。黄副理得知情况后,马上请饭店代售机票处更改下午去西安的机票,而代售处反馈下午西安的机票已售完。黄副理又打电话托他在机场工作的朋友,请务必想办法更改一张下午去西安的机票,后来又派专车去机场更改机票。孔先生接到更改的机票后,才坦诚自己今晨确实是接过叫醒电话,但应答后又睡着了,责任在自己,对黄副理表示歉意。

　　**评析:**

　　叫醒服务是饭店为方便客人乘飞机、火车或小睡后赴约、洽谈,应客人要求而提供的一项服务,要求填写叫醒记录单,话务员在受理此项服务时,应相当认真负责,慎重准时。本案例的责任显然不在饭店,而客人又将责任推给饭店,大堂黄副理在接受投诉时并未与客人争论是非,而是站在客人立场上,设法帮助客人解决首要问题。饭店有一个原则:"客人永远是对的。"本案例中黄副理严格遵循这一原则,有理也要让客人,同时也表现了黄副理的服务意识强,如:① 当务之急是想办法把客人送到目的地。② 打电话帮助更改机票。当客人无理要求赔偿时,黄副理没有与客人理论是否该赔偿(这个要求是不合理的),只是很真诚地请客人告诉他所去的地方。以解决最需要解决的问题。体现黄副理处理投诉时的冷静、理智及大度大气。黄副理处理投诉的效率高,如接到投诉电话后,马上调查了解,得知真实情况后,又主动与客人联系,处理问题果断、利索、灵活,整个过程思路清晰,环环相扣,最后问题得到解决,客人也很满意,也为黄副理的真诚而打动,因而主动承认了自己的过错。

本案例在处理客人的投诉中,黄副理面对脾气大、将责任推给饭店的孔先生,黄副理不予争辩,并采取相应的补救措施来挽回客人的损失,在维护饭店利益的同时又没有损害客人的利益,体现了黄副理处理投诉的冷静、理智与技巧,具有很强的职业素养。

## 开夜床能力实训

- 形式:分组演练。3—5人一组
- 时间:45分钟
- 材料:工具车。一次性客用品
- 场地:客房实训室

程序:
1. 布置工具车,进房
2. 开灯
3. 拉窗帘
4. 清除垃圾
5. 更换杯子和烟灰缸
6. 除尘除迹
7. 添加冷、热饮用水
8. 开床
9. 放拖鞋
10. 整理卫生间
11. 自我检查
12. 调节空调
13. 关灯、关门

目的:使学生熟练掌握开夜床服务礼仪。

讨论:
1. 各组完成后,让大家互相评价。
2. 开夜床服务礼仪有哪些注意事项?

## 本章小结

把客房建成"客人的家"一直是酒店追求的目标。能否把酒店办得像家一样,在整个酒店中有着举足轻重的作用。作为工作人员的客房服务员,必须要遵从酒店待客相应的礼仪规范,为客人提供标准化、规范化的服务,以使客人有"宾至如归"的感觉。

 讨论案例

某五星级饭店的普通标房含一份早餐。一日,一位客人办理入住手续,接待员在办理手续的同时告诉客人房价只含早餐一份,但是客人赶时间,没有听清早餐只有一份。次日,客人和夫人一同进餐。客人离店结账时发现早餐钱也算在房价之内,便和接待员理论。客人说:"我根本不知道只含一份早餐……我不是在乎这个早餐钱,早餐就算不是免费的,10 000元我也吃。可是你们根本没告诉我。你必须给我个说法……"接待员无奈只能叫来大堂副理。

【案例讨论与练习题】
1. 如果你是大堂副理,你应该如何解决这个问题?
2. 你认为客人有责任吗?
3. 请总结如何妥善处理客人的投诉?
4. 如果投诉发生在公众场合,首要步骤是什么?

 本章复习题

1. 客房服务员进房服务礼仪有哪些注意事项?
2. 客房送餐服务礼仪的英语服务用语是什么?
3. 客房借用物品服务礼仪有哪些注意事项?
4. 请结合所学知识,阐述酒店客房可提供哪些个性化服务。
5. 处理投诉的方法是什么?有哪些注意事项?

# 第 6 章

# 酒店餐饮服务礼仪

**【名家名言】**

We are Ladies and Gentlemen serving Ladies and Gentlemen.

——Ritz·Carlton

## 本章要点

通过对本章内容的学习,你应了解和掌握如下问题:
- 了解餐厅服务的基本的礼仪要求和餐厅服务的技能、技巧。
- 掌握中餐服务礼仪。
- 掌握西餐服务礼仪。
- 掌握宴会服务礼仪。
- 能按照岗位服务礼仪规范在酒店各岗位上进行服务。

**章首引语**

　　餐厅在酒店当中扮演着非常重要的角色,不仅餐饮部的收入在酒店收入当中占了相当大的比例,餐厅本身也是酒店营销的招牌。餐厅服务质量的好坏将直接影响客人对酒店的评价。礼节礼貌是餐饮服务当中不可或缺的一部分,它渗透在餐饮服务的方方面面,贯穿于餐饮服务的始终。在餐厅服务中,从经理到员工,每个人都是"礼仪大使"。

## §6.1 中餐服务礼仪

### 一、餐前准备

#### (一) 餐前准备

餐前准备是指开餐前为进餐过程中所提供的各项服务做好准备,它是餐厅服务的基础,是星级饭店餐饮服务的重要程序之一。

#### (二) 餐前准备的主要内容

餐前准备包括服务人员素质上的准备和开餐前业务上的准备。服务人员素质包括职业道德素质、敬业精神、健康心理、健康的身体、业务知识和能力等。开餐前的业务准备包括个人仪表准备、环境布置、物品准备、摆台、熟悉当日菜单等几个方面。开餐前要了解和熟悉当日菜单,特别是当天的餐厅推荐菜肴和当天不能供应的饭菜品种。

### 二、引领服务礼仪

#### (一) 引领服务礼仪

1. 问好

餐厅营业前 20 分钟左右,餐厅领位员就要到位,站立于餐厅门口的两侧或餐厅内便于环顾四周的位置。客人进入餐厅,领位员要使用敬语,笑脸迎客,并主动上前热情问候:"欢迎您!"如果是正餐服务时间,应有礼貌地询问客人是否有预订,并询问人数。如果是一位客人独自来到餐厅,领位员应说:"欢迎您";如果是男女客人一起进来,领位员应先问候女宾,再问候男宾;对于进入餐厅的年老体弱的客人,要主动上前搀扶照顾。用餐高峰时,如果餐厅内暂无空座,要向客人表示歉意,说明情况;如果客人因故不能耽误而要离去时,领位员要热情相送;如果客人表示可以等候,应请客人稍坐守候,而不要让客人站着等。

2. 领位

领位员应根据客人的人数及不同的就餐需求安排合适的就餐座位。客人对餐厅环境不太熟悉,所以,领位员应走在客人左前方一米左右,目的是为客人指引方向,并对客人招呼:"请跟我来!请跟我来!"同时伴以手势。手势要求适度规范,在给客人指引大致方向时,应将手臂自然弯曲,手指并拢,手掌心向上,以肘关节为轴,指向目标,动作幅度不要过大、过猛,眼睛要引导客人向目标望去。切忌用一个手指指指点点,显得很不庄重。引领过程中应不时回头面带微笑示意客人。正确的领位规范包括两个方面,一是将客人带到正确的位置;二是正确的领位姿势。领位员必须将客人带到合适的餐位,一般从里向外安排座位,根据客人的人数安排适当大小的餐桌,还应注意不同客人的需求。带客入座的步态要优美,一般以侧行步为主,随时关注客人并与客人适当交流;位置要正确;速度要恰当,不能太快也不能太慢。正确的领位不仅仅是将客人带到餐桌旁,在领位过程中,要随时关注客人的情况,还要随时提醒客人道路安全等,在遇到有障碍或危险时要保护客人等。在安排入座时,应按主宾次序礼貌地请宾客就位,此时,可征求客人的意愿。到达客人的座位时,领位员要用双手将椅子拉出,右腿在前,膝盖顶住椅子后部,待客人屈腿入座后,顺势将椅子推向前方,推椅子动作要自然、适度,注意与客人的密切合作,使客人坐好坐稳。如有多位客人就餐,应首先照顾年长者或女宾入座。离开时,记得对客人说:"祝各位用餐愉快!"视情况,领位员还要帮助客人拿、放、存随身物品。

### 案例:外订"佛跳墙"

一天晚上,某饭店的门前驶来一辆出租车,来自中国台湾的四位客人先后下车走进饭店,直奔二楼风味餐厅。"欢迎各位到风味餐厅用餐。请问先生贵姓?有没有预订?"接待小姐很有礼貌地问道。"我姓雷,三天前电话预订了'佛跳墙',请你查一下。"雷先生迫切地说。接待小姐查了预订记录,发现只有两个姓李的客人订了四人餐,一个是李永昌(海鲜宴),另一个是李明(外订"佛跳墙")。"先生,请看这是不是您的预订?"接待小姐请客人确认预订记录。"哦,不,我叫雷铭,这外订'佛跳墙'是什么意思?"雷先生用笔更正了姓名后,不解地问道。"'佛跳墙'这道菜有18种原料,需要很长时间加工,其中的鱼唇、金钱鲍鱼等原料我们这里今天刚进货,在接到您预订时制作时间已经不够,但考虑到您对饭店的信任,我们已经为您在其他饭店预订了这道菜。"接待小姐耐心地向雷先生解释了外订的原因。"那不行。你们这么大的饭店'佛跳墙'都做不出来,还开什么餐厅!同意了我的预订就要兑现,我就要吃你们做的'佛跳墙',其他饭店做的不要。"雷先生突然生起气来。"十分抱歉,我们没有向您解释清楚,让您误会了。这几天预订'佛跳墙'的客人只有您一位,原料和时间都紧张,我们就派厨师到关系单位亲自为您加工,现在已经准备好了,口味绝对正宗。请您先到里面入座,先品尝其他菜,'佛跳墙'马上就上桌。"餐厅经理急忙走过来回答。"谢谢你们想得周到,但以后预订,不要把人家的名字搞错。"雷先生和家人跟随领位小姐走进了餐厅。

事实上,由于雷先生预订时间晚,又是电话预订,餐厅因为原料不全来不及准备,的确在外面为他预订了"佛跳墙",一旦他来,就开车去取。当雷先生一家吃到那满堂馥郁的"佛跳墙"时不禁食欲大增,伸起大拇指连声说好。

**评析:**

(1)预订时,一定要注意预订内容的规范化,确保预订者的权益。此例中预订员误把"雷铭"写成"李明",引起客人的不满。因此,同音或近音的姓名一定要确认清楚,以示对客人的尊重。

(2)预订员不仅要掌握餐厅的供应情况和加工能力,还要考虑到饭店的信誉,不要只为利润而预订那些不能落实的菜肴,否则,容易在实际服务中造成被动。此例中外订的"佛跳墙"如果取不到,或客人没有来,均会造成饭店声誉或经济上的损失。因此,对电话预订的菜肴,特别是贵重的菜肴,一定要有十分的把握,否则,不要同意预订。

(3)此例中,预订缺乏细致和周全,但接待小姐的耐心和餐厅经理的及时应答弥补了工作上的不足。此外,预订记录最好不要给客人看,以免造成服务上的被动。

### 三、点菜服务礼仪

#### (一) 点菜服务礼仪

当客人进入餐厅服务区域时,值台员要自然站立,挺胸直腰,见客人走进时应面带微笑,向客人微微点头示意,并热情问候:"您好,欢迎光临!"问候时应注意鼻眼三角区,上半身微向前倾,并与领位员一起完成拉椅让座服务。

1. 上茶

客人坐下后,根据餐厅的备茶种类,主动询问客人需要哪种茶水:"您好,请问您要喝点什么茶?我们这里有……"可以为客人冲泡客人选择的茶水。一般来说,茶水斟倒七分满就可以了。为客人递送茶水时,记得茶杯的柄要转到客人最方便顺当的地方。

2. 点菜

在斟倒茶水前,可以将餐厅的菜单递给客人。递送菜单时,态度要恭敬,不可将菜单往桌上一扔或是随便塞给客人,不待客人问话就一走了之,这是很不礼貌的举动。如果男女客人在一起用餐,应将菜单先给女士;如果很多人一起用餐,最好将菜单交给主宾,然后按逆时针方向绕桌送上菜单。客人点菜时,服务员不要站在通道边上或妨碍其他服务员和客人的地方。注意点菜时的位置及仪态,通常站在客人的左边介绍菜式,站立姿势要端正,距离要适度,不要催促或是以动作(如敲敲打打等)来显示不耐烦,不要双手环抱于胸前或叉腰,也不要手扶桌面或椅背,切忌手搭在椅子上或脚蹬在椅子上摇晃,使客人有如坐针毡之感。点菜服务过程中,要一直面带微笑,并做到有问必答,回答时要言简意赅,亲切大方。若遇客人点菜犹豫不决,则应主动根据客人的时间、人数、大致身份、性别、年龄、国籍、季节等的具体情况,向客人介绍本餐厅的特色菜,最近的美味时令菜、新菜等,也可根据客人不同的就餐目的为其当好参谋。

当回答客人征询意见、介绍和推荐本餐厅特色和时令菜肴时,要尽量介绍一下所点菜肴的烹制时间,以免客人因久等而不耐烦。要注意观察,揣摩客人的心情和反应,察言观色,不要勉强或硬性推荐,尤其是当客人点了价格较为便宜的菜时,要保持神色依旧,不能因此而流露出鄙夷的神情或开始在态度上有所怠慢。还要讲究说话方式,不要讲:"这个菜您吃不吃?这一道菜是很贵的!"

等待客人点菜时,精力要集中,随时准备记录。同客人谈话时,上半身略微向前倾,始终保持笑容,客人点的每道菜和饮料都要认真记录,防止出现差错。若遇客人所点菜肴没有现货供应时,不要不假思索地予以回绝,应礼貌道歉,求得客人谅解,并尽量替客人想办法,可以这么说:"真对不起,这道菜今天没有,要么我去与厨师长商量一下,看能否尽量满足您的要求?"客人点菜完毕,要在客人面前重新将所点菜肴报一遍,以免出错。

#### (二) 点菜服务礼仪注意事项

1. 时机与节奏

把握正确的点菜时机,在客人需要时提供点菜服务;点菜节奏要舒缓得当,既不要太快,也不要太慢,要因人而异。

2. 服务要规范化

填写点菜通知单要迅速、准确,单据的字迹要清楚,冷菜、热菜分单填写。要填写台号、日期、用餐人数、开单时间、值台员签名。菜肴和桌号一定要写清楚。

3. 客人的表情与心理

在服务过程中,服务员应注意客人所点的菜和酒水是否适宜,这需要观察客人的表情和心理变化。

4. 清洁与卫生

点菜中要注意各方面的清洁卫生。菜单的干净美观、服务员的个人卫生、记录用的笔和单据的整洁都要符合标准,才可使客人在点菜时放心。

5. 认真与耐心

点菜时应认真记录客人点的菜品、酒以及客人的桌号、认真核对点菜单,避免出错;要耐心回答客人的问题,当客人发脾气时,服务员要宽容、忍耐,避免与其发生冲突。

6. 语言与表情

客人点菜时,服务员的语言要得体,报菜名应流利、清楚,表情应以微笑为主,以体现服务的主动与热情。

7. 知识与技能

服务员要不断拓宽自己的知识面,提高服务技能,才能应付复杂多样的场面,满足不同顾客的不同需求。

### 案例:满意的午餐

某星期日中午,雷先生一家三口来到北京某饭店的中餐厅吃午饭。点菜时,服务员微笑着询问雷先生想吃什么。雷先生考虑了一下,告诉服务员,想要一些口味清淡、不太辣的菜。于是,服务员向他们推荐了几样中高档的广东菜,并介绍了广东菜的特点。

"广东菜由广州菜、潮州菜和东江菜组成,讲究原料加工方法,口味清淡鲜美,突出菜的质量和原味。比较有名的菜是红烧大裙翅、片皮乳猪、蛇羹、清汤鱼肚、一品天香、冬瓜燕窝、油爆虾仁等。我们餐厅有从广州白天鹅宾馆请来的特级厨师,加工的菜都保持了广东菜的正宗风味。如果您感兴趣,可以在我给您推荐的菜中挑选几样尝尝。"

听了服务员介绍,客人很放心,并按服务员的推荐点了菜。每上一道菜,服务员都热心地为他们介绍,使他们的进餐过程充满了情趣。经过品尝,客人确实感到这家饭店的菜品鲜美,味道不同寻常。

用餐快结束时,雷先生又告诉服务员,希望能带走一份味道鲜美、质量上乘、适合于老人享用的菜,带回家给行动不便的老母亲品尝。服务员热情地为他推荐了燕窝鱼翅煲,并告诉他此菜营养丰富、质量上乘,属于粤菜中的精品,非常适合老年人食用,并且有精心的包装。雷先生临走时感激地对服务员说:"这顿饭我虽然花了不少钱,但非常高兴,对你的服务非常满意,有机会还要来这里吃广东菜。希望下次能为我们推荐一些味道更好的菜。"

**评析：**

在餐饮推销服务中，一定要注重优质服务和周到服务，只有在优质服务的基础上才能取得客人的信任，保证推销的效果。本案例中的服务员，在了解客人的口味特点后，适时、适度地为他们介绍广东菜的内容，并在上菜过程中继续推销的程序，详细介绍菜品的特点，引发起客人的兴趣，其周到服务的风格满足了客人的心理需求，使推销服务的进程十分顺畅。

推销意识是保证推销服务成功的关键。只有建立在良好服务意识基础上的推销意识，才能在餐饮服务的全过程中不断发现推销的机会。本例中第二次推销的机会就是在客人用餐结束并赢得客人的信任之后发生的。服务员的推销再次激发起客人的购买欲望，使得客人继续消费。

## 案例：崔经理欠账了

崔经理请几位教授到北京某星级宾馆的中餐厅用餐。服务员很有礼貌地把他们请到餐桌前入座，便开始请他们点菜。老朋友见面聊个没完，崔经理接过菜单看了一眼，便把它递给旁边的孙教授请他来点。孙教授对一些菜名不太熟，便边请服务员讲解，边点菜。点了几个中高档的菜名，孙教授对服务员说："我们年纪都大了，很想要一些清爽的汤菜，像粟米羹之类的东西。""我们今天没有粟米羹，但有燕窝鱼翅羹，这是我们的特色羹汤。"服务员不失时机地推荐道。此时，崔经理正在和其他人谈话，孙教授见菜单上没有这道羹汤，以为价钱不贵，就应了点头："请给我们10个人每人要一碗吧。"过了一会儿，酒水和菜就上桌了。大家边聊边吃，非常高兴。席间服务员给每人端上一小罐羹汤，并告诉大家这是燕窝鱼翅羹，当时大家并没有注意，就用小汤匙喝了起来。孙教授几口就把羹汤喝光了，嘴里还嚷嚷着："好喝，味道很鲜，只是有点像粉丝汤。"结账时服务员告诉崔经理，餐费共6 000多元人民币。大家一听都傻了眼，以为自己听错了。"我们实在没有要很多菜呀。"崔经理忙让服务员把账单拿过来，燕窝鱼翅羹一项就记录着近5 000元。"服务员，这羹多少钱一碗？"孙教授忙问。"498元。"服务员回答说。"你在介绍时怎么不告诉我们价钱呢？"孙教授有些张口结舌了。服务员却微笑不语。崔经理安慰大家说，他既然请客就要让大家高兴。他告诉收款员身上只带了3 000多元现金，还有几百元港币，其他的欠款第二天一定送来。但餐厅不同意赊账，大家见状都翻兜找包，帮他凑钱，但没人带很多钱出来，钱仍凑不足。最后，餐厅终于同意崔经理留下身份证明天再来交钱。临出餐厅时，孙教授叹着气说："今天我可犯了个大错误。"大家也都笑着和他开玩笑："你刚一见崔经理就让他欠账，真有本事啊！"那么，这次"欠账"真是孙教授的错误吗？

**评析：**

本案例中，服务员利用孙教授的"不懂行"为餐厅推销出昂贵的高档菜，在经济上取得了效益，但在道义上却给人留下了"欺骗"的嫌疑。如果从为客人提供满意服务的角度上看,让崔经理欠账的责任当然要由那位服务员来负。首先,她应明白这批客人用餐的目的主要是为了聚会畅谈,并不是来摆排场;其次,应搞清楚这批知识分子来餐厅想要的是经济实惠的菜肴;最后,她在推销高级羹汤时,没有把价格告诉客人,误使孙教授为每人都点了燕窝鱼翅羹。如果给客人介绍清楚,为他们点上一两份羹汤,让大家都品尝一下,可能会达到更好的服务效果。

点菜和推销的关系是紧密的,但出发点一定要正确。为客人点菜时,首先要为他们介绍菜单上的菜肴,并根据他们的需求和条件推荐厨师特色菜。要向他们报出实价,决不能利用客人的"无知"欺骗他们,耍一些"小聪明"。否则,只是一时得逞,最终会败坏自身以至饭店的声誉。

### 四、餐间服务礼仪

#### (一) 餐间服务的基本内容

餐间服务是餐饮服务中时间最长、环节最复杂的服务过程。一般而言,这个程序包括送订单,传菜,上菜,介绍菜名和内容,更换餐具,为客人上菜斟酒水,为客人加工某种菜肴,更换客人不满意的食品,回答客人问话,为客人提出建议,为客人提供其他服务等。

#### (二) 餐间服务礼仪

1. 上菜服务礼仪

(1) 上菜。

当菜肴制作好后,由传菜员传到值台员手中,再由值台员送上餐桌。上菜一定要及时,否则,可能造成热菜变成凉菜或者出菜慢等。上菜要准确规范,中餐上菜的顺序是冷菜、热菜、米饭、汤、点心等,一般先荤后素。所有热菜需加上盖后才送出。其次,准确规范还体现在上菜前一定要核对桌号与菜肴名称,传菜要与订单和餐桌号相符,不能错单、错号。菜上桌时,要向宾客介绍菜名,有必要时,要将菜肴的加工情况和食用方法如实告诉客人,如有佐料的要同时跟上。值台员上菜时要轻放。放置前应先向宾客打招呼后再从宾客右侧的空隙送上,严禁将菜盘从客人头上越过。服务员上菜时要选择操作位置,上菜的位置要在陪同人员座位之间,一般不要在主宾和客人之间。上菜时由于会影响到旁边的客人用餐,为了避免客人不小心碰到菜肴,一般应事先打声招呼:"对不起,打扰您了!"然后才可以上菜。如果餐厅人较多,较为集中,应事先与客人打声招呼:"对不起,先生,今天客人集中到达,出菜速度可能会慢一些。"这种主动服务会使客人提前做好心理准备,哪怕真的上菜慢了,客人一般也不会计较。全部上菜完毕后,一定要和客人说一句:"先生/女士,您的菜齐了!"

(2) 撤盘。

菜碟必须要征得客人的同意才能收撤,空盘除外。撤盘时,小盘应从客人的右侧收撤,大盘从上菜口收撤。收撤过程中,忌讳当着客人的面刮盘子,如果客人将空盘递过来,要及时道谢。

2. 餐间服务礼仪

就餐期间,服务员要做到勤巡视,勤斟水,勤换烟灰缸和清理台面,主动照顾好老幼和残疾人士,照顾好坐在边角位置的宾客,尽量满足宾客的合理要求,有问必答,态度和蔼,语言亲切。在客人用餐过程中,应及时地为他们更换使用过的菜碟、餐具和烟缸,随时保持餐桌上的整洁。烟缸里有两个以上烟头或有纸团、杂物时,要马上撤换。为客人提供服务时要迅速,如为客人分菜要迅速,当客人酒杯中的酒少于1/3时,要及时为客人添酒,要在客人提出服务要求前为客人提供服务。服务还要准确,方式、位置和时间要正确。

在客人互相交谈时,服务员做到不旁听、不窥视,更不能随便插嘴,如果有事也不要骤然打断谈性正浓的客人,可停在一旁目视客人,待客人意识到后,向客人道声:"对不起,打扰您的谈话了",然后再说事情。

如果客人不慎将餐具掉落在地上,应迅速上前取走,并马上为其更换干净的餐具,绝不可在客人面前用布擦一下再拿给客人继续使用。如果有客人的电话,应轻轻走到客人身边,轻身告诉客人,不可图省事,而在远处大声叫喊。

服务人员在餐厅服务时,应做到"三轻",即走路轻,说话轻,操作轻。取菜时要做到端菜平稳,汤汁不洒,走菜及时,不托不压。从餐厅到厨房,力求做到忙而不乱,靠右行走,不冲,不跑,不在同事中穿来穿去,走菜时身体要平稳,注意观察周围的情况,保证菜点和汤汁不洒、不滴,将菜盘端上来放到餐桌时,不能放下后推盘,撤菜时应直接端起,而不能拉盘。

在餐厅内,当着客人的面,餐厅内部员工也要养成相互问候、打招呼的习惯,服务人员彼此之间说话要自然、大方地使用客人能听懂的语言,切忌不要当着客人的面咬耳朵、说悄悄话,对国内客人应一律使用普通话,对外宾则要使用相应的外语,禁止使用家乡话或客人听不懂的语言。

### 案例:服务热情周到

一天晚上,曲先生陪着一位美国客人来到某高级饭店的中餐厅用晚餐。点菜后,一位服务员便热情地为他们服务起来。她为外宾摆上刀叉,为两位客人斟酒、上汤、上菜、上饭。当一大盆粟米羹端上来后,她先为客人报了汤名,接着便为他们盛汤,盛了一碗又一碗。服务员在服务期间满脸微笑,手疾眼快,一刻也不闲着:上菜时即刻报菜名,见客人杯子空了马上斟酒,见菜碟空了立刻布菜,见菜碟上的骨刺皮壳多了随即更换,见米饭没了赶紧添上……她站在旁边忙上忙下,并不时用英语礼貌地询问两位还有何需要,搞得客人们拘谨起来。外宾把刀叉放下,从口袋里拿出香烟,抽出一支拿在手里,然后对曲先生说:"这里的服务简直是太热情了,不过……""先生,请您抽烟。"服务员见外宾手里拿着香烟,忙从口袋里拿出打火机,熟练地打着火,送到客人面前为他点烟。"喔……好,好!"外宾忙把烟叼在嘴里迎上去点烟,样子颇显狼狈。烟点燃后,他忙向服务员说了两声:"谢谢!"见服务员又在忙着给他的碟子里添菜,忙熄灭香烟,用手阻止说:"谢谢,还是让我自己来吧。"服务员随即把烟缸拿去更换。"曲先生,我们还是赶快吃完走吧。这里的服务太周到了,就是让人有点透不过气来。"外宾说完便急忙用餐。当服务员给他们上最后一道菜时,他们谢绝了服务员的布菜,各自吃两口便要求结账了。

在服务员为他们送账单时,外宾拿出一张钞票给服务员,被服务员谢绝了,并告诉他中国饭店的餐厅不收小费,这是她分内的工作。外宾不太习惯地把钱又收了起来。服务员把他们送离座位连声说:"欢迎再来。"

**评析:**

本案例中,服务员的服务热情很高,但节奏显得太快,给人一种紧张的压迫感。在现代饭店的餐饮服务中,流行着一种无干扰服务的形式。这种服务注意服务的节奏感,以客人的需要为服务的尺度。例如,客人需要安静时,不要上前打扰,要站在他们的远处静候其召唤;布菜、盛汤和添饭时,也应征得客人的同意,不要自作主张,以免对客人形成不必要的干扰。热情服务和无干扰服务均要根据客人的具体需求来定夺,要掌握好分寸,否则,容易起到相反的服务效果。因此,两者需要相互结合,灵活运用。

## 五、结账服务礼仪

结账在餐饮服务中属于收尾工作,意味着整个餐饮服务工作即将结束。

### (一) 结账的方式

餐厅结账的方式一般有三种:现金、刷卡/网络支付、记账。

### (二) 结账的要求

首先,当客人提出结账时,应先斟上茶水,送上香巾,然后再递送账单,请客人过目,呈送账单时,应使用账单夹或小托盘送上,账单要求清洁、干净,账单上的账目要清楚,并经过认真核对,如发现问题,应及时解决,对客人的疑问要耐心解释。其次,要礼貌地收取客人的钱款票证,收取钱款后,应当着付款客人的面清点唱收,并及时交到账台核对、办理。宾客付款时,要向宾客道谢,应当面点清款项,然后交收款员。再次,换回余款或信用卡单据后,要及时放到盘子里交还客人,并请其清点、核查。尽量不要把很破旧的或者很零碎的钱找给客人,以示对客人的尊重。如找回的余款数量较大,应站在一侧,待宾客查点并收妥后方可离去。账单一定要准确,不要犯错甚至故意犯错,给客人留下故意占便宜的印象,造成客人不满,失去熟客。

结账时要注意以下几方面:

(1) 注意结账时间。服务员一般不要催促客人结账,结账应由宾客主动提出,以免造成赶宾客离开的印象。

(2) 注意结账对象。在散客结账时,应分清由谁付款,如果搞错了收款对象,容易造成客人对饭店的不满。要注意就餐客人的特点,并据此判断账单应该交给谁。若是一对夫妻,账单一般先给男方;几人同时用餐,应问清楚客人是一起结账还是分开结账。

(3) 注意服务态度。结账时最易出现客人对账单有疑问的情况,这时,服务员一定要态度良好,认真核对,认真解释,不要与客人发生冲突,要讲究策略。结账时一定要避免出现跑账和跑单的情况。结账后仍应满足客人的要求,并继续提供热情服务。

**案例：结账风波**

郑先生一行十人到一家高级宾馆用餐。在点了一桌丰盛的酒席后，大家便兴致勃勃地推杯换盏，夹菜品肴，热闹了起来。席间，两位服务员的服务颇为周到，又是上菜，又是报菜名，又是换菜碟，面面俱到。菜肴的味道也让大家感到满意。郑先生不无得意地对大家说："我选的这家饭店不错吧。"临近尾声之际，郑先生招手请服务员过来添菜，一位穿旗袍的小姐轻盈地走了过来。"先生，您这桌的餐费是1 330元，不知由哪位来付钱？"服务员以为郑先生是要结账，便提高声音说出了钱数。服务员的话使大家为之一愣，为什么她收钱时的语调与刚才服务时的温柔语调相比反差那么大，连旁边餐桌的客人都向这里张望。郑先生是个很讲面子的人，服务员的话使他感到尴尬。"服务员，收餐费不用这么大声，钱我是会付的，况且，我只是想让你过来添菜……既然如此，我现在就结账吧。"郑先生连忙掏钱。"先生，实在抱歉，我还以为您要结账。我们饭店规定，结账时要报账清楚，所以……对不起，现在我就给大家添菜。"服务员不好意思地说道，并赶忙为客人添菜。郑先生此时已经把钱拿出来交给服务员，连账单都没看，让她赶快结账。由于服务员的一句话，大家的情绪不再那么热烈了，服务员找回钱后大家便离开了餐厅。

思考：
1. 为何客人的情绪不再那么热烈了？
2. 结账服务礼仪有哪些注意事项？

## 六、送客礼仪

送客是礼貌服务的具体体现，表示餐饮部门对宾客的尊重、关心、欢迎和爱护，它是餐饮服务必不可少的重要内容，也意味着餐饮服务工作的结束。在送客过程中，服务员应做到礼貌、耐心、细致、周全，使客人满意。客人用餐完毕，领班或者主管应主动征询意见，这是了解客人对菜肴和服务意见的好机会，如果客人有意见，应该第一时间解决。需要注意的是，客人结账并不一定代表客人要离开，更不代表服务结束了，服务员应该继续为客人服务，如更换烟灰缸、斟倒茶水等，直到客人离开。

当客人站立时，本着女士优先的原则，作为值台员应马上帮客人拉椅子。客人离开前，如愿意将剩余食品打包带走，应积极为之服务。客人在离去时，一定要记得提醒客人不要忘记携带物品，如果有可能，应该将客人送出餐厅门外，告别时应该面带微笑："再见，先生/女士，欢迎您下次再来！"

## 七、清理台面礼仪

清理台面就是在宾客离开餐厅后，服务员收拾餐具，整理餐桌，并重新摆台的过程。服务员在热情送客，道谢告别后，要迅速收拾好台面上的餐具，清洁台面，按规格重新摆上餐具，以迎接下批宾客。

翻台服务中应注意及时、有序,应按酒具、小件餐具、大件餐具的顺序进行,宾客用餐结束,全部走出餐厅后,服务员收餐具应按下列顺序进行:(1)小毛巾、餐巾;(2)高档餐具;(3)玻璃器皿;(4)刀、叉、筷等小件餐具;(5)汤碗、餐碟等个人餐具;(6)公用大餐具。翻台时,如发现宾客遗忘的物品,应及时交给宾客或上交有关部门。翻台时,应注意文明作业,保持动作的稳定,不要损坏餐具物品,也不应惊扰正在用餐的宾客。

## §6.2 西餐服务礼仪

### 一、西餐服务的方式

#### (一) 美式服务

美式服务也称"盘式"服务,是美国很多餐馆的服务特色,其食物都是在厨房内装好盘,然后放在顾客的面前。服务员在操作中所遵循的一般规则是:"菜从宾客左边,用左手端送左面上,酒类、饮料从宾客右边斟倒。脏盘子从右边撤走。"这种服务是快速和廉价的,它不太拘泥形式,在餐饮业中是较为流行的一种方式。美式服务的主要优点在于快速和廉价,一个服务员可以同时为很多客人服务,尤其适用于西餐咖啡厅的服务;对服务的技术要求相对较低,非专业的服务员经过短期的训练就能胜任,因而在人工成本上是比较节省的。其缺点主要是这种快速服务不太适合消费者,顾客得到的个人服务较少,餐厅还常常显得忙碌和嘈杂。美式服务适合于低档的西餐厅,而不适合高档西餐厅的服务。

#### (二) 法式服务

法式服务也称餐车服务,是现在所有餐厅服务方式中最繁琐、人工成本最高的一种,其主要特点是餐厅的每个服务台需要一名服务员和一名助手,法式服务的另一大特点是每道菜的最后加工,或简或繁,都必须在宾客餐桌边完成,而且通常是在一架小推车上进行加工,因而也有人称法式服务为"车式服务"。由于这种服务方式在一般商业性餐厅不易做到,因而没有流传下来,现在的所谓法式服务是法国饭店企业家里茨的创造,因而也称里茨式服务。除了面包黄油及色拉外,法式服务的其他所有菜肴要求服务员一律以右手从宾客的右边送上。法式服务的优点是:法式服务是一种炫耀性强,非常豪华的服务;法式服务给予客人的个人照顾较多。法式服务的缺点是:投资大、费用高,培训费用和人工成本较高;空间利用率较低;座位周转率低。

#### (三) 英式服务(家庭式服务)

英式服务所采用的服务方法是:服务员从厨房拿出已盛好菜肴食品的大盘和加热过的空餐盘,放在坐在宴席首席的男主人面前,必要时由男主人亲自动手切开肉菜,并把肉菜配上蔬菜分夹到空的一个个餐盘里,并由男主人将分好的菜盘送给站在他左边的服务员,再由服务员分送给女主人、主宾和其他客人。英式服务的特点是讲究气氛,节省人工。但服务节奏较慢,在大众化的餐厅里不太适用。

#### (四) 俄式服务

俄式服务也称餐盘服务,是世界上较好的饭店中最受欢迎的餐厅服务之一,成为目前世界上所有高级餐厅中最流行的服务方式,俄式服务也被称为国际式服务。俄式服务在许多方面和法式相似,它十分讲究礼节,风格雅致,客人获得周到的服务。但服务方式则有所不同:一是俄式服务只需一名男服务员上菜服务;二是全部菜肴都是在厨房中完全准备好,并预先切好,由厨师整整齐齐地放在银质大浅盘中,由服务员把盘端到餐厅,再从盘中送给客人。

## 二、西餐基本服务规则

(1) 美式服务要求服务员用左手从宾客左边上菜肴食品;法式服务要求服务员用右手从宾客右边上菜肴食品;俄式服务要求服务员用右手从宾客左边派菜。

(2) 所有饮料、酒类都从宾客右边,用右手斟倒。

(3) 所有餐具都从宾客右边用右手撤下,但黄油、面包盆则可从宾客左边撤下。

(4) 优先服务女宾客和老幼宾客。

(5) 所有菜式都必须依照进餐程序替宾客送上,不可颠倒次序,除非宾客言明要求。

(6) 西餐的一般进餐程序是:鸡尾酒和餐前小吃—开胃菜—汤—色拉—主菜—水果和乳酪—餐后甜点—餐后饮料。

## 三、西餐服务礼仪

### (一) 订餐服务

客人订餐、订座,要做到彬彬有礼,问候语言运用熟练、规范。详细询问客人订餐、订座的内容并复述,订餐内容必须做到明确详细,以便事先做好安排。电话预订的情况同宴会服务礼仪。

### (二) 引领客人

领位员首要是安排餐厅座位。另外,对于餐厅的经营风味、食品种类、服务程序和操作方法也要熟记在心,以便在引领过程中进行相应的介绍和推销。就餐宾客到达餐厅时,应受到领位员的礼貌问候,热情的微笑和友善的目光能使宾客感到宾至如归。领位员对常客和餐厅的贵宾要称呼姓名。引导客人入座,遵守礼仪顺序。订餐、订座客人按照事先安排引导入座。要注意照顾老人、儿童、伤残人和病人。客人入座时,与值台服务员交接服务。

**学生练习:引领服务**

小王是某饭店西餐厅的引位员。这天午饭期间,小王看见一位先生走了进来。小王微笑着问道:"中午好,先生。请问您是否有预订?""你好,小姐。我没有预订,我就住在你们饭店。"这位先生漫不经心地回答。小王礼貌地问道:"欢迎您光顾这里。不知您愿意坐在吸烟区还是非吸烟区?""我不吸烟。不知你们这里的头盘和主菜有些什么?"先生问道。"我们的头盘有一些色拉、肉碟、熏鱼等,主菜有猪排、牛扒、鸡、鸭、海鲜等。您要感兴趣,可以坐下看看菜单。您现在是否准备入座?如果准备好了,请跟我来。"小王说道。这位先生跟随她走向餐桌。"不,我不想坐在这里。我想坐在靠窗的座位,这样可以欣赏街景。"先生指着窗口的座位对小王说。"请您先在这里坐一下。等窗口有空位了我再请您过去,好吗?"小王在征得客人的同意后,又问他要不要开胃品,客人点头表示肯定。小王对值台服务员交代了几句,便离开了。当小王再次出现在这位客人面前告诉他靠窗有空位时,客人正与同桌聊得热火朝天,并示意不换座位,要赶紧点菜。小王微笑着走开了。

练习:

两位同学一组,一位扮演客人,一位扮演服务员小王。表演结束后,评选最优秀的一组。

### (三)餐前服务

值台服务员与领位员一起协助客人入座并主动问好,及时递送餐巾、香巾,热情询问客人餐前需要用何种饮料,然后根据客人选择递送饮料。整个服务过程要热情而不失规范。点菜前,先审视推敲哪位是主人并询问是否可以点菜,点菜时,要站在客人左边,并将菜单双手呈上,姿势端正,听清记准,必要时给客人一些建议,从而服务好客人点菜。一些西餐厅还提供鸡尾酒、餐前小吃服务。高级西餐厅往往在鸡尾酒服务前先供应一份清汤,如洋葱胡萝卜汤、芹菜西红柿鸡汤等,其作用是保护胃壁,减少酒精刺激。如无清汤供应,西餐厅一般都有冰水供应,宾客入座后,即应斟满水杯。与此同时,另一名服务员应开始端送面包黄油,面包黄油碟摆放在宾客左边,因此,面包应从左边送上,用一把叉、一把匙夹送。接着便应询问宾客点用什么鸡尾酒,之后应逐一复述所点款式,以免差错,然后礼貌地退离餐桌。鸡尾酒应从宾客右边送上。

### (四)点菜服务

鸡尾酒服务以后,应立即递送菜单。在一般情况下,每位宾客都应有一份菜单,先要递送给女性宾客。接受点菜一般应在宾客的左边进行,但应视具体环境,以让宾客感到舒适方便为原则,态度应和蔼可亲。有的饭店规定从宾客右边接受点菜,从主宾左边的那位宾客开始,然后沿顺时针方向进行,与前者恰好相反。要记清每位宾客所点菜肴;接受点菜时应问清楚每位宾客对其所点菜肴的烹制要求,包括老嫩程度、咸淡口味、配菜调料、上菜时间等,并作相应记录。结束点菜以后,应及时送上酒单,点酒在点菜以后进行。酒单不需每人一份,但应先将酒单向全桌宾客展示,然而递送给准备点酒的宾客。注意客人所点的菜肴与酒水匹配,善于主动推销,主动介绍本餐厅产品的特色风味以及烹饪方法。

### 案例:点餐服务

小李是一个平时随性大方的人,做事总是不太认真。有一次客人来用餐,她去点单,当她问客人用什么茶时,客人告诉她"不用茶"。她听成了"伯爵茶",结果为客人点了一壶"伯爵茶"。点单后她没有复单,客人也不知道,当服务员上茶时客人很惊讶,并拒绝付款,她没有办法只好自己赔单。这也是给她粗心大意的一次教训。

**评析：**
　　做为一名服务员，需要耐心、细心，为客人点单时要仔细听、认真记，点单后要为客人复单，以免产生误差，确定准确后再离开。想成为一名优秀的服务员，就需要付出很大的努力，相应的细心必不可少。

### （五）上菜及席间服务礼仪

**1. 上菜**

　　按照西餐上菜顺序上菜。一般来说，20分钟内第一道菜上桌，90分钟内所有菜点出齐。如果有些菜点制作过程较为复杂，要事先告诉客人大致的等候时间。上菜一律用托盘，托盘姿势要端正。热菜食品加保温盖。菜点上桌要报菜名并摆放整齐，然后为客人斟上第一杯饮料，示意客人就餐。上菜过程中，控制好上菜节奏、时间与顺序。

**2. 席间服务**

　　席间服务时，要照顾好每一位客人。客人每用完一道菜，都要及时撤下餐盘刀叉，清理好台面，摆好与下一道菜相匹配的餐盘刀叉。整个服务过程要做到动作细致、快速，符合西餐服务要求。宾客用毕沙拉以后，服务员应对餐桌稍作整理，以便上主菜。主菜除了要求色、香、味、形俱佳外，还要求服务员在上主菜时带有炫耀性，以唤起宾客对主菜的兴趣。上主菜时必须注意餐盆的摆放位置。菜肴的主要部分（如牛排、鱼排、鸡脯等）在装盆时一般放在餐盘的中下方，其他配料（如烤土豆、青豆、剑兰菜等）则在上方，上菜时应注意使菜肴主要部分靠近宾客。客人用餐过程中，随时注意台面整洁，及时撤换烟缸，烟缸内的烟头不超过二个。上水果甜点前，撤下台面餐具，所有服务及时周到。

### （六）结账送客服务礼仪

　　当宾客示意结账时，服务员应尽快取来账单，正面朝下或夹在收账夹中放在账单托盘上，送至有关宾客，有的餐厅此时还赠送就餐宾客每人一块花式巧克力，以示感谢。如果是由服务员收款，则应点清数额，免出差错。当宾客起身离席，服务员应主动拉椅协助，道谢告别。客人离开后，快速清理台面，台布、餐巾、餐具按规定收好，重新铺台，摆放餐具，三分钟内完成清台、摆台。整个过程要轻拿轻放，避免影响其他客人用餐，快速准备迎接下一桌客人。

## §6.3　宴会服务礼仪

### 一、预订服务礼仪

#### （一）热情迎接

　　预订员应该热情、礼貌地接待每一位前来预订的客人。若客人亲自前来，应立即起身相迎，请客人入座并递上茶水和香巾，自报姓名和职务后询问客人尊姓大名；若客人是电话预订，应在电话铃响三声内接听并自报单位名称和自己身份："您好，这里是……"然后询问客人尊姓大名。在得知客人姓名后，应以姓尊称客人。

### （二）仔细倾听

当客人讲述预订要求时，认真倾听，并做好必要的记录，不要随意打断客人的谈话。同时，应主动向客人介绍本餐厅的设施和菜单、酒单，做好推销工作，并回答客人的所有提问。

### （三）认真记录

向客人了解所有与订餐有关的要求，如日期、参加人数、餐饮形式、每人的消费标准，以及所需的额外服务和物品，如专门的迎宾员、横幅、音响系统和鲜花等。

**案例：预订被取消了**

一天早上刚刚上班，某饭店餐饮部的预订员孟小姐接到某大公司总经理秘书赵先生打来的预订电话。对方在详细询问了餐厅面积、餐位、菜肴风味、设备设施、服务项目等情况后，提出预订一个三天后200人规模的高档庆典宴会。孟小姐热情地向客人介绍了餐厅的具体情况后，双方开始约定见面的时间。赵先生提议道："孟小姐，请你下午3点到我们公司来签一下宴会合同，并收取订金。""真对不起，今天我值班，不能离岗，还是请您抽空到我们饭店来一趟吧，我还可以带您看看场地，行吗？"孟小姐答道。最后，赵先生同意下午来查看场地，并签订合同。放下电话，孟小姐感到十分高兴，暗自寻思：没想到今天预订的生意这么好，这已经是第十个预订电话了，看来完成这个星期的预订任务是没有问题了。此后，孟小姐又接了几个预订电话，都是小宴会厅的中、低档预订。孟小姐对待他们的态度显然没有那么热情了，接电话也不那么及时了。这些电话中有一位山西口音的李先生，要求预订当地淮扬风味的8人家庭宴会，每人标准100元。孟小姐很不耐烦地告诉他，预订已满，请他到其他饭店预订。下午，孟小姐一心在等赵先生的到来，没想到却只等到一个回复电话。"对不起，孟小姐，我要取消上午的预订，我们李总不希望在你们饭店举办宴会了。"赵先生说。"为什么？是不是需要我亲自到你们公司去一趟。"孟小姐急忙问。"不必了。我们李总今天在你们饭店打电话预订了8人宴会没有成功，他对贵饭店没有信心。他说连8个人的家庭宴会都接待不了，还谈什么200人的大型宴会呢？所以，他指令我把宴会订到其他饭店。"赵先生含着歉意地解释着。"这……"孟小姐顿时感到茫然。

**评析：**

饭店餐厅的预订面向社会各个阶层，对待高层、中层和低层的消费者都应一视同仁，热情接待。另外，要利用电话预订的有利形势积极开展推销活动。电话预订应注意：

(1) 对待客人不可厚此薄彼。这首先要求预订人员具有良好的服务素质和道德意识。从长远的角度看问题，势利的做法将影响饭店的声誉和利益。

(2) 在可能的情况下，预订员应主动到客人单位去完成预订手续。打电话最好与决策者通话，准备好简短精彩的语言以引起对方注意和兴趣，并正确处理对方提出的问题，然后再约定见面的时间。

(3) 电话铃声一响,意味着"生意"的出现,如果没有及时接听,可能会使对方失去耐心而转向其他饭店预订。所以,预订员接听电话要及时、快速,不可拖沓。本例中,由于预订服务员没有一视同仁地对待客人,在电话预订中缺乏主动推销和热情服务的意识,结果导致预订生意得而复失的尴尬局面。

## 二、迎接服务礼仪

迎宾员应该在宴会开始前 15—20 分钟提前到大厅门口恭候迎接客人,多台宴会服务员应按照指定位置站立,不得交头接耳或者倚台而站。客人到达时,应该笑脸迎接客人并主动拉椅让座,然后送上毛巾、上茶。

## 三、餐前服务礼仪

宴会开始前 10—15 分钟,冷菜上桌,注意按照荤素搭配、色彩间隔摆放,若有冷盘,将花型正对客人和主宾。客人入座后,应在客人右侧从主宾开始为客人拿出骨碟中的口布,打开铺好,然后撤筷套。同时,了解客人在餐前是否需要讲话、发言的人数及大致时间,以便掌握好上菜时间。如果客人餐前没有讲话安排,可以在征得主人同意后通知上菜。

### 案例:致辞时有菜端出

某四星级酒店里,富有浓郁民族特色的贵妃厅热闹非凡,30余张圆桌座无虚席,主桌上方是一条临时张挂的横幅,上书"庆祝××集团公司隆重成立"。今天来赴宴的都是商界名流。由于人多、品位高,餐厅上自经理下至服务员从早上开始就换地毯、装电器、布置环境,宴会开始前30分钟所有服务员均已到位。

宴会开始,一切正常进行。值台员早已接到通知、报菜名、递毛巾、倒饮料、撤盘碟,秩序井然。按预先的安排,上完红烧海龟裙后,主人要祝酒讲话。只见主人和主宾离开座位,款款走到话筒前。值台员早已接到通知,在客人杯中已斟满酒水饮料。主人、主宾身后站着一位漂亮的服务员,手中托着装有两杯酒的托盘。主人和主宾简短而热情的讲话很快便结束,服务员及时递上酒杯。正当宴会厅内所有来宾站起来准备举杯祝酒时,厨房里走出一列身着白衣的厨师,手中端着刚出炉的烤鸭向各个不同方向走出。客人不约而同地将视线转向这支移动的队伍,热烈欢快的场面就此给破坏了。主人不得不再一次提议全体干杯,但气氛已大打折扣了。客人的注意力被转移到厨师现场分工割烤鸭上去了。

**评析:**

涉外酒店因其豪华高贵的气派,其功能早已超出向客人提供住宿、饮食、休息等基本服务的范畴。酒店的餐厅更是面向社会。酒店现在往往是当地名流雅士最爱光顾的交际场所,大型会议、重要活动、婚礼宴请越来越多地安排在酒店举行,以示举办者的热情,气派与品位。大型宴会有其自身的服务规范,从零点餐厅调往宴会厅的服务员必须经过培训,了解宴会服务的程序和标准。按大型宴会要求,在有人致辞时,除了要做好本案例中已介绍过的那些程序外,还需通知厨房,这期间不能送菜出来,即使菜已煮好,也应采取措施保温,例如,加上保温盖等,宴会厅内不准有人随便走动,不可以讲话或发出其他声音,以显示酒店对参加宴会主宾的尊重。在客人发表演讲或祝酒讲话时,服务员通常应站立两旁,保持端正的姿势,与他人一起聆听讲话,此时的厅内除讲话声外不允许有其他杂音。本案例中酒店的服务总的说来还不错,只是厨房在不应出菜的时候出了菜,这便严重影响了所有出席者对本次宴会的评价,从而可能影响饭店的声誉,令人扼腕叹息。

## 四、上菜分菜礼仪

### (一) 上菜

如果是多台宴会,每一道菜品出菜时,服务员都必须列队进入餐厅,主台服务员走在前列,上菜时要求动作统一,强调整体性。上菜过程要快慢适当,大型宴会一般视主台的用餐速度来控制上菜速度。菜从备餐间送到宴会厅,一般从正主位右手边第二位客人与第三位客人之间将菜上席,让宾主欣赏菜的造型并向客人介绍菜名或菜的烹制方法,声音要适度,以客人听清为宜。

### (二) 分菜

菜要一道道趁热上,菜上台后才拿开菜盖,介绍菜名后才撤到分菜台上分菜。上菜前先按照每席宴会人数将碟整齐地摆在服务台上,然后分菜。分菜时要面向客人,胆大心细,掌握好菜量,件数要分得均匀,并将碟中的菜全部分完。

多台宴会的分菜,要求各台的分菜速度一致,且其他台的分菜速度不能快过主台。如果是席上分菜,则在上菜前将鲜花撤走,摆好公菜叉、勺及所需餐具。分完菜或汤后,应将菜递到客人面前,并做手势示意客人享用。假如一次分不完的菜或汤,要主动分第二次。带汤汁的菜要将菜汁与菜一并分给客人,分给客人的菜碟上切忌有汁滴在碟边而直接递给客人。上菜时,要按照先主宾后主人的顺时针方向上到每位客人正前方席上,有装饰盘的要上到装饰盘的正中央。

分完一道菜后,应抓紧时间做斟酒、换烟灰缸、收拾工作台等工作,不要一味站着等下一道菜。服务员之间要配合默契,有整体意识。如有两位服务员,当一位在上菜报菜名时,另一位不应站在他的背后,应巡视台面情况或斟酒水。如果客人自己提出不需要分菜,应该满足客人的要求,但汤和羹类仍要分菜。

## 五、席间服务礼仪

宴会期间,席间如有宾客致辞时,应立即关掉背景音乐,并通知厨房暂缓、减速出菜,然后站立一边,停止工作。如后来的客人到,应保证客人有干净餐具和杯子可用,或应客人要求送上饮料。

如果是大型宴会,主宾或主人发表祝词时,主台服务员要在托盘内准备好酒水,待客人讲话完毕时示意递给讲话人。当主人轮流到各台敬酒时,服务员应该紧随其后,以便及时给主人斟添酒水。在客人敬酒前要注意杯中是否有酒,当客人起立干杯或敬酒时,应迅速拿起酒瓶或协助客人拉椅。

如果有两位服务员同时为一桌客人服务,不应在客人的左右同时服务,那样令客人左右为难,应讲究次序。

收撤餐具时,无论客人碟里有否剩菜,均应示意后再收。客人碟里的菜已吃完或表示不吃后,要全部撤走,不可吃完一个撤一个。这样做还未吃完菜的客人会不好意思。

如客人挡住去路或妨碍你的工作,应礼貌地说:"请让一让,谢谢。"不能粗鲁地越过客人取物或从客人身边挤过。

不要过于求快地将物品堆积于工作台而疏于清理,这样反而不利于提高工作效率。如是有骨头的骨碟每次撤出时,应先将骨头杂物拿走,然后叠在其他餐碟上,否则,很容易因倾斜而跌倒。

### 六、送别服务礼仪

宴会结束,主人离席时应主动上前双手拉椅送客,并提醒客人带齐随身物品,同时记得告别语:"先生/女士,非常感谢您的光临,祝您愉快,再见!"如果是大型宴会,宴会结束后,服务员需列队在餐厅门口欢送。

## 中餐预订能力实训

- 形式:情景模拟
- 时间:40分钟
- 材料:电话,预订本
- 场地:餐饮实训室

**目的**:通过对餐位预订服务基础知识的讲解和餐位预订服务操作技能的训练,使学生了解中餐预订的方式和内容,掌握预订的服务程序与标准,具备熟练准确地为客人提供预订服务的能力。

**程序**:
1. 模拟当面预订服务礼仪
2. 模拟电话预订服务礼仪

**讨论**:
1. 预订服务礼仪有哪些注意事项?
2. 当面预订和电话预订有哪些区别?
3. 在操作中有何待改进之处?

## 西餐预订能力实训

- 形式:情景模拟
- 时间:40分钟
- 材料:西餐餐具
- 场地:餐饮实训室

**目的**:通过对西餐服务基础知识的讲解和操作技能的训练,使学生了解西餐的类型和特点,知晓西餐的组成和服务方式与原则,掌握几种主要方式的服务技巧与操作要领,达到熟练进行西餐服务的目的。

**程序**:
1. 西餐早餐服务操作程序与标准
2. 西餐零点服务操作程序与标准
3. 西餐宴会服务操作程序与标准

**讨论**:
1. 西餐服务礼仪有哪些注意事项?
2. 这几种服务礼仪在程序上有哪些区别?
3. 操作中有何待改进之处?

## 本章小结

餐厅是宾客就餐的场所,为了随时适应任务变化的需要,各工作岗位上的餐厅服务员不仅应该全面掌握各项餐饮服务技能,而且必须懂得和遵守各项餐饮服务的礼仪规范,这对酒店的形象和发展极为重要。

## 讨论案例

梁先生请一位英国客人到上海某高级宾馆的中餐厅吃饭。一行人围着餐桌坐好后,服务员走过来请他们点菜。"先生,请问您喝什么饮料?"服务员用英语首先问坐在主宾位置上的英国人。"我要德国黑啤酒。"外宾答道。接着,服务员又依次问了其他客人需要的酒水,最后用英语问坐在主位的衣装简朴的梁先生。梁先生看了她一眼,没有理会。服务员忙用英语问坐在梁先生旁边的外宾点什么菜。外宾却示意请梁先生点菜。"先生,请您点菜。"这次服务员改用中文讲话,并递过菜单。"你好像不懂规矩。请把你们的经理叫来。"梁先生并不接菜单。服务员感到苗头不对,忙向梁先生道歉,但仍无济于事,只好把餐厅经理请来。梁先生对经理讲:"第一,服务员没有征求主人的意见就让其他人点酒、点菜;第二,她看不起中国人;第三,她影响了我请客的情绪。因此,我决定换个地方请客。"说着,他掏出一张名片递给餐厅经理,并起身准备离去。其他人也连忙应声离座。经理一看名片方知,梁先生是北京一家名望很大的国际合资公司的总经理,该公司的上海分公司经常在本宾馆宴请外商。"原来是梁总,实在抱歉。我们对您提出的意见完全接受,一定要加强对服务员的教育。请您还是留下来让我们尽一次地主之谊。"经理微笑着连连道歉。"你们要让那位服务员向梁老板道歉。他是我认识的中国人当中自尊心和原则性很强的人,值得尊重。"英国人用流利的中文向餐厅经理说道。原来他是一个中国通。在餐厅经理和服务员的再三道歉下,梁先生等人终于坐了下来。餐厅经理亲自拿来好酒来尽"地主之谊",气氛终于缓和了下来。

【案例讨论与练习题】

1. 服务员在餐饮服务礼仪中犯了哪些错误?
2. 正确的点餐服务礼仪有哪些注意事项?
3. 在犯了错误后,应该如何弥补?

## 本章复习题

1. 中餐点餐服务礼仪有哪些注意事项?
2. 西餐服务礼仪有哪些注意事项?
3. 宴会服务礼仪中的预订服务礼仪有哪些注意事项?
4. 西餐服务有哪几种方式?
5. 请总结自助餐的服务礼仪。

# 第 7 章

# 我国主要客源国和地区的礼俗礼仪

【名家名言】

六曰礼俗,以驭其民。

——《周礼·天官·大宰》

## 本章要点

通过对本章内容的学习,你应了解和掌握如下问题:

● 了解我国主要客源国和台、港、澳地区在宗教信仰、饮食习惯、礼貌礼节等方面的不同习俗,熟悉其生活中的禁忌内容。

● 能正确应用主要客源国和地区的礼仪,做好酒店接待工作。

> **章首引语**
>
> 俗话说:"十里不同风,百里不同俗",世界各地的居民由于种族差异、宗教信仰、历史传统的不同,都拥有各自独特的习俗和礼节。酒店接待工作要做到文明礼貌,使客人满意,就必须要了解各国、各地区的习俗、礼节和禁忌。

 **§7.1** 亚洲主要国家和地区礼俗礼仪

### 一、日本

#### (一) 礼节礼貌

日常交往中,日本人通常都爱以鞠躬作为见面礼节。在行鞠躬礼时,鞠躬度数的大小、鞠躬的时间长短以及鞠躬的次数多少,往往会同向对方所表示的尊敬程度成正比。妇女与别人见面时,是只鞠躬而不握手的。在行见面礼时,必须同时态度谦恭地问候交往对象。与他人初次见面时,通常都要互换名片,否则,就会被理解为不愿与对方交往。称呼日本人时,可称之为"先生""小姐"或"夫人"。也可以在其姓氏之后加上一个"君"字,将其尊称为"某某君"。在交际场合,日本人的信条是"不给别人添麻烦",忌讳高声谈笑。

日本人注意穿着。在正式场合,通常穿西式服装。在隆重的社交场合或节庆日,时常穿着自己的国服和服。到日本人家里做客时,进门前要脱下大衣、风衣和鞋子。脱下的鞋要整齐放好,鞋尖向着房间门的方向,这在日本是尤其重要的。拜访日本人时,切勿未经主人许可,而自行脱去外衣。参加庆典或仪式时,不论天气多热,都要穿套装或套裙。

### (二) 饮食习惯

通常,日本饮食也称和食或日本料理。主食以大米为主,多用海鲜、蔬菜,讲究清淡与味鲜,忌讳油腻。典型的和食有寿司、拉面、刺身、天妇罗、铁板烧、煮物、蒸物、炸物、酱汤等。此外,还有饭团与便当。其中,尤以刺身(即生食鱼片)最为著名。

日本人非常爱喝酒,西洋酒、中国酒和日本清酒都是他们的所爱。在日本,斟酒讲究满杯。人们普遍爱好饮茶,特别喜欢喝绿茶。讲究"和、敬、清、寂"四规的茶道,有一整套的点茶、泡茶、献茶、饮茶的具体方法。

### (三) 节庆习俗

日本多节庆,法定节日就有13个。新年是1月1日,庆祝方式类似我国的春节。前一天晚上吃过年合家团圆面,"守岁"听午夜钟声,新年第一天早上吃年糕汤,下午举家走亲访友。1月15日是成人节,庆祝男女青年年满20周岁,从此开始解禁烟酒。女子过成人节时都要穿和服。女孩节是3月3日,又称雏祭,凡有女孩子的家庭要陈设民族服装和玩具女娃娃。3月15日至4月15日是樱花节,此期间人们多倾城出动赏花游园,饮酒跳舞,喜迎春天。5月5日是男孩节,旧称端午节,习俗似我国的端午节,此时家家户户都要挂菖叶、吃粽子。9月15日是敬老节,社会各界和晚辈会向高龄者赠送纪念品。11月3日是文化节。

### (四) 禁忌

日本人忌讳绿色,认为是不祥的颜色,忌荷花图案。探望病人时忌讳送菊花、山茶花、仙客来花、白色的花和淡黄色的花。对金色的猫以及狐狸和獾极为反感,认为它们是"晦气"、"贪婪"与"狡诈"的化身。日本人有着敬重"7"这一数字的习俗。"4"与"9"却被视为不吉。原来,"4"在日文里发音与"死"相似,而"9"的发音则与"苦"相近。在三人并排合影时,日本人谁都不愿意在中间站立。他们认定被人夹着是不祥的征兆。

日本人很爱给人送小礼物,但不宜送下列物品:梳子、圆珠笔、T恤衫、火柴、广告帽。在包装礼品时,不要扎蝴蝶结。同他人相对时,日本人觉得注视对方双眼是失礼的,通常只会看着对方的双肩或脖子。

日本人不给别人敬烟。在宴客时,忌讳将饭盛得过满,并且不允许一勺盛一碗饭。日本人在用筷子时,有"忌八筷"之说。即忌 ① 舔筷;② 迷筷,手拿筷子,拿不定吃什么,在餐桌上四处寻游;③ 移筷,动一个菜后又动一个菜,不吃饭光吃菜;④ 扭筷,扭转筷子,用舌头舔上面的饭粒;⑤ 插筷,将筷子插在饭上;⑥ 掏筷,将菜从中间掏开,扒弄着吃;⑦ 跨筷,把筷子骑在碗、碟上面;⑧ 剔筷,将筷子当牙签剔牙。除此之外,还忌讳用一双筷子让大家依次夹取食物。饮食禁忌是不吃肥猪肉和猪的内脏,也有一些人不喜欢吃羊肉和鸭肉。

## 二、韩国

### (一) 礼貌礼节

一般都采用握手作为见面礼节。在行握手礼时,讲究使用双手,或单独使用右手。当晚辈、下属与长辈、上级握手时,后者伸出手来之后,前者须先以右手握手,随后再将自己的左手轻置于后者的右手之上。韩国人的这种做法,是为了表示自己对对方的特殊尊重。韩国妇女在一般情况下不与男子握手,代之以鞠躬或者点头致意。韩国小孩子向成年人所行的见面礼,大多如此。与他人相见时,韩国人在不少场合会采用先鞠躬、后握手的方式。

同他人相见或告别时,若对方是有地位、身份的人,韩国人往往要多次行礼。行礼三五次也不算其多。有个别的韩国人甚至还会讲一句话,行一次礼。称呼他人时爱用尊称和敬语,很少直接叫出对方的名字。喜欢称呼对方能够反映其社会地位的头衔。与外人初次打交道时,韩国人非常讲究预先约定,遵守时间,并且十分重视名片的使用。

在交际应酬之中通常都穿西式服装。着装朴素整洁、庄重保守。在某些特定的场合,尤其是在逢年过节的时候,喜欢穿本民族的传统服装。其民族传统服装是:男子上身穿袄,下身穿宽大的长裆裤,外面有时还会加上一件坎肩,甚至再披上一件长袍。过去韩国男子外出之际还喜欢头戴一顶斗笠。妇女则大都上穿短袄,下着齐胸长裙。

进屋之前需要脱鞋时,不准将鞋尖直对房间之内。不然的话,会令对方极度不满。

### (二) 饮食习惯

韩国人饮食的主要特点是辣和酸。主食主要是米饭、冷面。爱吃的菜肴主要有泡菜、烤牛肉、烧狗肉、人参鸡等。一般都不吃过腻、过油、过甜的东西,并且较少吃鸭子、羊肉和肥猪肉。韩国人的饮料较多。男子通常喜爱烧酒、清酒、啤酒等。妇女则多不饮酒。在用餐的时候,韩国人是用筷子的。与长辈同桌就餐时不许先动筷子,不可用筷子对别人指指点点,在用餐完毕后要将筷子整齐地放在餐桌的桌面上。吃饭的时候不宜边吃边谈、高谈阔论。吃东西时,嘴里忌讳响声大作。

### (三) 节庆习俗

韩国节庆较多。农历正月初一至正月十五的节日活动类似我国春节。农历正月十五为元宵节。传统饮食是种果(栗子、核桃、松子等)、药膳、五谷饭、陈茶饭等。农历四月八日为佛诞节及颂扬女性的春香节。农历五月五日为端午节,家家户户都以食青蒿糕、挂菖蒲来过节。农历八月十五为中秋节,农历九月九日为重阳节。清明扫墓,冬至吃冬至粥(有掺高粱面团子的小豆粥)。除上述传统节日外,韩国人还很重视圣诞节、儿童节是公历5月5日、恩山别神节3月28日至4月1日等。群众喜闻乐见的体育活动有射箭、摔跤、拔河、秋千、跳板、风筝、围棋、象棋等。

### (四) 禁忌

由于发音与"死"相同的缘故,韩国人对"4"这一数目十分厌恶。受西方礼仪习俗的影响,也有不少韩国人不喜欢"13"这个数。与韩国人交谈时,发音与"死"相似的"私""师""事"等几个词最好不要使用。将"李"这个姓氏按汉字笔画称为"十八子",也不合适。需要对其国家或民族进行称呼时,不要将其称为"南朝鲜""南韩"或"朝鲜人",而宜分别称为"韩国"或

"韩国人"。

韩国人的民族自尊心很强,他们强调所谓"身土不二"。在韩国,一身外国名牌的人,往往会被韩国人看不起。需要向韩国人馈赠礼品时,宜选择鲜花、酒类或工艺品。但是,最好不要送日本货。

在民间,仍讲究"男尊女卑"。进入房间时,女人不可走在男人前面。进入房间后,女人帮助男人脱下外套。男女一同就座时,女人应自动坐在下座,并且不得坐得高于男子。通常,女子还不得在男子面前高声谈笑,不得从男子身前通过。

### 三、泰国

#### (一) 礼节礼貌

在泰国,最多的见面礼节是带有浓厚佛门色彩的合十礼。一般的交际应酬中不喜欢与人握手。

行合十礼时,须站好立正,低眉欠身,双手十指相互合拢,并且同时问候对方"您好"。行合十礼的最大讲究,是合十于身前的双手所举的高度不同,给予交往对象的礼遇便有所不同。通常,合十的双手举得越高,越表示对对方的尊重。目前,泰国人所行的合十礼大致可以分为四种规格。其一,是双手举于胸前,它多用于长辈向晚辈还礼;其二,是双手举到鼻下,它一般在平辈相见时使用;其三,是双手举到前额之下,它仅用于晚辈向长辈行礼;其四,是双手举过头顶,它只用于平民拜见泰王之时。

在一般情况下,行合十礼之后,即不必握手。行合十礼时,晚辈要先向长辈行礼;身份、地位低的人要先向身份、地位高的人行礼。对方随后也应还之以合十礼,否则,即为失礼,只有佛门弟子可以不受此例限制。

在交际场合,习惯以"小姐""先生"等国际上流行的称呼彼此相称。在称呼交往对象的姓名时,为了表示友善和亲近,不惯于称呼其姓,而是惯于称呼其名。

在正式一些的场合,泰国人都讲究穿着自己本民族的传统服饰。服饰喜用鲜艳之色。在泰国,有用不同的色彩表示不同的日期的讲究。由于气候炎热,泰国人平时多穿衬衫、长裤与裙子。在参观王宫、佛寺时,穿背心、短裤和超短裙是被禁止的。去泰国人家里做客,或是进入佛寺之前,务必要记住先在门口脱下鞋子。另外,在泰国人面前,不管是站是坐,忌讳把鞋底露出来,尤其不能以其朝向对方。

#### (二) 饮食习惯

泰国人的主食为稻米饭。副食主要是鱼和蔬菜。喜食辛辣、鲜嫩之物。不爱吃过咸或过甜的食物,也不吃红烧的菜肴。在用餐时,爱往菜肴之中加入辣酱、鱼露或味精。最爱吃的食物当数具有其民族特色的咖喱饭。在用餐之后,喜欢吃上一些水果,但不太爱吃香蕉。一般不喝热茶,通常喜欢在茶里加上冰块,令其成为冻茶。在一般情况下,绝不喝开水,而惯于直接饮用冷水。在喝果汁的时候,还有在其中加入少许盐末的偏好。有些泰国人用餐时爱叉、勺并用,即左手持叉,右手执勺,两者并用。

#### (三) 节庆习俗

泰历1月1日是泰国人的元旦,这一天举国欢庆。泰历4月13日至15日为宋干节,即求雨节,也叫泼水节。此时正当干热时节,急需降雨,可以毫无顾忌地互相泼水。泰历5月9

日是春耕节,这一天由国王主持典礼,农业大臣开犁试耕,祈求风调雨顺、五谷丰登。泰历12月15日是水灯节,也叫佛光节,人们用香蕉叶或香蕉树皮和蜡烛做成船形灯,放进河里,让其随波逐流,以感谢水神,祈求保佑。

### (四) 禁忌

与泰国人进行交往时,千万不要非议佛教,或对佛门弟子有失敬意。向僧侣送现金被视作一种侮辱。参观佛寺时,进门前要脱鞋,摘下帽子和墨镜。在佛寺之内,切勿高声喧哗,随意摄影、摄像。不要爬到佛像上去拍照。抚摸佛像或妇女接触僧侣也在禁止之列。在举止动作上的禁忌有"重头轻脚"的讲究。在泰国,人们认为"左手不洁",所以,绝对不能以其取用食物。比较忌讳褐色,忌讳用红色的笔签字或是用红色刻字。睡觉忌头朝西,因日落西方象征死亡。

## 四、新加坡

### (一) 礼节礼貌

新加坡的见面礼节多为握手礼。华人往往习惯于拱手作揖,或者行鞠躬礼;马来人则大多采用其本民族传统的摸手礼。在新加坡,不讲礼貌不仅会让人瞧不起,而且还会寸步难行。对某些失礼之举,在新加坡也有明确的限制。比如,在许多公共场所,通常竖有"长发男子不受欢迎"的告示,以示对留长发的男子的反感和警告。新加坡人对讲脏话的人深表厌恶。

新加坡人的国服是一种以胡姬花作为图案的服装。在国家庆典和其他一些隆重的场合,经常穿着自己的国服。在社交正式场合,男子一般要穿白色长袖衬衫和深色西裤,并且打上领带;女子则须穿套装或深色长裙。在日常生活里,不同民族的新加坡人的穿着打扮往往各具其民族特色。华人的日常着装多为长衫、长裤、连衣裙或旗袍;马来人最爱穿"巴汝"、纱笼;锡克人则是男子缠头,女子身披纱丽。在许多公共场所,穿着过分随便者,如穿牛仔装、运动装、沙滩装、低胸装、露背装、露脐装的人,往往被禁止入内。

### (二) 饮食习惯

中餐是新加坡华人的最佳选择。新加坡华人在口味上喜欢清淡,偏爱甜味,讲究营养,平日爱吃米饭和各种生猛海鲜,对于面食不太喜欢。粤菜、闽菜和上海菜都很受他们的欢迎。马来人忌食猪肉、狗肉、自死之物和动物的血,不吃贝壳类动物,不饮酒;印度人则绝对不吃牛肉。在用餐时,不论马来人还是印度人都不用刀叉、筷子,而惯于用右手直接抓取食物,绝对忌用左手取用食物。新加坡人,特别是新加坡华人,大都喜欢饮茶,对客人通常喜欢以茶相待。

### (三) 节庆习俗

新加坡华人过春节相当隆重,也过元宵节、端午节、中秋节等。信奉印度教的人过"屠龙节"。国定节日为食品节,每年4月17日举行,节日来临,食品店准备许多精美食品,国人不分贫富,都要购买各种食品合家团聚、邀亲请友,以示祝贺。

### (四) 禁忌

崇尚清爽卫生,对蓬头垢面、衣冠不整、胡子拉碴的人,大都会侧目而视。在色彩方面,认为黑色、紫色代表着不吉利,不宜过多采用黑色、紫色。对"4"与"7"这两个数字的看法不太好,因为,在华语中,"4"的发音与"死"相仿,而"7"则被视为一个消极的数字。

与新加坡人攀谈之时,不能口吐脏字,且要多使用谦词、敬语。新加坡人对"恭喜发财"

这句祝颂词极其反感。他们认为,这句话带有教唆别人去发不义之财、损人利己的意思。在商业活动中,宗教词句和如来佛的图像也被禁用。

在新加坡,人们不准嚼口香糖,过马路时不能闯红灯,"方便"之后必须拉水冲洗,在公共场合不准吸烟、吐痰和随地乱扔废弃物品。不然的话,就必受处罚,必须交纳高额的罚金,搞不好还会吃官司,甚至被鞭打。

### 五、马来西亚

#### (一) 礼节礼貌

不同民族的人采用不同的见面礼节。马来人的常规做法是:向对方轻轻点头,以示尊重。除男人之间的交往以外,马来人很少相互握手,男女之间尤其不会这么做。马来人传统的见面礼节,是所谓的摸手礼。它的具体做法为:与他人相见时,一方将双手首先伸向对方,另一方则伸出自己的双手,轻轻摸一下对方伸过来的双手;随后将自己的双手收回胸前,稍举一下,同时身体前弯呈鞠躬状。与此同时,他们往往还会郑重其事地祝愿对方"真主保佑!"或"一路平安"。被问候者须回以"愿你也一样好。"

在一般情况下,马来人习惯穿着本民族的传统服装。马来族男子通常上穿巴汝,那是一种无领、袖子宽大的外衣。他们的下身则围以一大块布,叫做纱笼。他们的头上还非要戴上一顶无檐小帽不可。马来族女子一般要穿无领、长袖的连衣长裙。她们的头上必须围以头巾。在社交场合,马来西亚人可以穿着西装或套裙。在正规的场合里,绝对不允许露出胳膊和腿部来,忌穿背心、短裤、短裙。

#### (二) 饮食习惯

马来西亚的穆斯林是绝对不饮酒的,喜欢的饮料有椰子水、红茶、咖啡等,不惯饮用开水。在宴请之中需要干杯时,往往会以茶或者其他软饮料来代替酒。受伊斯兰教规影响,马来西亚人的穆斯林不吃猪肉,不吃自死之物和血液,不使用一切猪制品,不吃狗肉和龟肉。爱吃米饭,喜食牛肉,极爱吃咖喱牛肉饭,并且爱吃具有其民族风味的沙爹烤肉串。马来西亚的印度人不吃牛肉,但可以吃羊肉、猪肉和家禽肉。在用餐前,必定先用清水冲手。在餐桌上,则多备有水盂,以供人们用餐时刷洗手指。

#### (三) 节庆习俗

除国庆节和元旦节外,马来西亚的穆斯林要过两个重要节日,即开斋节和吉尔邦节。

#### (四) 禁忌

不要触摸被其视为神圣不可侵犯的头部和肩部;不要在其面前跷腿、露出脚底,或用脚去挪动物品,因为他们认为在人体上脚的地位最为低下;不要用一手握拳,去打另一只半握的手,这一动作在马来西亚人来看是十分下流的;与其交谈时,不要将双手贴在臀部上,不然有勃然大怒之疑;不要当众打哈欠。万不得已要打哈欠时,务必要以手遮挡口部,否则,便是失敬于人的。忌用漆筷(因漆筷制作过程中使用猪血)、忌用左手赠物、进餐。

### 六、印度

#### (一) 礼节礼貌

印度人见面礼节所用较多的是传统的合十礼,其具体做法同其他国家大同小异。印度人所用的较有特色的见面礼节有以下三种。

(1) 贴面礼。它流行于印度的东南部地区。具体做法是：与客人相见时，将自己的鼻子与嘴巴紧贴在对方的面颊上，并用力地吸气，同时还要念道"嗅一嗅我"。

(2) 摸脚礼。它在印度是一种礼遇极高的见面礼。具体做法是：晚辈在拜见长辈时，首先弯腰用右手触摸长辈的脚尖，然后再用它去回摸一下自己的前额，以示用自己的头部接触对方的脚部。

(3) 举手礼。它是合十礼的一种变通。当一手持物，难以双手合十时，则举起右手，指尖向上，掌心内向，向交往对象致敬。与此同时，还须问候对方"您好"。

目前，印度也流行握手礼。但是，在一般情况下，印度妇女仍不习惯于同异性握手。用左手与人相握，也不许可。在迎接嘉宾之时，印度人往往要向对方敬献用鲜花编织而成的花环。为了表示诚意，主人通常要亲自将其挂在客人的脖子上。

印度人的着装讲究朴素、清洁。在一般场合，印度男子的着装往往是：上身穿一件吉尔达，即一种宽松的圆领长衫；下身穿一条陀地，即一种以一块白布缠绕在下身、垂至脚面的围裤。在极其正规的活动中，他们则习惯于在吉尔达之外，再加上一件外套。印度妇女最具民族特色的服装是纱丽。它实际上是一大块丝制长巾，披在内衣之外，好似一件长袍。其具体穿法是：从腰部一直围到脚跟，使之形成筒裙状；然后将其末端下摆披搭在肩头，自成活褶。印度妇女所穿的纱丽色彩鲜艳，图案优美，非常漂亮。

出门在外时，尤其是在正式场合，印度人大都讲究不露出头顶。印度妇女大都习惯在自己的前额上以红色点上一个吉祥痣。过去，它用于表示妇女已婚，而今则主要用于装扮。

### (二) 饮食习惯

印度人的主食为大米、面食。在做饭的时候，他们喜欢加入各种各样的香料，尤其是爱加入辛辣类香料，如咖喱粉等。印度人在饮食方面最大的特点，就是食素的人特别多，而且社会地位越高的人越忌荤食。大多数印度人都不吸烟，也不喜欢饮酒，不太爱喝汤。用餐的时候，一般不用任何餐具，而习惯于用右手抓食。许多印度人认为白开水是世间最佳的饮料，红茶也是他们的主要饮料。

### (三) 节庆习俗

印度的节庆较多。国庆节是1月26日。独立节是8月15日，为庆祝印度实现独立。酒红节(也称泼水节)在印历12月(公历2—3月)举行。十胜节是印度教三大节日之一，于每年9月、10月举行。灯节在印历9月(公历10—11月)举行，富有浓厚的东方色彩，前后要庆祝三天。众多节日中尤以屠妖节为最，它是印度教徒的新年，在印历8月见不到月亮后的第十五天举行(大约在公历10月下旬或11月上旬)。

### (四) 禁忌

印度人忌讳白色，忌讳弯月图案，忌讳送人百合花。黑色也被视为不祥的颜色。1、3、7三个数字均被他们视为不吉利。印度人不喜龟、鹤及其图案。在印度，当众吹口哨乃是失礼之举。以左手递、取东西和接触别人，或摸别人的头，也是不允许的。在印度南部的一些地方，人们惯于以摇头或歪头表示同意，点头表示不同意。

**案例：更换牛皮沙发的原因**

在一次印度官方代表团前来我国某城市进行友好访问时，为了表示我方的诚意，有关方面做了积极准备，就连印度代表下榻的饭店里也专门换上了宽大、舒适的牛皮沙发。可是，在我方的外事官员事先进行例行检查时，这些崭新的牛皮沙发却被责令立即撤换掉。原来，印度人大多信奉印度教，而印度教是敬牛、爱牛、奉牛为神的，因此，无论如何都不应该请印度人坐牛皮沙发。

**评析：**

这个事例表明，旅游服务人员是很有必要掌握一些宗教礼仪的。

**资料来源：** 薛建红，《旅游服务礼仪》，郑州大学出版社，2004年。

## 七、缅甸

### （一）礼节礼貌

缅甸人采用的见面礼节主要有三种：合十礼、鞠躬礼、跪拜礼。缅甸人在走路时遇佛、法、僧、父母、师长及德高望重者，要施合十礼。在缅甸，男女通常不握手，不接触对方的身体。在公共场合，男女若是在举止动作上过于亲密，如携手而行，相拥相抱，热烈亲吻，都会令人侧目而视。缅甸对待中国人极为亲切、友好，而且往往直接以"胞波"相称。"胞波"在缅语里意即"同母所生的亲戚"，或是"同胞兄弟"。

缅甸人在极为正式的场合会穿着西式的套装、套裙和皮鞋。在日常生活之中，绝大多数缅甸人都喜欢穿着自己的民族服装。男子的着装通常为：上穿对襟无领长袖短外衣，下穿以方格布缝制而成的类似于筒裙的纱笼，并且在正面用结子束好。在他们的头上，往往要裹上一块素色的扎头巾，名为岗包。妇女的着装大多是：上穿斜襟长袖短衫，内衬白色胸衣；下穿花布长身筒裙，并且在侧面束住，但不用腰带。她们的上衣往往透明或者半透明，出门在外时大多还要披上一条彩色披巾。

### （二）饮食习惯

缅甸人以米饭为主食，喜食水产品。喜欢将菜拌入饭中一道吃。爱吃加入椰子汁的椰浆饭，拌有椰丝、虾松、姜黄粉的糯米饭。在用餐之时，通常讲究质精量少。口味偏重于酸、辣、甜，不爱吃太咸的食物。吃饭之时，多爱加辣酱入内。

### （三）节庆习俗

泼水节也是缅甸人民的新年，每年公历4月中旬举行。点灯节又称光明节，在缅历7月15日前后三天举行。关天门节在公历7月中旬开始，那是雨季的农忙季节，按习惯三个月内不得婚嫁。雨季过后就是开天门节，过了开天门节，婚嫁也就开禁了。

### （四）禁忌

拜访缅甸人时，进门前最好首先脱鞋。在参拜佛寺时，尤其要注意脱鞋。与他人一同就座时，缅甸人忌讳坐得高于僧侣，并且不允许露出膝盖或者大腿。有三种人在缅甸是不可轻视的。一是僧侣。任何场合都要对僧侣礼让三分。二是妇女。妇女在缅甸地位较高，她们可以自主婚姻，并且拥有经济收入，故此有人称该国为"亚洲第一女权国"。三是军人。缅甸军人在国家政治生活中拥有极大的权力。对军人失敬,弄不好便会惹火烧身。

**延伸阅读:如何接待亚洲客人**

**1. 客人的表现:很容易生气、吝啬**

客人的抱怨:房价问题;折扣问题。

客人的需求:低价;在可能的地方享受免费。

我们要采取的行动:

(1) 向客人解释房价问题,以及包括哪些福利。

(2) 保证提供给客人最好的服务和最优质的产品。

**2. 客人的表现:亚洲客人不爱说出他们的需求**

客人的抱怨:被忽视。

客人的需求:得到重视。

我们要采取的行动:

(1) 以特殊的方式对待不爱讲出需求的亚洲客人,用微笑和适当的用语来营造和谐的气氛。

(2) 询问客人以得到反馈。

(3) 有些亚洲客人,如中国客人和日本客人,是老板优先,而不是女士优先。

(4) 不要过分地使用目光交流。

(5) 即使客人对你不作回应,仍保持微笑。

(6) 递送东西给亚洲客人时用双手。

(7) 送日文报纸给日本客人,送《东方日报》和《苹果日报》给中国香港客人,送中国报纸给中国客人,送《海峡时报》给新加坡客人。

(8) 万一印度客人的信用卡有问题,轻声私底下告诉他这是取款机的读卡故障,而不要怀疑客人的信用卡本身有问题。

**3. 客人的表现:亚洲客人对菜单里每一道菜的含量有不同的预估,对佐料的喜好也不同**

客人的抱怨:餐饮服务不好。

客人的需求:文化的偏好。

我们采取的行动:

(1) 在客人点单前向客人介绍菜单,以及一份含多少量。

(2) 向马来西亚和印度客人说明哪些菜是有猪肉的,哪些菜是有牛肉的。

(3) 询问马来西亚和印度的客人在他们点的食物里哪些佐料不要放。

## §7.2 欧洲主要国家和地区礼俗礼仪

习惯上,人们把欧洲细分为东、西、南、北、中五个区域,北欧的瑞典、芬兰、丹麦、挪威,西欧的英国、荷兰、法国、比利时,中欧的德国、奥地利、瑞士以及南欧的意大利、西班牙等国家。欧洲的礼仪习俗有较多的现代文明的内涵,封建色彩相对淡薄。

## 一、英国

### (一) 礼节礼貌

英国人十分重视个人的教养,极其强调所谓的绅士风度。主要表现在对妇女的尊重与照顾、仪表整洁、服饰得体和举止有方。握手礼是英国人使用最多的见面礼节。"请""谢谢""对不起""你好""再见"一类的礼貌用语是天天不离口的。在进行交谈时,对英国人要避免说"English"(英格兰人),而要说"British"(不列颠人),因为他可能是苏格兰人或爱尔兰人。英国人,特别是那些上年纪的英国人,喜欢别人称呼其世袭的爵位或荣誉的头衔。至少,也要郑重其事地称之为"阁下"或是"先生""小姐""夫人"。

英国人在正式场合的穿着十分庄重而保守。男士要穿三件套的深色西装,女士则要穿深色的套裙,或者素雅的连衣裙。庄重、肃穆的黑色服装往往是英国人优先的选择。英国男子讲究天天刮脸,留胡须者往往会令人反感。

### (二) 饮食习惯

英国人的饮食具有"轻食重饮"的特点。"轻食"主要是因为英国人在菜肴上没有特色,日常的饮食基本上没有变化。除了面包、火腿、牛肉之外,英国人平时常吃的基本上是土豆、炸鱼和煮菜。"重饮"即讲究饮料。英国名气最大的饮料当推红茶与威士忌。绝大多数英国人嗜茶如命,所喝的茶是红茶。在饮茶时,他们首先要在茶杯里倒入一些牛奶,然后才能依次冲茶、加糖。早上醒来先要赖在床上喝上一杯"被窝茶",在上班期间,还要专门挤出时间去休"茶休",即去喝下午茶。在英国,喝下午茶既是午餐与晚餐之间的一顿小吃,而且也是"以茶会友"的一种社交方式。苏格兰生产的威士忌与法国的干邑白兰地、中国的茅台酒并列为世界三大名酒。

### (三) 节庆习俗

英国除了宗教节日外,还有不少全国性和地方性的节日。在全国性的节日中,国庆和除夕之夜是最热闹的。英国国庆按历史惯例定在英王生日那一天。除夕之夜全家团聚、举杯畅饮,欢快地唱"辞岁歌"。除夕之夜必须瓶中有酒,盘中有肉,象征来年富裕有余。丈夫在除夕还赠给妻子一笔钱,作为新的一年缝制衣物的针线钱,以表示在新的一年里能得到家庭温暖。在苏格兰,人们提一块煤炭去拜年,把煤块放在亲友家的炉子里,并说一些吉利话。

### (四) 禁忌

英国人十分忌讳被视为死亡象征的百合花和菊花,不喜欢大象、孔雀与猫头鹰,厌恶黑色的猫。遇上碰撒了食盐或是打碎了玻璃一类的事情,都是认为很倒霉的。反感的色彩主要是墨绿色。他们还忌用人像作商品装潢。忌用大象、孔雀、猫头鹰等图案。在握手、干杯或摆放餐具时忌讳无意之中出现类似十字架的图案。忌讳的数字是"13"与"星期五"。当两者恰巧碰在一起时,不少英国人都会产生大难临头之感。英国人还忌讳"3"这个数字,特别忌讳用打火机和火柴为他们点第三支烟。在英国,动手拍打别人,跷起"二郎腿",右手拇指与食指构成"V"形时手背向外,都是失礼的动作。饮食禁忌主要是不吃狗肉,不吃过辣或带有蘸汁的菜肴。

**案例：如何接待英国客人**

一天清晨，一位英国女住客急着要复印一份材料。由于商务中心还没开门，我就主动服务。不巧复印机当时出了故障，等我把印好的材料交送她手里，已过了十几分钟。想不到向来有淑女风范的英国人竟又急又恼地在大堂冲着我大吵大嚷，还把大堂副理的工作日志本敲得砰砰响。我想我有什么错呀？气不过，也不客气地回敬了一句，惹得她好几天臭脸对我。事后我才知道，那天因为耽搁了十几分钟，错过了她与老板约会的时间。我想，如果那天我是那位女客人，我也会着急的。经过进一步了解，我知道这位客人有在清晨一边复印或发传真，一边联系的士外出的习惯，就主动向她赔礼道歉，并建议她改在晚上复印和预订出租车，使她早上能从容地进早餐，按时外出，她欣然地接受了。

**评析：**

英国人非常严谨，时间观念较强。所以，我们在接待英国客人时应该注意他们守时的特点，如果因为特殊原因造成的服务延迟，应及时道歉或解释。

**资料来源：** 根据网络资料整理而成，http://www.docin.com/p-536993194.html，2012-11-25。

## 二、法国

### （一）礼节礼貌

法国人性格比较乐观、热情，谈问题开门见山，爱滔滔不绝地讲话，说话时喜欢用手势加强语气。法国人爱自由，纪律性差。法国人所采用的见面礼节，主要有握手礼、拥抱礼和吻面礼。吻面礼使用得最多、最广泛。法国人与交往对象行吻面礼，意在表示亲切友好。为了体现这一点，在行礼的具体过程里，他们往往要同交往对象彼此在对方的双颊上交替互吻三四次，而且还讲究亲吻时一定要连连发出声响。常用的敬称主要有三种。其一，是对一般人称第二人称复数，其含意为"您"。其二，是对官员、贵族、有身份者称"阁下""殿下"或"陛下"。其三，是对陌生人称"先生""小姐"或"夫人"。"老人家""老先生""老太太"都是法国人忌讳的称呼。

在正式场合，法国人通常要穿西装、套裙或连衣裙。法国人所穿的西装或套裙多为蓝色、灰色或黑色，质地则多为纯毛。在他们看来，棕色、化纤面料服装是难登大雅之堂的。对于穿着打扮，法国人认为重在搭配是否得法。在选择发型、手袋、帽子、鞋子、手表、眼镜时，法国人都十分强调要使之与自己着装相协调。女性在参加社交活动时，一定要化妆，并且要佩戴首饰。佩戴首饰一定要选"真材实料"。男士对自己仪表的修饰相当看重，他们中的许多人经常出入美容院。在正式场合亮相时，剃须修面，头发"一丝不苟"，身上略洒一些香水。

### （二）饮食习惯

在西餐中，法国菜可以说是最讲究的。平时，法国人爱吃面食。在法国，面包的种类之多令人难以计数。在肉食方面，他们爱吃牛肉、猪肉、鸡肉、鱼子酱、蜗牛、鹅肝，不吃肥肉、宠物、肝脏之外的动物内脏、无鳞鱼和带刺带骨的鱼。口味喜欢肥浓，偏爱鲜嫩。选料要新鲜，而且烹饪也大多半生不熟。有不少菜,他们甚至还直接生食。爱吃奶酪。法国人特别善饮,他们几乎餐餐必喝酒,而且讲究在餐桌上要以不同品种的酒水搭配不同的菜肴,各自选用,无劝酒的习惯。法国人大都不太欣赏鸡尾酒。

### (三) 节庆习俗

法国节日以宗教节日为主,每天都是纪念某一圣徒之日。1月1日是元旦,这一天也是亲友聚会的日子,家中酒瓶里不能有隔年酒,否则,会被认为不吉利。元旦的天气还被认作新年光景的预兆。春分所在月份月圆后第一个星期天为复活节。复活节后40天为耶稣升天节,复活节后50天为圣灵降临节。4月1日为愚人节,这一天人人都可骗人。11月1日为万灵节,祭奠先人及为国捐躯者。12月25日为圣诞节,是法国最重大的节日。重要的世俗节日有:7月14日为国庆节,全国放假一天,首都将举行阅兵式;5月30日是民族英雄贞德就义纪念日;11月1日是第一次世界大战停战日;5月8日是反法西斯战争胜利日;3月中旬第一个星期天是体育节,人们都自愿地为心脏健康而跑步。

### (四) 禁忌

菊花、牡丹、玫瑰、杜鹃、水仙、金盏花和纸花,一般不宜随意送给法国人。仙鹤被视为淫妇的化身,孔雀被看作祸鸟,大象象征着笨汉,它们都是法国人反感的动物。法国人十分厌恶核桃,认为它代表着不吉利。若以之招待法国人,将会令其极其不满。对黑桃图案,他们也深为厌恶。他们所忌讳的色彩主要是黄色与墨绿色。法国人所忌讳的数字是"13"与"星期五"。给法国妇女送花时,宜送单数,但要记住避开"1"与"13"这两个数目。在一般情况下,法国人绝对不喜欢13日外出,不会住13号房、坐13号座位,或是13个人同桌进餐。初次见面就向人送礼,往往会令对方产生疑虑。在接受礼品时若不当着送礼者的面打开其包装,则是一种无礼、粗鲁的行为。

## 三、德国

### (一) 礼节礼貌

德国人在人际交往中,准时赴约被看得很重。在社交场合,德国人通常都采用握手礼作为见面礼节。与德国人握手时,有必要特别注意下述两点。一是握手时务必要坦然地注视对方;二是握手的时间宜稍长一些,晃动的次数宜稍多一些,握手时所用的力量宜稍大一些。此外,与亲朋好友见面时,往往会施拥抱礼。亲吻礼多用于夫妻、情侣之间。有些上了年纪的人,与人相逢时,往往习惯于脱帽致意。对德国人称呼不当,通常会令对方大为不快。在一般情况下,切勿直呼德国人的名字。称其全称或仅称其姓大都可行。看重职衔、学衔、军衔,对于有此类头衔者,在进行称呼时一定不要忘记使用其头衔。

与德国人交谈时,切勿疏忽对"您"与"你"这两种人称代词的使用。对于初次见面的成年人以及老年人,务必要称之为"您"。对于熟人、朋友、同龄者,方可以"你"相称。在德国,称"您"表示尊重,称"你"则表示地位平等、关系密切。

德国人在穿着打扮上的总体风格是庄重、朴素、整洁。在一般情况下,男士大多爱穿西装、夹克,并且喜欢戴呢帽。妇女们则大都爱穿翻领长衫和色彩、图案淡雅的长裙。在日常生活里,德国妇女的化妆以淡妆为主。对于浓妆艳抹者,德国人往往是看不起的。在正式场合露面时,必须要穿戴得整整齐齐,衣着一般多为深色。在商务交往中,他们讲究男士穿三件套西装,女士穿裙式服装。

德国人对发型较为重视。在德国,男士不宜剃光头,免得被人当作"新纳粹"分子。德国少女的发式多为短发或披肩发,烫发的妇女大半都是已婚者。

### (二) 饮食习惯

德国人餐桌上的主角是肉食。最爱吃猪肉,其次是牛肉。爱吃以猪肉制成的各种香肠。大都不太爱吃羊肉。除肝脏之外,其他动物内脏也不为其接受。除北部地区的少数居民之外,德国人大都不爱吃鱼、虾。这是德国的一种独特的民俗,其原因恐怕主要是担心被鱼刺扎伤。德国人一般胃口较大,喜食油腻之物,所以胖人极多。在口味方面,爱吃冷菜和偏甜、偏酸的菜肴,不爱吃辣和过咸的菜肴。在饮料方面,最爱喝啤酒,而且普遍海量。对咖啡、红茶、矿泉水,也很喜欢。

### (三) 节庆习俗

除传统的宗教节日外,德国人是世界上最爱喝啤酒的,所以有举世闻名的慕尼黑啤酒节,每年9月最后一周到10月第一周连续要过半月,热闹非凡。狂欢节(每年11月11日11时11分)开始,要持续10天,到来年复活节前40天才算过完。过完复活节前一周的星期四是妇女节,妇女们这一天不但可以坐市长的椅子,还可以拿着剪刀在大街上公然剪下男子的领带。元旦也是德国人的重大节日。除夕之夜,男子按传统习俗聚在屋里,喝酒打牌,将近零点时,大家纷纷跳到桌子上和椅子上,钟声一响,就意味着"跳迎"新年,接着就扔棍子,表示辞岁。

### (四) 禁忌

忌用玫瑰或蔷薇送德国人,前者表示求爱,后者则专用于悼亡。送女士一枝花,一般也不合适。德国人比较喜欢黑色、灰色,对于红色以及渗有红色或红、黑相间之色,则不感兴趣。对于"13"与"星期五",德国人极度厌恶。四个人交叉握手,或在交际场合进行交叉谈话,被他们看作不礼貌的。德国人对纳粹党党徽的图案十分忌讳。在德国,跟别人打招呼时,切勿身体立正,右手向上方伸直,掌心向外。这种姿势过去是纳粹的行礼方式。向德国人赠送礼品时,不宜选择刀、剑、剪、餐刀和餐叉。避免以褐色、白色、黑色的包装纸和彩带包装、捆扎礼品。在公共场合窃窃私语是十分失礼的。

### 案例:会见德国客人的着装

郑伟是一家大型国营饭店的总经理。有一次,他获悉有一家著名的德国饭店管理集团的董事长正在本市进行访问,并有寻求合作伙伴的意向。他于是想尽办法,请有关部门为双方牵线搭桥。

让郑总经理欣喜若狂的是,对方也有兴趣同他的企业进行合作,而且希望尽快与他见面。到了双方见面的那一天,郑总经理对自己的形象刻意地进行一番修饰,他根据自己对时尚的理解,上穿夹克衫,下穿牛仔裤,头戴棒球帽,足蹬旅游鞋。无疑,他希望自己能给对方留下精明强干、时尚新潮的印象。然而事与愿违,郑总经理自我感觉良好的这一身时髦的"行头",却偏偏坏了他的大事。郑总经理的错误在哪?他的德国同行对此有何评价?

**评析：**
根据惯例，在涉外交往中，每个人都必须时时刻刻注意维护自己的形象，特别是要注意自己在正式场合留给初次见面的外国友人的第一印象。郑总经理与德方同行的第一次见面属国际交往中的正式场合，应穿西服或传统中山装，以示对德方的尊敬。但他没有这样做，正如他的德方同行所认为的：此人着装随意，个人形象不合常规，给人的感觉过于前卫，尚欠稳重，与之合作之事当再作他议。

### 四、意大利

#### （一）礼节礼貌

意大利人与他人初次见面时，礼仪周全，极其客气。在一般情况下，他们大都会以握手礼作为见面礼节，并且会向对方问好。在熟人之间，举手礼、拥抱礼、亲吻礼也比较常用。在社交场合，可称其姓氏，或将其与"先生""小姐""夫人"连称。对于关系密切者，方可直呼其名。为了向交往对象表示恭敬之意，意大利人往往会对对方以"您"相称。在人际交往中，他们对别人的地位、等级十分重视。对于来自家学渊源、历史悠久的家族的人士，他们往往会刮目相看。意大利人的时间观念极为奇特，与别人进行约会时，许多意大利人都会晚到几分钟。

我国国内常用的下列称呼在意大利不宜使用。其一，是"爱人"。在意大利，其含义为"情人"，即"第三者"。其二，是"老人家"。意大利人讳"老"，这一称呼在他们听来具有明显的贬义。其三，是"小鬼"。在中国，将小孩称为"小鬼"是一种爱称。但在意大利人看来，其含义是"小妖怪"，对孩子既不尊重，而且又带有诅咒之意。

在穿着打扮上，意大利人的衣着极为考究，非常时髦，讲究个性。在日常生活里较少穿着其传统的民族服装。平时，男士爱穿背心，戴鸭舌帽；妇女则爱穿长裙，有时则爱戴头巾。

#### （二）饮食习惯

意大利人爱吃炒米饭、通心粉。通心粉又叫意大利面条，或者根据其音译为"帕斯塔"。它是意大利人平时最爱吃的一种面食。吃的时候，不可以用餐刀切成小段，也不可以用汤匙取用。正确的做法是将它缠在餐叉上，然后送入口中，必要时可以匙帮忙，但吃时不得出声。口味上接近法式菜肴。注重浓、香、烂，偏爱酸、甜、辣。烹饪方法上，多采用焖、烩、煎、炸，不喜欢烧、烤。肉食与蔬菜、水果是意大利人都非常喜欢的食品。意大利人大都嗜酒。

#### （三）节庆习俗

意大利的节日比较多，全国性节日有 19 个。1 月 1 日是元旦，新年钟声敲响后，他们纷纷将家中旧物抛出窗外，以辞旧迎新。3 月 21 日至 4 月 25 日春分月圆后第一个星期天为复活节，人们纷纷结伴去郊游、踏青、聚餐。复活节前 40 天为斋戒期，之前数天为狂欢节，一般在 2 月中旬，此时期有化装游行及盛大游艺活动。复活节后 40 天为圣灵降临节，这一天会举行各种纪念活动。12 月 25 日为圣诞节，罗马教皇发表演说是这天最重要的节目。隆重的宗教仪式表达意大利教徒虔诚的宗教热情，民间节庆活动也十分热闹。

#### （四）禁忌

在意大利，玫瑰一般用以示爱，菊花则专门用于丧葬之事，因此，这两种花不可以用来送人。送给意大利女士的鲜花,通常以单数为宜。较为忌讳紫色、仕女图案、十字花图案等。与其他欧美国家的人基本相似,意大利人最忌讳的数字与日期分别是"13"与"星期五"。除此之外,他们对于数字"3"也不太有好感。切勿将手帕、丝织品和亚麻织品送给意大利人。意大利人认为,手帕主要是擦眼泪的,象征情人离别,属于令人悲伤之物,不宜送人。

> **案例:赠送意大利客人的礼品**
>
> 国内某家专门接待外国游客的旅行社,有一次准备在接待来华的意大利游客时送每人一件小礼品。于是,该旅行社订制了一批纯丝手帕,是杭州制作的,还是名厂名产,每条手帕上绣着花草图案,十分美观大方。手帕装在特制的纸盒内,盒上又有旅行社社徽,显得是很像样的小礼品。中国丝织品闻名于世,料想会受到客人的欢迎。
>
> 旅游接待人员带着盒装的纯丝手帕,到机场迎接来自意大利的游客。欢迎词致得热情、得体。在车上,她代表旅行社赠送给每位游客两盒包装精美的手帕,作为礼品。
>
> 没想到车上一片哗然,议论纷纷,游客显出很不高兴的样子。特别是一位夫人,大声叫喊,表现极为气愤,还有些伤感。旅游接待人员慌了,好心好意送人家礼物,不但得不到感谢,还出现这般景象。中国人总以为送礼人不怪,这些外国人为什么怪起来了?
>
> **分析:** 在意大利和西方一些国家,有这样的习俗,亲朋好友相聚一段时间告别时才送手帕,取意为"擦掉惜别的眼泪"。在本案例中,意大利游客兴冲冲地刚踏上盼望已久的中国,准备开始愉快的旅行,你就让人家"擦掉惜别的眼泪",人家当然不高兴,就要议论纷纷。那位大声叫喊而又气愤地夫人,是因为她所得到的手帕上面还绣着菊花图案。菊花在中国是高雅的花卉,但在意大利是祭祀亡灵的。
>
> **资料来源:** 王连义,《怎样做好导游工作》,中国旅游出版社,2005。

## 五、俄罗斯

### (一) 礼节礼貌

俄罗斯人惯于和初次会面的人行握手礼。对于熟悉的人,尤其是在久别重逢时,他们则大多要与对方热情拥抱。有时,还会与对方互吻双颊。在迎接贵宾之时,通常会向对方献上面包和盐。这是给予对方的一种极高的礼遇,来宾必须对其欣然笑纳。与他人相见时,他们通常都会主动问候"早安""午安""晚安"或者"日安"。在称呼方面,过去习惯以"同志"称呼他人,现在除与老年人打交道之外,已不再流行。目前,在正式场合,他们也采用"先生""小姐""夫人"之类的称呼。在俄罗斯,人们非常看重人的社会地位。因此,对有职务、学衔、军衔的人,最好以其职务、学衔、军衔相称。

俄罗斯人的传统服装为:男人上穿粗麻布长袖斜襟衬衣,腰系软腰带,下穿瘦腿裤。外面常穿呢子外套,并且头戴毡帽,脚穿皮靴。女人则爱穿粗麻质地的带有刺绣和垫肩的长袖衬衫,并配以方格裙子。在俄罗斯民间,已婚妇女必须戴头巾,并以白色的为主;未婚姑娘则不戴头巾,但常戴帽子。前去拜访俄罗斯人时,进门之后务请立即自觉地脱下外套、手套和帽子,并且摘下墨镜。前往公共场所时,还须在进门后自觉将外套、帽子、围巾等衣物存放在专用的衣帽间里。

### (二) 饮食习惯

在饮食习惯上,俄罗斯人讲究量大实惠,油大味厚。他们喜欢酸、辣味,偏爱炸、煎、烤、炒的食物,尤其爱吃冷菜。食物在制作上较为粗糙。一般以面食为主,他们很爱吃用黑麦烤制的黑面包。大名远扬的特色食品还有鱼子酱、酸黄瓜、酸牛奶等。吃水果时,他们多不削皮。在饮料方面,俄罗斯人很能喝冷饮。平时,爱吃冰淇淋。大都很能喝烈性酒。具有该国特色的烈酒伏特加是他们最爱喝的酒。还喜欢喝一种叫格瓦斯的饮料。通常不吃海参、海蜇、乌贼和木耳。还有不少人不吃鸡蛋和虾。此外,鞑靼人不吃猪肉、驴肉、骡肉,犹太人也不吃猪肉,并且不吃无鳞鱼。用餐之时,俄罗斯人多用刀叉。他们忌讳用餐发出声响,并且不能用匙直接饮茶,或让其直立于杯中。通常吃饭时只用盘子,而不用碗。

### (三) 节庆习俗

俄罗斯人除根据信仰过宗教节日,如俄罗斯人的圣诞节、洗礼节、谢肉节(送冬节)、清明节、旧历年等,还把圣诞节的传统习俗与过新年结合起来。如圣诞老人叫冬老人,代表旧岁;雪姑娘代表新年。冬老人和雪姑娘是迎新晚会的贵客,并负责分发礼物。大多数俄罗斯人喜欢在家过年,男人们通宵饮伏特加。当电视和广播里传出克里姆林宫的钟响过12下后,男女老少互祝新年快乐。女主人则往往按照俄罗斯人的习惯,要大家说一个新年的心愿。

### (四) 禁忌

拜访俄罗斯人时,赠以鲜花最佳,但送给女士的鲜花宜为单数。讨厌黑色,因为它仅能用于丧葬活动。在数字方面,俄罗斯人最偏爱"7",认为它是成功、美满的预兆。对于"13"与"星期五",他们则十分忌讳。对兔子的印象大都极坏,十分厌恶黑猫。在俄罗斯,打碎镜子和打翻盐罐,都被认为是极为不吉利的预兆。俄罗斯人主张"左主凶,右主吉",因此,他们也不允许以左手接触别人,或以之递送物品。在俄罗斯,蹲在地上,卷起裤腿,撩起裙子,都是严重的失礼行为。俄罗斯人讲究女士优先,在公共场所里,男士们往往自觉地充当"护花使者"。不尊重妇女,到处都会遭以白眼。

#### 案例:时刻注意女士优先的原则

在一个秋高气爽的日子里,迎宾员小贺穿着一身剪裁得体的新制服,第一次独立地走上迎宾员的岗位。一辆白色高级轿车向饭店驶来,司机熟练而准确地将车停靠在饭店豪华大转门的雨棚下。小贺看到后排坐着两位男士、前排副驾驶座上坐着一位身材较高的外国女宾。小贺一步上前,以优雅的姿态和职业性动作,先为后排顾客打开车门,做好护顶并关好车门后,又迅速走向前门,准备以同样的礼仪迎接那位女宾下车,但那位女宾满脸不悦,使小贺不知所措。通常后排座为上座,一般凡有身份者皆在此就座。

> 优先为重要顾客提供服务是饭店服务程序的常规,这位女宾为什么不悦?小贺错在哪里?
>
> **评析:**
> 在西方国家流行着女士优先的风俗。在社交场合或公共场所,男士应该为女士着想,照顾女士,帮助女士。诸如,人们在上车时,总要让女士先行;下车时,则要为女士先打开车门,进出车门时,主动帮助她们开门、关门等。迎宾员小贺未能按照国际上通行的做法先打开女宾的门,致使那位女宾不悦。
>
> **资料来源:** 根据网络资料整理而成,https://wenku.baidu.com/view/800adc1c59eef8c75fbfb36f.html,2011-09-21。

## §7.3 美洲主要国家和地区礼俗礼仪

美洲分南美洲和北美洲。北美洲的主要国家是美国和加拿大。旅游业在美国、加拿大也很发达。其礼仪习俗既继承欧洲传统,又有创新,比较开放和现代化。

美洲除了美国、加拿大以外的区域,称为拉丁美洲,包括南美洲和北美洲南部。拉丁美洲的礼仪习俗主要继承西班牙、葡萄牙的传统,也受当地传统的影响。

### 一、美国

#### (一) 礼节礼貌

在一般情况下,同外人见面时,美国人往往以点头、微笑为礼,或者只是向对方"嗨"上一声作罢。不是特别正式的场合,美国人甚至连国际上最为通行的握手礼也略去不用了。若非亲朋好友,美国人一般不会主动与对方亲吻、拥抱。在称呼别人时,美国人极少使用全称。他们更喜欢交往对象直呼其名,以示双方关系密切。若非官方的正式交往,美国人一般不喜欢称呼官衔,或是以"阁下"相称。对于能反映其成就与地位的学衔、职称,如"博士""教授""律师""法官""医生"等,他们却是乐于在人际交往中用作称呼的。在一般情况下,对于一位拥有博士学位的美国议员而言,称其为"博士"肯定比称其为"议员"更受对方的欢迎。美国人崇尚女士优先,都忌讳老。

美国人穿着打扮的基本特征是尊尚自然,偏爱宽松,讲究着装体现个性。在日常生活中,美国人大多是宽衣大裤。拜访美国人时,进门一定要脱下帽子和外套。穿深色西装套装时穿白色袜子,或是让袜口露出自己的裙摆之外,都是缺乏基本的着装常识的表现。女性最好不要穿黑色皮裙,不要随随便便地在男士面前脱下自己的鞋子,或者撩动自己裙子的下摆,否则,会令人产生成心引诱对方之嫌。

#### (二) 饮食习惯

在一般情况下,美国人以食用肉类为主,牛肉是他们的最爱,鸡肉、鱼肉、火鸡肉也受其欢迎。若非穆斯林或犹太教徒,美国人通常不禁食猪肉。爱吃羊肉者极其罕见。喜食"生"

"冷""淡"的食物，不刻意讲究形式与排场，强调营养搭配。不吃狗肉、猫肉、蛇肉、鸽肉，动物的头、爪及其内脏，生蒜、韭菜、皮蛋等。

美国人的饮食日趋简便与快捷，热狗、炸鸡、土豆片、三明治、汉堡包、面包圈、比萨饼、冰淇淋等，老少皆宜，是其平日餐桌上的主角。爱喝的饮料有冰水、矿泉水、红茶、咖啡、可乐与葡萄酒。新鲜的牛奶、果汁也是他们天天必饮之物。

用餐时一般以刀叉取用。切割菜肴时，习惯于先是左手执叉，右手执刀，将其切割完毕，然后，放下餐刀，将餐叉换至右手，右手执叉而食。讲究斯文用餐。其用餐的戒条主要有下列六条。其一，不允许进餐时发出声响；其二，不允许替他人取菜；其三，不允许吸烟；其四，不允许向别人劝酒；其五，不允许当众宽衣解带；其六，不允许议论令人作呕之事。

### （三）节庆习俗

美国的节日比较多。7月4日为美国独立日。美国的政治性节日还有国旗日、华盛顿诞辰纪念日、林肯诞辰纪念日、阵亡将士纪念日等。2月14日为情人节，在这一天，恋人之间都要互赠卡片和鲜花。5月第二个星期日为母亲节，6月第三个星期日为父亲节，是美国的法定节日。11月第四个星期四是感恩节，也叫火鸡节，是北美洲特有的节日。这一天也是家人团聚、亲朋欢聚的日子，还要进行化装游行、劳作比赛、体育比赛、戏剧表演等活动，十分热闹；火鸡、红莓苔子果酱、甘薯、玉米汁、南瓜饼等节日佳肴让人大饱口福。12月25日为圣诞节，是美国最盛大的节日。全城通宵欢庆，教徒们跟随教堂唱诗班挨户唱圣诞颂歌，装饰圣诞树，吃圣诞蛋糕。

### （四）禁忌

蝙蝠被视为吸血鬼与凶神，忌讳黑色，最讨厌的数字是"13"和"3"。他们不喜欢的日期则是星期五。忌讳在公共场合和在他人面前蹲在地上，或是双腿叉开而坐。忌用下列体态语：盯视他人；冲着别人伸舌头；用食指指点交往对象；用食指横在喉头之前。在美国，成年的同性共居于一室之中，在公共场合携手而行或是勾肩搭背，在舞厅里相邀共舞等，都有同性恋之嫌。不宜送给美国人的礼品有香烟、香水、内衣、药品以及广告用品。一般而论，与美国人交往时，与之保持50—150厘米的距离比较适当。他们认为，个人空间不容冒犯。因此，在美国碰了别人要及时道歉，坐在他人身边先要征得对方认可，谈话时距对方过近则是失敬于人的。

最忌讳他人打探其个人隐私。在美国，询问他人收入、年龄、婚恋、健康、籍贯、住址、种族等，都是不礼貌的。美国人大都认定"胖人穷，瘦人富"，所以，美国人听不得别人说自己"长胖了"。与美国黑人交谈时，既要少提"黑"这个词，又不能打听对方的祖居之地。

## 二、加拿大

### （一）礼节礼貌

对关系普通者，一般握手致意作为见面礼节。亲友、熟人、恋人或夫妻之间以拥抱或亲吻作为见面礼节。分手时也行握手礼。加拿大人跟外人打交道时，只有在非常正式的情况之下，才会对对方连姓带名一同加以称呼，并且彬彬有礼地冠以"先生""小姐""夫人"之类的尊称。在一般场合下，加拿大人在称呼别人时，往往喜欢直呼其名，而略去其姓。在加拿大，父子之间互称其名是常见之事。对于交往对象的头衔、学位、职务，加拿大人只有在官方活动中才会使用。在日常生活里,他们绝对不习惯像中国人那样,以"主任""局长""总经理""董事长"之类,去称呼自己的交往对象。

与加拿大土著居民进行交际时,不宜将其称为印第安人或爱斯基摩人。前者被认为暗示其并非土著居民,后者的本意则为"食生肉者",因而具有侮辱之意。对于后者,应当采用对方所认可的称呼,称之为因纽特人。对于前者,宜以对方具体所在的部族之名相称。

加拿大人的着装以欧式为主。在上班的时间,他们一般要穿西服、套裙。参加社交活动时,他们往往要穿礼服或时装。在休闲场合里,他们则讲究自由穿着,只要自我感觉良好就可。每逢节假日,尤其是在欢庆本民族的传统节日时,大都有穿着自己的传统民族服装的习惯。

### (二) 饮食习惯

加拿大人对法式菜肴较为偏爱,并且以面包、牛肉、鸡肉、鸡蛋、土豆、西红柿等物为日常之食。在口味方面,比较清淡。爱吃酸、甜之物。在烹制菜肴时极少直接加入调料,而是惯于将调味品放在餐桌上,听任用餐者各取所需,自行添加。从总体上讲,他们以肉食为主,特别爱吃奶酪和黄油。加拿大人特别爱吃烤制的食品。在用餐之后爱吃上一些水果。在饮品方面,喜欢咖啡、红茶、牛奶、果汁、矿泉水。还爱喝清汤,并且爱喝麦片粥。忌食肥肉、动物内脏、腐乳、虾酱、鱼露,以及其他一切带有腥味、怪味的食物。动物的脚爪和偏辣的菜肴,他们也不太喜欢吃。用餐时一般使用刀叉。忌讳在餐桌上吸烟、吐痰、剔牙。一日三餐中最重视的是晚餐。

### (三) 节庆习俗

加拿大的主要节日有:① 国庆日7月1日。② 元旦,人们将瑞雪作为吉祥的征兆,哈德逊湾的居民在新年期间,不但不铲平阻塞交通的积雪,还将雪堆积在住宅四周,筑成雪岭。他们认为,这样就可以防止妖魔鬼怪的侵入。③ 枫糖节,加拿大盛产枫树,其中以东南部的魁北克和安大略两省枫叶最多最美。每年三四月间,一年一度的枫糖节就开始了。几千个生产枫糖的农场装饰一新,披上节日的盛装,吸引了无数的旅游者。④ 冬季狂欢节,在加拿大东南部港口城市魁北克,每年从2月份的第一个周末起,都举行为期10天的冬季狂欢节。狂欢节规模盛大,活动内容丰富多彩。

### (四) 禁忌

白色的百合花主要被用于悼念死者。因其与死亡相关,所以,绝对不可以之作为礼物送给加拿大人。"13"被视为"厄运"之数,"星期五"则是灾难的象征,加拿大人对于两者都深为忌讳。在老派的加拿大人看来,打破了玻璃,请人吃饭时将盐撒了,从梯子底下经过,都是不吉利的事情。它们都是应当竭力避免发生的。与加拿大人交谈时,不要插嘴打断对方的话,或是与对方强词夺理。在需要指示方向或介绍某人时,忌讳用食指指指点点,而代之以五指并拢、掌心向上的手势。

## 三、墨西哥

### (一) 礼节礼貌

在墨西哥,熟人相见之时所采用的见面礼节主要是拥抱礼与亲吻礼。在上流社会中,男士们往往还会温文尔雅地向女士们行吻手礼。与不熟悉的人打交道时,宜采用的见面礼节是握手或微笑。在正式场合不宜直接去称呼交往对象的名字。只有彼此之间十分熟悉的人，才会有例外。其称呼方式是在姓氏之前加上"先生""小姐"或"夫人"之类的尊称。极爱使用某些可以体现出具有一定的社会地位的头衔，诸如"博士""教授""医生""法官""律师""议员""工程师"之类。

拜访墨西哥人要事先进行预约，否则，是不会受到对方欢迎的。前去赴约的时候，墨西哥人一般都不习惯于准点到达约会地点，通常会比双方事先约定的时间迟到一刻钟到半个小时左右。

传统服装之中，名气最大的是恰鲁和支那波婆兰那。前者是一种类似于骑士服的男装，由白衬衣、黑礼服、红领结、大檐帽、宽皮带、紧身裤、高筒靴所组成，看起来又帅又酷。后者则为一种裙式的女装，它多以黑色为底，金色绳边，并以红、白、绿三色绣花，无袖、窄腰、长可及地，穿起来令人显得又高贵，又大方。

在十分正规的场合，墨西哥人才讲究穿西服套装或西式套裙。出入于公共场所时，男子穿长裤，妇女穿长裙。在日常生活里，男子爱穿格子衬衫、紧身裤。妇女爱穿色调明快、艳丽的绣花衬衣和图案、款式多变的长裙。出门在外之时，还喜爱披上一块用途多样的披巾。

### （二）饮食习惯

墨西哥人的传统食物主要是玉米、菜豆和辣椒。墨西哥乃是玉米之乡。他们不仅爱吃玉米，而且还可以用它制作各式各样的风味食品。其中，最有特色的是玉米面饼、玉米面糊、玉米饺子、玉米粽子等。墨西哥菜的特色，是以辣为主。有人甚至在吃水果时，也非要加入一些辣椒粉不可。除了爱以菜豆做菜之外，仙人掌、蚂蚱、蚂蚁、蟋蟀等都可以成为墨西哥人享用的美味佳肴。墨西哥人颇为好酒，但不劝酒。大都不吃过分油腻的菜肴。

### （三）节庆习俗

墨西哥人喜爱仙人掌，每年的仙人掌展览会总是盛况空前。墨西哥国庆节为9月16日。10月玉米收获时节有玉米粽子节，用嫩玉米包粽子，并举行盛大舞会。11月1—2日为墨西哥达拉斯戈尼族的亡人节，与我国清明节的习俗相似。

### （四）禁忌

墨西哥人忌讳将黄色或红色的花送人。他们认为，前者意味着死亡，后者则会带给他人晦气。在墨西哥人眼里，蝙蝠凶恶、残暴，是一种吸血鬼，蝙蝠及其图案为人们所忌讳。在该国，人们不仅不惧怕骷髅，反而认为它象征着公正，喜欢以其图案进行装饰。对紫色深为忌讳。讨厌的数字是"13"，不喜"星期五"。

## 四、巴西

### （一）礼节礼貌

巴西人通常以拥抱或者亲吻作为见面礼节。只有在十分正式的活动中，他们才相互握手为礼。巴西民间流行着一些较为独特的见面礼节。其一，是握拳礼。主要用于问安或致敬。行此礼时，先是要握紧自己的拳头，然后向上方伸出拇指。其二，是贴面礼。它是巴西妇女之间所采用的见面礼节。在行礼时，双方要互贴面颊，同时口里发出表示亲热的亲吻声。但是，用嘴唇真正去接触对方的面颊，却是不允许的。其三，是沐浴礼。它是巴西土著居民迎宾的礼节。当客人抵达后，主人必定要做的头一件事，便是邀请客人入室洗浴。客人沐浴的时间越久,就表示越尊重主人。有时,主人还会陪同客人一道入浴。宾主双方一边洗澡,一边交谈,显得大家亲密无间。遇婚丧大事,登门宾客较多时,主人往往搭临时浴棚,以确保每位客人都能行沐浴礼。在一般情况下,巴西人喜欢彼此直呼其名。有些时候,则会采用以本名加父姓组合而成的简称。一个人的姓名全称只有在极为正式的场合,才有可能使用。

在正式场合中,巴西人主张一定要穿西装或套裙。在一般的公共场合,男人至少要穿短衬衫、长西裤,妇女则最好穿高领带袖的长裙。相对而言,妇女的着装更为时髦一些。爱戴首饰,爱穿花衣裳,并且喜欢色彩鲜艳的时装。在一般情况下,巴西妇女大都喜欢赤脚穿鞋。巴西的黑人妇女一般爱穿短小紧身的上衣、宽松肥大的花裙,并且经常身披一块又宽又长的披肩。

### (二) 饮食习惯

巴西人平常主要是吃欧式西餐。因为畜牧业发达,食物之中肉类所占的比重较大。最爱吃牛肉,尤其是爱吃烤牛肉。黑豆是其重要的主食。最爱吃的菜肴名为烩费让。费让意即杂豆。它是用黑豆、红豆等杂豆,加上猪肉香肠、烟熏肉、甘蓝菜、橘子片,用砂锅烹煮而成。在巴西,烩费让被称为国菜,是宴请时不可缺少的主角。喜饮咖啡、红茶和葡萄酒。他们几乎天天离不开咖啡,还喜欢以之待客。饮酒时提倡饮而不醉。醉酒被巴西人视为粗俗至极。

### (三) 节庆

巴西人的主要节日为元旦节。巴西人视金桦果为幸福的象征。在新年来临之际,人们倾家而出,高举火把,拥入山林去寻找金桦果。狂欢节于每年2月20日举行,是巴西人民的传统节日之一。每当节日来临,举国上下沉浸在一片欢乐的气氛中。它不仅给巴西人民带来了欢乐,也推动了巴西国际旅游业的发展。基隆博节是巴西东北部人民的传统节日,于每年金秋时节举行。"基隆博"在葡文中是"逃奴堡"之意。

### (四) 禁忌

出于宗教方面的原因,巴西人忌讳"13"这一数字。他们所忌讳的色彩,则是被其视为象征悲伤的紫色和代表凶丧的棕黄色。在人际往来中,巴西人极为重视亲笔签名。不论是写便条、发传真,还是送礼物,他们都会签下自己的姓名,否则,就是不重视交往对象。对使用图章落款的做法,巴西人是不习惯的。跟巴西人打交道时,不宜向其赠送手帕或刀子。英美人所采用的表示"OK"的手势,在巴西人看来是非常下流的。

## §7.4 大洋洲主要国家和地区礼俗礼仪

大洋洲是世界第七大洲,是由澳大利亚、新西兰及许多岛国组成的。16世纪前,这里人烟稀少,只有土著人居住。后来,随着英国和其他欧洲移民的迁居,大洋洲诸岛就成了英国等发达国家的殖民地。现在,这一地区的大多数国家已摆脱了殖民统治,获得了独立。

### 一、澳大利亚

#### (一) 礼节礼貌

澳大利亚人的时间观念强,女性较保守,接触时要谨慎。见面礼节既有拥抱礼、亲吻礼,也有合十礼、鞠躬礼、握手礼、拱手礼、点头礼。土著居民在见面时所行的勾指礼极具特色。做法是：相见的双方各自伸出手来，令双方的中指紧紧勾住，然后再轻轻地往自己身边一拉，以示相亲、相敬。

在极为正式的场合要穿西装、套裙，平时的穿着大都是T恤、短裤，或者牛仔装、夹克衫。由于阳光强烈，他们在出门时通常喜欢戴上一顶棒球帽来遮挡阳光。澳大利亚的土著居民平时习惯于赤身裸体，至多是在腰上扎上一块围布遮羞而已。

### （二）饮食习惯

澳大利亚人的饮食习惯多种多样。就主流社会而言，人们一般喜欢英式西餐。其特点是口味清淡，不喜油腻，忌食辣味。有不少澳大利亚人不吃味道酸的东西。大都爱吃牛肉、羊肉，对于鸡肉、鱼肉、禽蛋也比较爱吃。他们的主食是面包，爱喝的饮料则有牛奶、咖啡、啤酒与矿泉水等。在用餐时，澳大利亚人使用刀和叉。一般不吃狗肉、猫肉、蛇肉，不吃动物的内脏与头、爪。他们十分厌恶加了味精的食物，认定味精好似"毒药"，令人作呕。澳大利亚土著居民目前大多数尚不会耕种粮食、饲养家畜。他们靠渔猎为生，并且经常采食野果。他们的食物品种繁多，制作方法也各具特色。在进食的时候经常生食，并且惯于以手抓食。

### （三）节庆习俗

澳大利亚的国庆日是1月26日。圣诞节时，澳大利亚正处盛夏，商店橱窗里特意装扮的冰雪及圣诞老人和满街的夏装形成鲜明的对照，人们带着饮料到森林里举行"正别居"野餐，吃饱喝足后，就跳起迪斯科或袋鼠舞，直到深夜，然后在森林中露宿，迎接圣诞老人的到来。南太平洋艺术节（每隔四年举行一次）是南太平洋地区的国家为"庆祝太平洋的觉醒"，"鼓励太平洋传统文化的保持和新生"，并在"整个太平洋地区加强团结"的口号下举行的具有浓厚地方色彩的节日。

### （四）禁忌

在澳大利亚人眼里，兔子是一种不吉利的动物。他们认为，碰到了兔子，可能是厄运将临的预兆。对于"13"与"星期五"普遍反感至极。在人际交往中，爱好娱乐的澳大利亚人往往有邀请友人一同外出游玩的习惯，他们认为这是密切双方关系的捷径之一。对此类邀请予以拒绝，会被他们理解成不给面子。澳大利亚人不喜欢将本国与英国处处联系在一起。不喜欢听"外国"或"外国人"这一称呼。对公共场合的噪声极其厌恶。在公共场所大声喧哗者，尤其是门外高声喊人的人，是他们最看不起的。

## 二、新西兰

### （一）礼节礼貌

新西兰人的见面礼节主要有三种。其一是握手礼。其二是鞠躬礼。新西兰人在向尊长行礼时，有时会采用此礼。他们行鞠躬礼的具体做法十分独特：与中国人鞠躬时低头弯腰不同，新西兰人鞠躬时是抬着头、挺着胸的。其三是注目礼。路遇他人（包括不相识者）时，新西兰人往往会向对方行注目礼。即面含微笑目视对方，同时问候对方："你好！"称呼新西兰人，直呼其名常受欢迎，称呼官衔却往往令人侧目。土著毛利人善歌舞、讲礼仪，当远方客人来访，致以"碰鼻礼"。碰鼻次数越多，时间越长，说明礼遇规格越高。

新西兰人是欧洲移民的后裔，因此，新西兰人在日常生活里通常以穿着欧式服装为主。

在服饰方面,看重质量,讲究庄重,偏爱舒适,强调因场合而异。外出参加交际应酬时,新西兰妇女不但要身着盛装,而且一定要化妆。

### (二) 饮食习惯

在新西兰,欧洲移民的后裔通常习惯于吃英式西餐。他们的口味比较清淡,对动物蛋白和乳制品的需求量很大。牛肉、羊肉、鸡肉、鱼肉都是他们所爱吃的。在用餐时,他们以刀叉取食,忌讳吃饭时频频与人交谈。除了爱吃瘦肉之外,欧洲移民的后裔们还爱喝浓汤,并且对红茶一日不可或缺。受英国习俗的影响,他们也养成了"一日六饮"的习惯,即每天要喝六次茶。它们分别被称作早茶、早餐茶、午餐茶、下午茶、晚餐茶和晚茶。新西兰人爱喝酒。不管是威士忌之类的烈性酒,还是啤酒或葡萄酒,都非常喜欢。

### (三) 节庆习俗

新西兰的国庆日(怀坦吉日)是2月6日,为纪念1840年签订怀坦吉条约而设。新年是1月1日。复活节是4月14—17日。澳新军团日是4月25日,为纪念澳新军团在加利波利登陆日而设。女王诞辰日是6月5日。劳动节是10月25日。圣诞节是12月25日。

### (四) 禁忌

受基督教、天主教的影响,新西兰人讨厌"13"与"星期五"。要是有一天既是13日,又是星期五,新西兰人不论干什么事都会提心吊胆。对于在这一天外出赴宴、跳舞、观剧之类的邀请,他们则能推就推。当众闲聊、剔牙、吃东西、喝饮料、嚼口香糖、抓头皮、紧腰带,均被新西兰人看做不文明的行为。新西兰人奉行"不干涉主义",即反对干涉他人的个人自由。对于交往对象的政治立场、宗教信仰、职务级别等,他们一律主张不闻不问。对其国内种族问题以及将新西兰视为澳大利亚的一部分,他们则更为反感。

## §7.5 非洲主要国家和地区礼俗礼仪

非洲是世界文明的发源地之一。非洲人勤劳、智慧。在过去的几个世纪中,由于长期受葡萄牙、西班牙、英国、法国、荷兰、比利时、德国以及意大利等殖民者的侵入、瓜分和奴役,非洲成了一个贫穷落后的地区。直至20世纪60年代后,大部分非洲国家才纷纷独立,加入第三世界发展中国家的行列。非洲文化具有多样性,礼仪习俗相对也复杂多样。

### 一、埃及

#### (一) 礼节礼貌

在人际交往中,埃及人所采用的见面礼节主要是握手礼。与和其他伊斯兰国家的人士打交道时的禁忌相同,同埃及人握手时,最重要的是忌用左手。除握手礼之外,埃及人在某些场合还使用拥抱礼或亲吻礼。埃及人所采用的亲吻礼,往往会因交往对象的不同而采用亲吻不同部位的具体方式。其中,最常见的形式有三种。一是吻面礼,它一般用于亲友之间,尤其是女性之间。二是吻手礼,它是向尊长表示敬意或是向恩人致谢时所用的。三是飞吻礼,它多见于情侣之间。埃及人在社交活动中,跟交往对象行过见面礼节后,往往要双方互致问候。"祝你平安""真主保佑你""早上好""晚上好"等,都是他们常用的问候语。

为了表示亲密或尊敬,埃及人在人际交往中所使用的称呼也有自己的特色。在埃及,老年人将年轻人叫作"儿子""女儿",学生管老师叫"爸爸""妈妈"。穆斯林之间互称"兄弟",往往并不表示两者具有血缘关系,而只是表示尊敬或亲切。跟埃及人打交道时,除了可以采用国际上通行的称呼,倘若能够酌情使用一些阿拉伯语的尊称,通常会令埃及人更加开心。

去埃及人家里做客时,应注意以下三点。其一,事先要预约,并要以主人方便为宜。通常在晚上6点后以及斋月期间不宜进行拜访。其二,按惯例,穆斯林家里的女性,尤其是女主人是不待客的,故切勿对其打听或问候。其三,就座之后,切勿将足底朝外,更不要朝向对方。

埃及人的穿着主要是长衣、长裤和长裙。又露又短的奇装异服,埃及人通常是不愿问津的。埃及城市里的下层平民,特别是乡村中的农民,平时主要还是穿着阿拉伯民族的传统服装阿拉伯大袍。同时还要头缠长巾,或是罩上面纱。埃及的乡村妇女很喜爱佩戴首饰,尤其是讲究佩戴脚镯。埃及人不穿绘有星星、猪、狗、猫以及熊猫图案的衣服。

### (二) 饮食习惯

在通常情况下,以一种称为"耶素"的不用酵母的平圆形面包为主食,并且喜欢将它同"富尔""克布奈""摩酪赫亚"一起食用。"富尔"即煮豆,"克布奈"即白奶酪,"摩酪赫亚"则为汤类。埃及人很爱吃羊肉、鸡肉、鸭肉、土豆、豌豆、南瓜、洋葱、茄子和胡萝卜。口味较淡,不喜油腻,爱吃又甜又香的东西,尤其喜欢吃甜点。冷菜、带馅的菜以及用奶油烧制的菜,特别是被他们看作象征着"春天"与勃勃生机的生菜,备受欢迎。在饮料上,埃及人酷爱酸奶、茶和咖啡。埃及人有在街头的咖啡摊上用午餐的习惯。用餐的时候,埃及多以手取食。在正式的场合习惯于使用刀、叉和勺子。用餐之后,他们一定要洗手。埃及人在用餐时,忌用左手取食,忌在用餐时与别人交谈。因为他们认为那样会浪费粮食,是对真主的大不敬。埃及人按照伊斯兰教教规,是不喝酒的。他们忌食的东西有猪肉、狗肉、驴肉、骡肉、龟、鳖、虾、蟹、鳝以及动物的内脏、动物的血液、自死之物、未诵安拉之名宰杀之物。整条的鱼和带刺的鱼是不喜欢吃的。

### (三) 节庆习俗

埃及的国庆节为7月23日。4月下旬(科普特历8月中旬)是埃及传统节日惠风节,人人都要吃象征春风绿地的生菜、象征生命开始的鸡蛋和有关崇拜的腌鱼。8月,当尼罗河水漫过河堤时,举行泛滥节,欢庆尼罗河定期泛滥带来沃土。众人聚集在尼罗河边进行祈祷,唱宗教赞歌,跳欢快的舞蹈。6月17日或18日是尼罗娶媳妇节,人们纷纷来到尼罗河边载歌载舞。穆斯林在斋月(伊斯兰教历9月)中实行斋戒,从日出到日落均不得进食。斋月结束后举行开斋节,连续三天,举行盛大庆祝活动,到清真寺做礼拜,亲友互相走访。这三天也是举行婚礼的吉祥日子。伊斯兰教历12月10日为宰牲节,也是盛大节日,各家各户根据自己的经济实力,宰牛杀羊,馈赠亲友,招待宾客,送给穷人。

### (四) 禁忌

除讨厌猪之外,外形被认作与猪相近的大熊猫也为埃及人所反感。讨厌黑色、蓝色。两者在埃及人看来均是不祥之色。对信奉基督教的科普特人而言,"13"是最令人晦气的数字。非常忌讳针,在埃及,"针"是骂人的词。在下午3至5点严禁买卖针,认为那会带来贫困与灾祸。在埃及不给人小费,往往会举步维艰。

与埃及人交谈时,应注意下述问题:一是男士不要主动找妇女攀谈;二是切勿夸奖埃及妇女身材窈窕,因为埃及人以体态丰腴为美;三是不要称道埃及人家中的物品,这种做法会被人理解为索要此物;四是不要与埃及人讨论宗教纠纷、中东政局以及男女关系。

## 二、南非

### (一) 礼节礼貌

见面礼节主要是握手礼,他们对交往对象的称呼主要是"先生""小姐"或"夫人"。西方人所讲究的绅士风度、女士优先、守时践约等基本礼仪,南非人不仅耳熟能详,而且早已身体力行。在具体称呼上保留自己的传统,即在进行称呼时在姓氏之后加上相应的辈分,以表明双方关系异常亲密。比如,称南非黑人为"乔治爷爷""海伦大婶",往往会令其喜笑颜开。

正式一些的场合,讲究着装端庄、严谨。进行官方交往或商务交往时,最好要穿样式保守、色彩偏深的套装或裙装,不然就会被对方视作失礼。在日常生活中,南非人大多爱穿休闲装。白衬衣、牛仔装、西装短裤,均受其喜爱。南非黑人穿这类服装,不分男女老幼,往往对色彩鲜艳的服装更为偏爱,尤其爱穿花衬衣。

### (二) 饮食习惯

在饮食习惯上,当地的白人平日以吃西餐为主,经常吃牛肉、鸡肉、鸡蛋和面包,并且爱喝咖啡与红茶。南非黑人的主食是玉米、薯类、豆类。在肉食方面,他们喜欢吃牛肉和羊肉,一般不吃猪肉,也不太吃鱼。不喜欢生食,而是爱吃熟食。如宝茶深受南非各界人士的推崇,它与钻石、黄金一道被称为"南非三宝"。与南非的印度人打交道时,务必要注意:信仰印度教者不吃牛肉,信仰伊斯兰教者不吃猪肉。

### (三) 节庆习俗

南非的节庆活动较多,新年是1月1日,人权日是3月21日,耶稣受难日为复活节前的星期五,家庭节为复活节后的第二天。自由日是4月27日,全国进行盛大的纪念活动,各种族人民都有不同活动。劳动节是5月1日,举行传统仪式及活动,是典型的宗教节日,有宗教活动,和西方相似。青年节是6月16日,全国适龄青年欢庆活动,是青年迈向成年的仪式。南非的妇女节是8月9日。南非部分地区有过传统节的习俗,时间是9月24日,一般举行传统的活动、歌舞、特色饮食等。和解节是12月16日,举行大型纪念仪式及活动,忘怀种族之间的隔离政策。圣诞节是12月25日,友好节是12月26日。

### (四) 禁忌

信仰基督教的南非人,最忌讳"13"这一数字。对于"星期五",特别是与"13日"同为一天的"星期五",他们更是讳言忌提,并且尽量避免外出。南非人非常敬仰自己的祖先,特别忌讳外人对其祖先在言行举止上表现出失敬。被视为神圣宝地的一些地方,诸如火堆、牲口棚等处,绝对是禁止妇女接近的。

## §7.6 台港澳地区礼俗礼仪

台湾、香港、澳门是中国不可分割的领土。在港、澳、台生活的95%以上的人口是炎黄子孙,是我们的骨肉同胞。居民中华人占绝大多数,继承、保存着籍贯传统礼仪习俗,其姓氏称谓、婚丧礼仪、宗教信仰、节令时尚、饮食习惯等基本与广东省和福建省相似。同时受西方文化的影响,其节庆的形式与内容是中西合璧。

## 一、礼节礼貌

台、港、澳地区通行的礼节为握手礼。因有些人参禅信佛,故也有见人行"合十礼"和呼"阿弥陀佛"的。台、港、澳同胞在接受饭店服务员斟酒、倒茶时行"叩指礼",即把手弯曲,以指尖轻轻叩打桌面以示对人的谢意,这种礼节源于"叩头礼"。台、港、澳同胞一般比较勤勉、守时。与他们交往时要注意做到不能使他们觉得丢面子;与他们谈话入正题前要说些客套话,多表示些对他们的热情友好和真诚欢迎。

香港人在正式场合下,男士穿西装,女士穿套裙。平时穿着追求个性、时尚、飘逸、多姿多彩。澳门人的衣着,除了比国内时髦以外,没有什么奇特的地方,都不穿凉鞋、水鞋,喜欢穿球鞋、皮鞋。除了正规场合西装革履,平时穿着随意,讲究舒适与时尚。近年来,台湾居民的服饰已逐渐西化。上班时整整齐齐,闲暇时舒适随意。在正规场合,男的西装革履,女的裙裾飘飘。闲暇时间,人们喜欢穿各种运动服和休闲服健身娱乐、饮宴应酬,台北女性流行穿旗袍,农村居民则以短衣短裤作日常服装。女子多用金银首饰,尤爱金项链。

## 二、饮食习惯

台、港、澳同胞的饮食习惯和祖国大陆基本相仿。许多人回内地探亲访友、旅游观光时喜欢吃家乡菜和各地传统的风味小吃。一般喜欢品尝有特色的名菜、名点,爱喝名酒以及龙井、铁观音等名茶。

香港人的饮食讲究菜肴鲜、嫩、爽、滑,注重菜肴的营养成分。口味喜清淡,偏爱甜味。以米为主食,也喜欢吃面食。爱吃鱼、虾、蟹等海鲜及鸡、鸭、蛋类、猪肉、牛肉、羊肉等;喜欢茭白、油菜、西红柿、黄瓜、柿子椒等新鲜蔬菜;调料爱用胡椒、花椒、料酒、葱、姜、糖、味精等。对各种烹调技法烹制的菜肴均能适应,偏爱煎、烧、烩、炸等烹调方法制作的菜肴。对各种风味菜肴均不陌生,最喜爱粤菜、闽菜。喜欢鸡尾酒、啤酒、果酒等,饮料爱喝矿泉水、可乐、可可、咖啡等,也喜欢乌龙茶、龙井茶等。爱吃香蕉、菠萝、西瓜、柑橘、洋桃、荔枝、龙眼等水果;干果爱吃腰果等。绝大多数人都使用筷子,个别人也使用刀叉进食。

澳门人的饮食方面"以中为主,中葡结合"。澳门人与珠江三角洲一带的居民差别不大,也由于澳门长期华洋杂处,其生活习俗在有些方面也是中西混合。澳门人的吃文化也是"博大精深"。出于传统习惯和节省时间考虑,澳门人早餐和午餐常用"饮茶"来代替。虽名曰"饮茶",但澳门喝茶总少不了各类点心和粥粉面饭。澳门还有不少当地出生的葡萄牙人喜爱的食品,如威虾酱、喳咋和牛油糕等。

台湾人在吃上讲究清淡,喜甜味,与江浙一带口味相近。但不同地域和不同人群在饮食上也各有特色。台湾人的饮食很杂,缺少自己独具的特色。但普遍在吃上很讲究,追求精细与营养。在宴席上不劝酒,让客人随意,但主人喝起酒来还是很豪爽的。

## 三、节庆习俗

香港、澳门和台湾的节庆也注重过中国传统的农历节日,如端午节、春节等。过节时要祭神、祭祖,其形式、规矩讲究较多。当然,由于受西方文化的影响,许多人也习惯过西方的圣诞节等节日。

### 四、禁忌

台、港、澳同胞,尤其是上了年纪的老一辈人,忌讳说不吉利的话,喜欢讨口彩。例如,香港人特别忌"4"字,因广东话中"4"与"死"谐音。又如,住饭店不愿进"324"房间,因其在广东话里的发音与"生意死"谐音,不吉利。过年时喜欢别人说"恭喜发财"之类的恭维话,不说"新年快乐","快乐"音近"快落"不吉利。由于长期受西方的影响,忌"13""星期五"等。忌讳别人打听自己的家庭地址。忌讳询问个人的工资收入、年龄状况等情况。避免给他们送钟,它是死亡的象征;在台湾不要送剪刀或其他锐利的物品,它们象征断绝关系。台湾人禁用手巾赠人,因在台湾手巾是给吊丧者的留念,意为让吊丧者与死者断绝往来,故台湾有"送巾断根"或"送巾离别"之说。禁用扇子送人,有"送扇,无相见"之说。禁用雨伞送人,因在台湾,"伞"与"散"同音,"雨"与"给"同音,"雨伞"与"给散"同音,故拿伞送人,会引起对方误会。禁送人甜果,因甜果是民间逢年过节祭祖拜神之物,使对方有不祥之感。

---

**案例:客房被重复预订之后**

销售公关部接到一日本团队住宿的预订,在确定了客房类型和安排在10楼同一楼层后,销售公关部开具了"来客委托书",交给了总台石小姐。由于石小姐工作疏忽,错输了电脑,而且与此同时,又接到一位台湾石姓客人的来电预订。因为双方都姓石,石先生又是酒店的常客,与石小姐相识,石小姐便把10楼1015客房许诺订给这位台湾客人。

当发现客房被重复预订之后,总台的石小姐受到了严厉的处分。不仅因为工作出现了差错,而且违反了客人预订只提供客房类型、楼层,不得提供具体房号的店规。这样一来,酒店处于潜在的被动地位。如何回避可能出现的矛盾呢?酒店总经理找来销售公关部和客房部的两位经理,商量了几种应变方案。

台湾石先生如期来到酒店,当得知因为有日本客人来才使自己不能如愿时,表现出极大的不满。换间客房是坚决不同意的,无论总台怎么解释和赔礼,这位台湾客人仍指责酒店背信弃义,崇洋媚外,"东洋人有什么了不起,我先预订,我先住店,这间客房非我莫属。"销售公关部经理向石先生再三致歉,并道出事情经过的原委和对总台失职的石小姐的处罚,还转告酒店总经理的态度,一定要使石先生这样的酒店常客最终满意。这位台湾石先生每次到这座城市,都下榻这家酒店,而且特别偏爱住10楼。据他说,他的石姓与10楼谐音相同,有一种住在自己的家的心理满足;更因为他对10楼的客房的陈设、布置、色调、家具都有特别的亲切感,会唤起他对逝去的岁月中一段美好而温馨往事的回忆。因此,对10楼他情有独钟。

销售公关部经理想,石先生既然没有提出换一家酒店住宿,表明对我们酒店仍抱有好感,"住10楼比较困难,因为要涉及另一批客人,会产生新的矛盾,请石先生谅解。""看在酒店和石小姐的面子上,同意换楼层。但房型和陈设、布置各方面要与1015客房一样。"石先生作出了让步。"14楼有一间客房与1015客房完全一样。"销售公关部经理说,"事先已为先生准备好了。""14楼,我一向不住14楼。西方人忌13楼,我不忌,但我忌讳的就是14,什么叫14,不等于是'石死'吗?让我死,多么不吉利。"石先生脸上多云转阴。"那么先生住8楼该不会有所禁忌了吧?"销售公关部经理问道。"您刚才不是说只有14楼有同样的客房吗?"石先生疑惑地问。"8楼有相同的客房,但其中的布置,家具可能不尽如石先生之意。您来之前我们已经了解石先生酷爱保龄球,现在我陪先生玩上一会儿,在这段时间里,酒店会以最快的速度将您所满意的家具换到8楼客房。"销售公关经理说。"不胜感激,我同意。"石先生很惊喜。销售公关部经理拿出对讲机,通知有关部门:"请传达总经理指令,以最快速度将1402客房的可移动设施全部搬入806客房。"

**评析:**

酒店的这一举措,弥补了工作中的失误,赢得了石先生的心。为了换回酒店的信誉,同时也为了使"上帝"真正满意,酒店提供了超值的服务。此事被传为佳话,声名远播。

### 延伸阅读:宗教礼仪

我们知道,世界各地人民的风俗习惯在很大程度上受其宗教信仰的影响。在这里,我们简要地介绍一下目前世界上影响最大的三大宗教(即基督教、伊斯兰教和佛教)的一些基本知识和礼仪禁忌。

## 基督教礼仪

### 一、基督教常识

(一)教源

在基督教的发展史上,发生过两次大的分裂,由此形成天主教、东正教和新教三大教派。第一次分裂于公元11世纪中叶,罗马东、西教会经过长达700年之久的纷争后,因争夺教权而最终彻底决裂。分裂为西部的天主教和东部的正教。天主教也称公教,因为它以罗马为中心,所以又称罗马公教。公教传入中国后,其信徒们称所信奉的至高之神为天主,所以被称为天主教。以君士坦丁堡为中心的大部分东派教会自称正教,意为保有正统教义的正宗教会。因其为东派教会,故在我国被称为东正教。第二次大的分裂在公元16世纪,因罗马天主教内部宗教改革而引发。这场改革运动从天主教中分离出基督教的一个新的派别——新教。在中国,新教又被称为耶稣教或基督教。在基督教三大教派内部又逐渐发展出许多宗派,如天主教分罗马天主教和非罗马天主教;东正教分俄罗斯东正教、希腊东正教等;基督教新教中有圣公会、长老会、浸礼会、公理会、卫理会及信义会等。

## （二）经典

基督教以《旧约全书》和《新约全书》为基本经典，合称为《圣经》。《圣经》是其宗教信仰的最高权威，是其教义、神学、教规、礼仪的依据。它既是一部宗教经典又是不可多得的古代历史资料，它涉及政治、历史、宗教、哲学、文艺、社会、伦理、法律等方面，具有相当高的研究价值。

## （三）教职

基督教三大派系都有自己的教职等级制度，神职人员的称谓各不相同。

### 1. 天主教

教皇是天主教的最高首领，也称罗马教皇，是天主教的最高领袖。枢机主教（俗称红衣主教）是教皇直接任命的罗马教廷中的最高主教，分掌教廷各部和许多国家中重要教区的领导权，并有权选举教皇和参选教皇。首席主教是基督教国家首都和一个国家内的特别重大城市及某地区的主教。神父（神甫、司铎）是一般的神职人员，协助教会管理教务，通常为一个教堂的负责人。修士、修女是终生为教会服务的教职人员。

### 2. 东正教

牧首（宗主教）是东正教的最高主教。都主教是重要城市的教会的主教，其职称仅次于牧首。大主教一般指牧首所管辖的主教，地位低于都主教，主管一个大教区。神父也称主教，是教堂的负责人。

### 3. 新教

牧师是负责主持宗教仪式和管理教务的人员，通常，每个教堂有一个牧师负责宣传活动。传教士是指未受神职而在牧师指导下传道或为尚未领洗的新入教者讲解经文教义的人。长老由各级教堂一般教徒中推选的参与管理工作的非专职宗教职业者。执事由一般教徒中推选出来协助长老和牧师管理教会事务的人。

## （四）教义

基督教各派的教义有所差异，但其基本教义是相同的。基督教认为，耶和华（上帝的名字）是基督教信仰的唯一真神。认为人类从始祖亚当和夏娃开始就犯下了罪，人们只有信仰上帝及其儿子耶稣基督才能获救。因此，基督教各派一般都信奉下列基本信条。

（1）信仰上帝。上帝是天地主宰，是天地万物的唯一创造者。

（2）信基督救赎。基督教认为世人是无法拯救自己的，故上帝派圣子耶稣降临人世，以自己在十字架上牺牲为全人类赎罪。人类只有依靠耶稣基督才能得救，获得永生。

（3）信始祖原罪。基督教相信上帝"按自己的形象"创造了人，人有肉体和灵魂。可是，人类因其始祖亚当、夏娃违背上帝的旨意，偷吃禁果而陷入罪恶之中不能自救，并传给了后世子孙，被基督教认为是人类的"原罪"。基督教认为世人一生下来就具有"原罪"，这就是世上一切罪恶和苦难的根源。

（4）信灵魂不灭，末日审判。基督教认为人死后灵魂不灭，后终结，依生前行为，上帝将对世人作最后审判。善者升入上帝所造的新天地中永生长存，恶人将下地狱。

## （五）标记

十字架是基督教的标记，因为耶稣殉难于十字架上。

## 二、基督教的礼仪

### (一) 称谓

在基督教内部,普通信徒之间可称平信徒。新教的教徒可称兄弟姐妹(意为同是上帝的儿女)或同道(意为共同信奉耶稣所传的道)。在我国,平信徒之间习惯称教友。对宗教职业人员,可按其教职称呼,如某主教、某牧师、某神父、某长老等,对外国基督教徒可称先生、女士、小姐或博士、主任、总干事等学衔或职衔。

### (二) 圣洗

圣洗是基督教的入教仪式,也称洗礼。经过洗礼后,就意味着教徒的所有罪过获得了赦免。

### (三) 坚振

坚振也称坚信礼。是为坚定教徒的信仰而举行的一种仪式。即入教者在接受洗礼后,一定时间内再接受主教的按手礼和敷油礼。

### (四) 祈祷

祈祷俗称祷告,是指基督教徒向上帝和耶稣表示感谢、赞美、祈求或认罪的行为。祈祷包括口祷和默祷两种形式,个人可以独自在家进行,也可以利用聚会时,由牧师或神父作为主礼人。祈祷者应始终保持必要的仪态,维系一种"祭神如神在"的虔诚。礼毕,须称"阿门",意为"真诚",表示"唯愿如此,允获所求"。

### (五) 礼拜

礼拜每周一次,一般星期日在教堂中举行。主要内容有祈祷、唱诗、读经、讲道等项目。在礼拜时,教堂内常置有奉献箱,或传递收捐袋,信徒可随意投钱,作为对上帝的奉献。

### (六) 告解

告解俗称忏悔,是天主教的圣事之一,是耶稣为赦免教徒在领洗后对所犯错误向上帝请罪,使他们重新得到恩宠而定立的。忏悔时,教徒向神父或主教告明所犯罪过,并表示忏悔;神父或主教对教徒所告请罪指定补赎方法,并为其保密。

### (七) 圣餐

这是纪念基督救赎的宗教仪式,这一仪式又称弥撒,天主教称圣体,东正教称圣体血。据《新约全书》称,耶稣在最后的晚餐时,拿出饼和葡萄酒祈祷后分发给十二位门徒,说:"这是我的身体和血,是为众免罪而舍弃和流出的。"因此,天主教和东正教认为领圣体或圣体血意为分享耶稣的生命。在仪式上,由众教徒向神职人员领取经祝圣后的面饼和葡萄酒,它象征吸收了耶稣的血和肉而得到了耶稣的宠光。

### (八) 终敷

终敷是基督教教徒在病情危重或临终前请神职人员为其敷擦"圣油",以赦免其一生罪过的宗教仪式。

### (九) 派立礼

派立礼是授予神职的一种仪式。一般由主礼者将手按于领受者头上,念诵规定文句即可成礼。

### (十) 婚配

教徒在教堂内,由神职人员主礼,按照教会规定的仪式正式结为夫妻,以求得到上帝的祝福。

### 三、基督教的主要节日

（一）圣诞节

圣诞节是纪念耶稣诞辰的节日。又称耶稣圣诞节、主降生节、耶稣圣诞瞻礼。由于历法不同,大多数教会定于每年的12月25日为圣诞节。东正教会则定为每年的1月6日或7日。这是西方国家每年最隆重的节日。在圣诞节这一天。通常举行各种形式的娱乐和庆祝活动。人们互赠礼物,举办家庭宴会。圣诞老人和圣诞树为节日增添了喜庆的色彩。

（二）复活节

复活节是纪念耶稣复活的节日,是仅次于圣诞节的重大节日。根据《圣经·新约》记载,耶稣被钉死在十字架后第三天"复活"。公元325年,基督教会规定每年春分月圆后的第一个星期天为复活节。鸡蛋和兔子是复活节的吉祥物。在这一天,各个国家和地区都有不同的庆祝方式,最普遍的是人们互赠象征生命和繁荣的复活彩蛋。

（三）圣灵降临节

据《圣经》记载,耶稣"复活"后第四十日"升天",第五十日差遣"圣灵"降临;门徒领受圣灵后开始传教。据此,基督教会规定：每年复活节后第50天为圣灵降临节,又称五旬节。

除以上的节日外,基督教的主要节日还有受难节（复活节的前两天）、显现节（公历1月6日）、耶稣升天节（复活节后第40天）、棕枝主日（复活节前一周的星期天）、三一主日（圣灵降临后的星期天）。

### 四、基督教的禁忌

(1) 忌讳崇拜除上帝以外的偶像。向基督徒赠送礼品,要避免上面有其他宗教的神像或者其他民族所崇拜的图腾。要尊重基督徒的信仰,不能以上帝起誓,更不能拿上帝开玩笑。基督教由于教派不同,其各个教派的教规也有所不同,为了避免无意中损伤感情,对一些问题一定要弄清楚。

(2) 忌食带血的食物。

(3) 忌讳衣冠不整。

(4) 基督徒有守斋的习惯。

基督教规定,教徒每周五及圣诞节前夕（12月24日）只食素菜和鱼类,不食其他肉类。天主教还有禁食的规定,即在耶稣受难节和圣诞前一天,只吃一顿饱饭,其余两顿只能吃得半饱或者更少。基督徒在饭前往往要进行祈祷,如和基督徒一起用餐,要待教徒祈祷完毕后,再拿起餐具。

(5) 忌讳"13"和"星期五"。另外,他们讨厌"13"这个数字和"星期五"这一天。在基督徒眼中,"13"和"星期五"是不祥的,要是"13日"和"星期五"恰巧是同一天,他们常常会闭门不出。在这些时间,千万别打扰他们。

## 伊斯兰教礼仪

伊斯兰教是与佛教和基督教并列的世界三大宗教之一。公元7世纪初诞生于阿拉伯半岛。它是由伊斯兰教的先知穆罕默德所创,在世界三大宗教中是最具有活力的一个宗教,也是发展最快、最朴实简单的宗教之一。目前,世界上信徒约有10亿之多,他们主要分布在阿拉伯国家以及西亚、中亚、南亚、东南亚和印度、巴基斯坦、中国等地区。在国际社会中,有40多个国家的穆斯林占全国人口的大多数,其中,部分国家把伊斯兰教作为法定的国教。

## 一、伊斯兰教常识

### (一) 教派

伊斯兰教派别众多,其中,最有影响的是逊尼派和什叶派。穆罕默德归真后,阿拉伯统治集团在继承者的问题上发生了严重分歧,形成逊尼、什叶两大教派。其中,逊尼派是伊斯兰教最大的教派,被认为是伊斯兰教的正统派,人数约占全世界穆斯林的90%,中国穆斯林大多属于这一派。与逊尼派对立的什叶派,人数较少,主要分布在伊朗、伊拉克、叙利亚、巴基斯坦、黎巴嫩、科威特等国。

### (二) 教义

伊斯兰教的基本教义就是信仰安拉是唯一的神。安拉在我国的穆斯林教徒中被称为真主,在西北地区被称为胡达,它是主宰一切的神。人的一切都是由安拉决定的,即所谓"前定"的思想,"万物由天定,生死不由人"正是这个意思。因此,伊斯兰教徒不仅无条件地信仰安拉,还要无条件地信仰安拉的使者穆罕默德。

1. 伊斯兰教的六大信仰

以基本教义为中心,还构成了伊斯兰教的六大信仰,即信安拉(信仰安拉是创造和主宰万物的唯一之神)、信使者(穆罕默德是安拉派来的使者,负责传达神意,拯救世人)、信天使(相信天使的存在,天使是安拉用"光"创造的妙体,天使只受安拉的差役,执行安拉的命令)、信经典(安拉降示的《古兰经》是伊斯兰教根本的经典)、信"前定"(人的一生命运以及世上的一切都是由安拉预先安排确定好的)、信后世(人死后其灵魂不死,通过末日审判,或入天国,或下地狱)。

2. 伊斯兰教的基本实践

伊斯兰教教规规定,每个穆斯林都必须履行五项宗教功课,简称"五功",也称五大天命,即念、礼、斋、课、朝。

(1) 念功,指念诵《古兰经》,主要是念诵清真言,心念或口念"万物非主,唯有真主;穆罕默德,真主使者"。

(2) 礼功,即一日五次礼拜,按规定时间和程序,面向圣地麦加克尔白(天房)朝拜真主安拉的仪式。每天晨、晌、晡、昏、宵五个时辰面向麦加方向做礼拜五次。每星期五要进行一次"主麻拜",每年开斋节和宰牲节要进行节日礼拜。日常礼拜前要"小净"(洗脸、洗手等),主麻拜和节日礼拜前要"大净"(沐浴更衣),以示涤罪和保持身体和衣服的洁净。礼拜时要面向麦加大清真寺的克尔白依次完成七个不同的动作,即:举两手于头的两旁,口诵"真主至大";端立,置右手于左手之上,口诵《古兰经》首章;鞠躬,以手触膝,行鞠躬礼;直立并抬起双手,口诵"赞颂主者,主必闻之";跪下,两手掌附地,叩首至鼻尖触地;跪坐;第二次叩首。从口诵《古兰经》首章开始的这一系列动作,构成一拜。礼拜一般由伊玛目率领集体举行,也可以单独举行。

(3) 斋功,即斋戒。每年伊斯兰教历太阴年九月斋戒一个月。斋月里,穆斯林在日出到日落这段时间内禁止吃喝娱乐等活动。幼儿、旅行者、病人、孕妇和哺乳者可不守斋，但应以延缓补斋或施舍的办法罚赎。

（4）课功，即天课。被视为"奉主命而定"的宗教赋税。伊斯兰教规规定，穆斯林每年都要对自己的财产进行清算，除去正常开支外，其盈余财产，要按不同的课率缴纳课税，主要用以救助穷人。在我国，穆斯林均为自愿捐奉。

（5）朝功，即朝觐。朝觐就是朝见圣地，这是真主的要求。今沙特阿拉伯境内的麦加是穆罕默德的诞生地、伊斯兰教的摇篮和圣地。伊斯兰教规定，凡理智健全的成年穆斯林，身体健康、有经济能力者，无论男女，一生中都应前往麦加朝觐克尔白一次。"大朝"（也称"正朝"）的朝觐时间为伊斯兰教历十二月八日至十二日。"大朝"之日为伊斯兰教的主要节日宰牲节（十二月十日，我国称古尔邦节）。朝觐要进行一系列烦琐的宗教仪式。朝觐过的穆斯林被称为哈吉。除朝觐季节外，任何时候个人都可单独去麦加朝觐，称为"小朝"或"副朝"。完成过朝觐功课的穆斯林，均可获得哈吉的荣誉称号。

3. 伊斯兰教的善行

主要指穆斯林必须遵循的道德规范。伊斯兰教的六大信仰属于世界观、理论和思想方面；"五功""善行"则属于实践和行为方面：这两方面的结合构成基本善行内容。

（三）经典

伊斯兰教的经典是《古兰经》和《圣训》。

《古兰经》是伊斯兰教最基本的经典。是伊斯兰教的根本宪章和立法依据，是穆斯林的行为规范和准则。伊斯兰教认为它是穆罕默德在创教过程中向信徒传达的安拉的启示，穆罕默德逝世后由其继任者整理成书。书中记载了穆罕默德的生平和传教活动、伊斯兰教的教义和教规、当时流行的历史传说和寓言、神话、谚语等，内容极为丰富。这部经典既是宗教宪章，又是一部阿拉伯文献，更是一部著称于世的文学巨著，被称为公元7世纪阿拉伯社会的百科全书。

《圣训》又名《哈迪斯》，意思是语言、行为、道路，是仅次于《古兰经》的伊斯兰教经典。它同《古兰经》一样都记载着穆罕默德的言论，所不同的是没有采用安拉的名义。《圣训》不仅记载着穆罕默德的言论，而且包括他的日常行为，以及经他许可或默认的他的一些弟子的言行，系《古兰经》的补充和注释。

（四）标记

伊斯兰教的标记是新月。

（五）信奉对象

安拉（即真主）是伊斯兰教信奉的独一无二的主宰。伊斯兰教不设偶像，清真寺礼拜殿内设有圣龛以示朝麦加跪拜的方向，多以阿拉伯经文和花草为饰。

二、伊斯兰教的主要礼仪

（一）称谓

伊斯兰教信徒称穆斯林（意为顺从安拉的人）。信徒之间不分职位高低，都互称兄弟，或叫多斯提（意为好友、教友）。对知己朋友称哈毕布（意为知心人、心爱者）。对在清真寺做礼拜的穆斯林，统称为乡老。对麦加朝觐过的穆斯林，在其姓名前冠以哈吉（阿拉伯语意为朝觐者），这在穆斯林中是十分荣耀的称谓。对管理清真寺事务和在清真寺内办经学教育的穆斯林,称管寺乡老、社头、学董。他们多由当地有钱、有地位、有威望的穆斯林担任。对德高望重、有学识和有地位的穆斯林长者,尊称为筛海、握力、巴巴和阿林等。

伊斯兰教对教职人员和具有伊斯兰教专业知识者通称为阿訇。它是对伊斯兰教学者、宗教家和教师的尊称;其中,年长者被尊称为阿訇老人家。中国伊斯兰教一般称呼在清真寺任职并主持清真寺教务的阿訇为教长或伊玛目;讲授经训的师长和讲授《古兰经》、《圣训》及其他伊斯兰教经典的宗教人员都称为经师;伊斯兰教教法说明者和协助清真寺伊玛目处理日常教法事务的助手,被称作穆夫提;主持清真女寺教务或教学的妇女,称作师娘;对在清真寺里求学的学生称满拉、海里发。

(二)殡礼

穆斯林死后实行土葬、速葬、薄葬,不用棺椁,用白布裹尸,也不用任何陪葬物或殉葬品,主张三日必葬,入土为安;待葬期间不宴客、不毅孝、不磕头、不鞠躬、不设祭品。举行殡礼时,由阿訇或地方长官,或教长或至亲等率众站立默祷,祈求安拉赦免亡人罪过,为亡人祈福。参加殡礼的人要对着亡人的胸部,向西站立,不能站在亡人面前。尸体下土埋葬头南脚北,面朝西,向着圣地克尔白。坟墓南北向,长方形。

### 三、伊斯兰教的主要节日

(一)开斋节

开斋节是穆斯林的一个重大节日,我国新疆地区称肉孜节。伊斯兰教规定,每年教历九月为穆斯林斋戒月,斋月中每日自破晓至日落禁饮食和房事,谓之封斋、把斋、闭斋。斋戒结束的前一天要寻看新月,见月的次日为教历十月一日,即开斋节;如未见月,开斋顺延,但封斋满30天即可开斋。节日期间,男女老少都要沐浴更衣,男人们涌向清真寺举行会礼和庆祝活动。妇女们在家里做礼拜,然后探亲访友。青年男女往往选择这一天举行婚礼,以增添欢乐气氛。

(二)古尔邦节(宰牲节)

古尔邦是献身和牺牲的意思,又称宰牲节,中国穆斯林称之为小开斋或小尔代节。在伊斯兰教教历十二月十日,即朝觐克尔白麦加的最后一天举行庆祝活动。届时,世界各地穆斯林举行盛大的会礼,宰牛、羊、骆驼互相赠送。在中国,信仰伊斯兰教的民族这一天还要举行叼羊、赛马、摔跤等大型文体活动。

(三)圣纪节

圣纪节又称为圣忌日,是仅次于开斋节、古尔邦节的第三大节日。相传穆罕默德的诞生日和逝世日都是在伊斯兰教历三月十二日,不少国家习惯将圣纪和圣忌合并纪念,俗称办圣会。节日的主要活动是诵经、赞圣、宣讲穆罕默德的生平事迹等。

### 四、伊斯兰教的禁忌

(一)信仰禁忌

根据"认主独一"的信条,伊斯兰教徒忌任何偶像崇拜,只信安拉;禁模制、塑造、绘制任何动物的图像,包括人的形象也在禁忌之列。所以,在伊斯兰建筑艺术与其他艺术作品中只能看到绘制的植物或几何图形。

## （二）饮食禁忌

伊斯兰教的饮食禁忌较多。对于自死之物的血液和猪肉，以及未诵真主之名而宰杀的动物都禁食。奇形怪状、污秽不洁、爪利锋锐和性情凶恶的飞禽、猛兽及无鳞、无须的鱼类，也在禁食之列。酒是穆斯林生活中的一大禁忌。穆斯林禁酒喜茶，在接待穆斯林客人时：最好用罐装饮料，如客人饮茶要用清真茶具。伊斯兰教在饮食方面还有两条附加规定：其一是可食之物在食用时也不能过分和毫无节制，其二是禁食之物在迫不得已的情况下食之无过。

## （三）行为禁忌

穆斯林每天要做5次礼拜，在礼拜期间，忌外来人表示不耐烦与干扰礼拜的样子。同时，穆斯林在礼拜前，必须净身，清真寺大殿内严禁穿鞋进入。非穆斯林进入清真寺，不能袒胸露背，不能穿短裙和短裤。在穆斯林做礼拜时，无论何人何事，都不能喊叫礼拜者，也不能在礼拜者前面走动。礼拜时，更不能唉声叹气、呻吟和无故清嗓，严禁大笑，吃东西。在伊斯兰教历九月，进行斋戒，每日从日出到日落禁止饮食和房事。

## （四）服饰禁忌

伊斯兰教对女性的服饰有较多的要求，外出时，身体除了手和眼睛以外必须遮盖起来。所以，穆斯林妇女要戴盖头，即把头发、耳朵、脖子都遮在里面，只露出面部。另外，妇女除了戴盖头外一般还要戴面纱，只露出双眼。在中国，伊斯兰教徒的服饰也是如此，如女性穆斯林在外出时必须戴盖头，老年妇女戴白色的盖头，已婚妇女戴黑色盖头，未婚少女戴绿色盖头。穆斯林男子则多戴无檐小帽，这种小帽又名礼拜帽或回回帽，一般为白色。参加礼拜或各种仪式时须戴礼拜帽。

## （五）婚俗禁忌

禁止近亲与血亲之间的通婚，忌与宗教信仰不同者通婚。在中国，如果与非穆斯林结合，非穆斯林无论男女必须改信伊斯兰教。婚礼必须在宗教仪式中举行，并由教长或阿訇证婚诵念经文。

## （六）特殊禁忌

许多穆斯林认为人的左手不洁，所以，与穆斯林握手或递送礼物不能用左手，尤其不能单用左手。另外，伊斯兰教禁止偶像崇拜，所以，不应将人类和动物的雕塑、画像之类的物品相赠。尤其是带有动物形象的礼品更不能相送，他们认为带有动物形象的东西会给他们带来厄运。

# 佛 教 礼 仪

佛教是世界三大宗教中创立最早的，也是传入我国最早的一个。迄今已有两千多年的历史。

## 一、佛教常识

### （一）教义

佛教的基本教义是"四圣谛""八正道""十二因缘""三法印"和"因果报应"。

(1)"四圣谛"是佛教各派共同承认的基本教义。所谓"谛"，即真理的意思。它包括苦谛、集谛、灭谛和道谛。四圣谛是佛教最基本的人生观和解脱观,苦、集二谛说明人生的本性及其形成的原因;灭、道二谛指明人生解脱的归宿和解脱的手段和方法。

(2)"八正道"是把"四谛"的进一步具体化,指出了达到"涅槃"境界的八种途径和方法。这八种方法是正见(正确见解)、正思(正确思维)、正语(正确的语言)、正业(正确的行业)、正命(正确的生活)、正精进(正确的努力)、正念(正确的意念)、正定(正确的禅定)。

(3)"十二因缘"也称"十二缘生",是苦、集二谛的延伸,其主要内容是分析苦因和论述三世轮回。

(4)"三法印"是佛教教义最集中的体现和概括。即"诸行无常"(世界万物变化无常)、"诸法无我"(万物都是由各种因缘和合而成的,没有独立的实体存在)和"涅槃寂静"(跳出轮回之苦,达到忘我境界)。

(5)"因果报应"。佛教认为,人生涉历过去、现在、未来三世,现世的果必然有过去世的因,现世的因必将引出未来世的果。过去的一生行为,决定今世一生的状况;今世一生的行为,决定来世一生的状况。这其中的循环与因果关系称为"因果报应"。

(二)经典

佛教的经典总集称大藏经。这里的"大"是一种褒义,表示佛经的经典穷天地之极致,无所不包。它由三大部分组成,即经、律、论三藏,故又称"三藏经"。其中,经藏是以佛祖释迦牟尼的语气叙述的典籍;律藏是佛祖为约束佛教徒的言行而制定的种种清规戒律;论藏则是历代佛教学者阐释佛经和阐发各宗各派学说的论著。主要佛经有《大般若波罗蜜多经》《金刚经》《妙法莲华经》《观音经》《大方广佛华严经》。

(三)标记

佛教的旗帜或佛像的胸间,一个是表示吉祥万德的标记。武则天将其定名为"万",以为太阳光芒四射和燃烧的火,表示吉祥万德。另一个是法轮,以为佛之法轮如车轮转动不息,可催破终生烦恼。

(四)供奉对象

佛教的供奉对象由佛(意为觉他、觉行圆满者)、菩萨(意为自觉、觉他者)、罗汉(意为自觉者)及护法天神者等。

## 二、佛教的主要礼仪

(一)称谓

佛教的称谓多属中印合璧,不仅特殊,而且颇具神秘色彩。在社会各界人士与佛教徒的交往日益增多的过程中,由于对佛教称谓缺乏了解,往往造成一些不必要的混乱和隔膜。因此,旅游接待人员,尤其是导游人员了解和掌握这些称谓的不同,能准确地说出他们的称谓,在接待工作中是非常必要的。

佛教的教制、教职在各国不尽相同,称谓也不完全一致。在我国寺院中的主要负责人称住持或方丈,负责处理寺院内部事物的称监院,负责对外联系的称知客,他们可被尊称为高僧、长老、大师、法师等。

佛门弟子依受戒律等级的不同,可分为出家五众和在家两众。出家五众是指沙弥、沙弥尼、式叉尼、比丘、比丘尼。在家两众是指优婆塞和优婆夷。佛教徒中出家的男性称比丘,简称僧,俗称和尚;出家的女性称比丘尼,简称尼,俗称尼姑。僧、尼也可尊称法师、师太。不出家而遵守一定戒律的佛教信徒称居士,可尊称为檀越、护法、施主等。凡出家的佛教徒必须剃除须发,披上袈裟,称为披剃。僧尼一经披剃,即入住寺院,开始过与世俗隔绝的生活。

（二）佛事仪式

佛教的佛事又称法事,是佛教的宗教活动。它有一整套的固定仪式,为僧尼修行的主要有受戒、顶礼、功课等,为信徒、施主等修福的有佛诞法会、水陆法会等。在寺院中所举行的佛事,要以水陆法会为最盛大,以焰口施食为最经常,其次,是常常举行斋天和放生。

1. 受戒

受戒是佛教徒接受戒律的仪式。受过戒的佛教徒应自觉遵守佛教的各种戒律。应遵守的戒律有三皈五戒、十戒和具足戒。

（1）三皈五戒。三皈,即在家的男子教徒进入佛门时的一种仪式。在家男子进入佛门时必需求一位法师为他授皈依法。如果举行正式的三皈五戒,须两个小时左右。此外,还要受五戒,五戒指第一不可杀生,第二不可偷盗,第三不可邪淫,第四不可饮酒,第五不可妄语。佛教徒受了三皈五戒之后方能称为居士。

（2）十戒。十戒是指沙弥、沙弥尼所受的十条戒律。沙弥、沙弥尼是指7岁以上、20岁以下受过十戒的出家男子和女子,汉族地区普遍称小和尚和小尼姑。十条戒律除了五戒之外,还应不装饰打扮、不视听歌舞、不坐高广大床、不食非时食、不蓄金银财宝。

（3）具足戒。具足戒又叫比丘戒、大戒。当沙弥年满20岁时,举行仪式,授予具足戒。信徒受具足戒后,才能取得正式的僧尼资格。

2. 顶礼

顶礼为佛教最高礼节,即向佛、菩萨或上座所行的礼节。行顶礼时双膝跪下,两肘、两膝和头着地,而后用头顶尊者之足,故称顶礼。出家的教徒对佛像必须行顶礼。头面接足,是表示恭敬至诚,这就是俗语说的"五体投地"。

3. 功课

在寺庙里,僧尼每天的必修课为朝暮课诵,又名早晚功课,或是五堂功课。寺庙一般在早上4时就打催起板（起床号令）,僧尼盥洗完毕,齐集在大雄宝殿,恭敬礼佛,端坐蒲团,听候大钟大鼓结束声。随后即起,随众念诵早课楞严、大悲、十小咒、心经等,这是二堂功课。晚课在下午4时左右,僧尼立诵弥陀经和跪念八十八佛忏悔文、发愿、回向、放蒙山,这是三堂功课。回向的意思就是将自己念诵的功课回归向往,使大众都能亲证佛果。社会上流行的"晨钟暮鼓"成语,就是由佛教寺庙里的早晚功课而来的。

4. 水陆法会

水陆法会全名为法界圣凡水陆普度大斋盛会,也称水陆道场。因其超度水陆一切鬼魂、普度六道众生,故称之。少则7天,多则49天。

5. 佛诞法会

佛诞法会是佛教中最大的节日,时间是每年的四月初八。在这一天要举行浴佛法会,就是大殿用灌佛盘,在盘中的莲花台上安置太子像（释迦牟尼诞生像）。这像是很小的童子立像,右手指天,左手指地,象征"天上天下,唯我独尊"。这日各寺要举行纪念仪式。

### (三)佛教的礼节

**1. 合十**

这是佛教徒的普通常用礼节,也称合掌。施礼时双手手心相对合拢,手指向上,专注一心,口念"阿弥陀佛",以示尊敬。一般教徒在见面时,多施合十礼。

参拜佛祖或拜见高僧时要行跪合十礼,行礼时,右腿跪地,双手合掌于眉心中间。

**2. 南无**

南无念"那摩",是佛教信徒一心归顺于佛的致敬语。常用来加在佛、菩萨名或经典题名之前,以表示对佛、法的尊敬和虔信。"南无"意思是把一切献给××或向××表示敬意。如称南无阿弥陀佛,则表示对阿弥陀佛的致敬和归顺。

**3. 忏悔**

佛教认为,只有心身清净的人才能悟得正果。但是世间是污浊的,即使出家人也可能随时身遭"垢染",影响自己的功德。然而信徒不必因此而担心,因为通过忏悔可灭除以往所有的罪过。

### (四)葬仪

佛教的僧侣去世后一般实行火葬,其遗骨或骨灰被安置在特制的灵塔或骨灰瓮中。普通的佛教徒去世后,则实行天葬或水葬。佛教信徒死后,每年的忌日要由其家人为之举行祈祷冥福的追荐会,并发放布施。

## 三、佛教的主要节日

佛教的节日,在不同教派、不同地区都有所不同。

### (一)佛诞节

在南传佛教盛行的东南亚国家,如斯里兰卡、缅甸、泰国等,根据上座部的传说,以四月十五日为佛诞生日,同时也是佛成道日、佛涅日。佛成道以后,到鹿野苑为五比丘开始说法,经过四十九天,即六月初四日为佛初转法轮日。这天,佛教徒应到寺院旋绕佛塔。佛诞生后七天,佛的生母摩耶夫人便逝世而生在兜率天。传说佛成道后,曾经有一年到兜率天安居,为生母说法三个月,然后由天上从三道宝阶下来人间,这便是九月二十二日。这天称为"天降节",各寺也要举行纪念仪式。

### (二)法会

在藏传佛教盛行的我国藏蒙地区,除了以四月十五日为佛的诞生日、成道日、涅槃日外,西藏拉萨"三大寺"僧众及各地佛教徒,还在藏历正月初三至二十四日举办"传大召"(意为大祈愿)法会。法会期间进行辩经,考选藏传佛教最高学位——格西。并于二月下旬举办规模略小的"传小召"法会,选拔二等格西。

### (三)浴佛节和盂兰盆节

汉传佛教最大的节日,在一年之中有两个,一是四月初八的"浴佛节",一是七月十五日的"盂兰盆节"。此外,还有诸佛菩萨的圣诞及纪念日。遇到以上节日,僧人将在有关殿堂做法事、念佛号或举行其他纪念仪式。

## 四、佛教的禁忌

### (一)僧尼戒规

佛教规定其弟子在日常生活和行为方面都要遵守"四威仪"和"十重戒"。

"四威仪"是指僧尼的行、站、坐、卧应该保持的威仪德相,不容许表现举止轻浮,一切都要遵礼如法。所谓"行如风、站如松、坐如钟、卧如弓",就是僧尼应尽力做到的。这是因为所受"具足戒"戒律上对行、住、坐、卧的动作都有严格的规定,如果举止违反规定,就不能保持其威严。

"十重戒"即戒杀生、偷盗、淫欲、妄语、饮酒、说过罪、自赞毁他、悭、嗔、谤三宝。此外,饮食戒有三项,着装戒有一项。即:

1. 过午不食

按照佛教教制,比丘每日仅进一餐,后来也有进两餐的,但必须在午前用毕,过午则不能进食。这是佛教中对僧尼的一个戒条,叫"过午不食戒"。在东南亚一带,僧尼和信徒一日两餐,过了中午不能吃东西,午后只能喝白开水。我国汉族地区因需要自己在田里耕作,体力消耗较大,晚上非吃东西不可,所以,少数寺庙里开了"过午不食戒",但晚上所吃的东西称为药食。然而,在汉地寺庙的僧尼中,持"过午不食戒"的人仍不少。

2. 不吃荤腥

荤食和腥食在佛门中是两个不同的概念。荤专指葱、蒜、辣椒等气味浓烈、刺激性强的东西。因为吃了这些东西不利于修行,所以为佛门所禁食。腥则指鱼、肉类食品。东南亚国家僧人多信仰小乘佛教,或者到别人家托钵乞食,或是由附近人家轮流送饭,无法挑食,所以,无论素食、肉食,只能有什么吃什么。我国大乘佛教的经典中有反对食肉的条文,汉地僧人是信奉大乘佛教的,所以,汉族僧人和很多在家的居士都不吃肉。在我国蒙藏地区,僧人虽然也信奉大乘佛教,但是由于气候和地理原因,缺乏蔬菜,所以食肉。但无论食肉与否,大小乘教派都禁忌荤食。

3. 不喝酒

佛教徒都不饮酒,因为酒会乱性,不利于修行,所以严格禁止。

4. 不着杂色衣

佛教戒律规定,佛教僧人只能穿染衣,不能用杂色。现在佛教僧人的服装颜色也有变化,分不同场合,也用黄色、赤色等颜色。

(二)其他禁忌

1. 交往禁忌

佛教徒内部不用握手礼节,不要主动伸手与僧众相握,尤其注意不要与出家的尼众握手。非佛教徒对寺院里的僧尼或在家的居士行礼,以合十礼为宜。

2. 行为禁忌

佛寺历来被佛教视为清净圣地,所以,非佛教徒进入寺庙时,衣履要整洁,不能着背心、打赤膊、穿拖鞋。当寺内要举行宗教仪式时,不能高声喧哗以及做出其他干扰宗教仪式或程序的举动。未经寺内执事人员允许,不可随便进入僧人寮房以及其他不对外开放的坛口。另外,为保持佛门清净,严禁将一切荤腥及其制品带入寺院。

3. 祭拜禁忌

入寺拜佛一般要烧香,这是为了袅袅香烟扶摇直上,把诉诸佛的"信息"传递给众佛。但在拈香时要注意香的支数,由于佛教把单数看成吉数,所以烧香时,每炷香可以有很多支,但必须是单数。

4. 国别禁忌

在缅甸,佛教徒忌吃活物,有不杀生与放生的习俗。忌穿鞋进入佛堂与一切神圣的地方。他们认为制鞋用的是皮革,是杀生所得,并且鞋子踏在脚下是肮脏的物品,会玷污圣地,受到报应。在日本,有佛事的祭祀膳桌上禁忌带腥味的食品,同时忌食牛肉。忌妇女接触寺庙里的和尚,忌妇女送东西给和尚。在泰国,佛教徒最忌讳别人摸他们的头。即使是大人对小孩的抚爱也忌讳摸头顶,因为传统的佛俗认为头部是最高贵的部位,抚摸或其他有关接触别人头部的动作都是对人的极大侮辱。同时还忌讳当着佛祖的面说轻率的话。佛教徒购买佛饰时忌说"购买",只能用"求租"或"尊请"之类的词,否则,会被视为对佛祖的不敬,会招来灾祸。在中国,佛教徒忌别人随意触摸佛像、寺庙里的经书、钟鼓以及活佛的身体、佩戴的念珠等被视为"圣物"的东西。流行于傣、布朗、德昂等少数民族中的"南传上座部佛教"另有一些禁忌。如在德昂族中,在"进洼"(关门节)、"出洼"(开门节)和做摆(庙会)等宗教祭日里,都要到佛寺拜祈三天,忌讳农事生产;进佛寺要脱鞋;与老佛爷在一起时,忌吃马肉与狗肉;妇女一般不能接触佛爷,也不能与老佛爷谈话。德昂族传说"活佛"飞来时先落于大青树上,然后才由佛爷请进佛寺,故视大青树为"神树",忌砍伐。

## 客源国礼俗礼仪能力实训

- 形式:小组作业
- 时间:45分钟
- 材料:白纸、笔
- 场地:教室

目的:
1. 使学生掌握主要客源国的宗教信仰。
2. 使学生掌握主要客源国的礼貌礼节。
3. 使学生掌握主要客源国的饮食禁忌。

程序:
1. 让学生分组设计一份我国主要客源国的宗教信仰、礼貌礼节、饮食禁忌表格
2. 让学生进行对比、总结
3. 每组上台展示

讨论:
1. 亚洲客人和欧洲客人有哪些不同?
2. 在接待非洲客人时,应掌握哪些要点?
3. 澳大利亚客人与美国客人有何区别?

## 本章小结

酒店是国家对外开放的窗口,酒店服务人员在对客接待过程中的一言一行,已经不仅仅代表着个人,还代表了国家形象、民族形象和酒店形象,因此,酒店服务人员要了解主要客源国和地区的礼俗礼仪,了解和熟练运用外事礼仪。

## 讨论案例

张女士是商务工作者,由于业务成绩出色,随团到中东地区某国家考察。抵达目的地后,受到东道主的热情接待,并举行宴会招待。席间,为表示敬意,主人向每位客人一一递上一杯当地特产的饮料。轮到张女士接饮料时,一向习惯于"左撇子"的张女士不假思索,便伸出左手去接,主人见此情景脸色骤变,不但没有将饮料递到张女士的手中,而且非常生气地将饮料重重地放在餐桌上,并不再理睬张女士。

【案例讨论与练习题】
1. 为什么会出现这种情况?
2. 中东地区有什么禁忌?
3. 中东地区还有什么风俗礼仪?
4. 酒店服务人员在外事服务中有哪些注意事项?

## 本章复习题

1. 韩国的传统民族服装是什么?
2. 西方人厌恶"13"的原因是什么?
3. 在印度、尼泊尔、缅甸等国为什么不能碰黄牛?
4. 日本料理的基本内容有哪些?
5. 港澳台同胞的饮食特点是什么?
6. 为什么不宜将加拿大土著居民称为印第安人或爱斯基摩人?
7. 泰国人所行合十礼的具体做法以及规格是什么?
8. 意大利面条的正确食用方法是什么?
9. 俄罗斯人的饮食习惯有哪些?
10. 简述世界三大宗教的主要礼仪和禁忌。

# 参考文献

1. 张秋垄：《酒店服务礼仪》，浙江大学出版社，2013。
2. 陆纯梅、范莉莎：《现代礼仪实训教程》，清华大学出版社，2008。
3. 唐树伶、王炎：《服务礼仪》，清华大学出版社、北京交通大学出版社，2006。
4. 张四成：《现代饭店礼貌礼仪》，广东旅游出版社，2008。
5. 周思敏：《你的礼仪价值百万》，中国纺织出版社，2009。

图书在版编目(CIP)数据

酒店服务礼仪/薛齐编著. —上海：复旦大学出版社,2017.8（2020.8重印）
高职高专精品课系列
ISBN 978-7-309-13011-9

Ⅰ.酒… Ⅱ.薛… Ⅲ.饭店-商业服务-礼仪-高等职业教育-教材 Ⅳ.F719.2

中国版本图书馆 CIP 数据核字(2017)第 139218 号

**酒店服务礼仪**
薛 齐 编著
责任编辑/戚雅斯

复旦大学出版社有限公司出版发行
上海市国权路 579 号　邮编：200433
网址：fupnet@fudanpress.com　http://www.fudanpress.com
门市零售：86-21-65102580　　团体订购：86-21-65104505
外埠邮购：86-21-65642846　　出版部电话：86-21-65642845
上海华业装潢印刷厂有限公司

开本 787×1092　1/16　印张 12.5　字数 282 千
2020 年 8 月第 1 版第 2 次印刷

ISBN 978-7-309-13011-9/F·2375
定价：30.00 元

如有印装质量问题,请向复旦大学出版社有限公司出版部调换。
版权所有　侵权必究